Les objets volants non identifiés :

Mythe ou réalité ?

Éditions J'ai Lu

J. ALLEN HYNEK

Les objets volants non identifiés :

Mythe ou réalité ?

Traduit de l'américain
par Maud SISSUNG

Cet ouvrage a paru sous le titre original :

THE U.F.O. EXPERIENCE, A SCIENTIFIC INQUIRY

AVANT-PROPOS

J'ai été pendant de longues années conseiller scientifique auprès de l'U.S. Air Force pour les questions d'U.F.O. (Unidentified Flying Objects = Objets Volants Non Identifiés ou O.V.N.I.). Durant cette période, il arrivait fréquemment que l'on me demande — et on me le demande souvent encore aujourd'hui — si je pouvais indiquer un « bon livre sur les O.V.N.I. ». Mes interlocuteurs ne manquaient généralement pas d'ajouter : « Qu'y a-t-il de vrai là-dedans? », ou bien : « Franchement, de quoi s'agit-il au juste — a-t-on des preuves sérieuses de l'existence des O.V.N.I.? », ou encore : « Y a-t-il, sur le sujet, autre chose à lire que des élucubrations? »

J'étais généralement bien en peine de répondre. Les ouvrages, certes, ne manquent pas; mais une fois égrené leur chapelet d'histoires toutes plus sensationnelles les unes que les autres, ils ne consacrent qu'une place dérisoire à l'exposition des preuves et à leur examen. Quelles furent les circonstances exactes de l'événement? Dans quelle mesure les témoins (ou, souvent même, l'unique témoin) étaient-ils dignes de foi? Leur récit était-il cohérent? Comment ont été sélectionnés les récits? En vérité, la plupart de ces ouvrages n'offrent au lecteur qu'un ramassis d'histoires suspectes relatées dans un désolant jargon.

Je souhaite que le présent ouvrage réponde à ceux qui s'intéressent d'une manière générale au phénomène O.V.N.I., qui désirent connaître l'état de la question et se faire par eux-mêmes une opinion.

Je me suis souvent demandé comment devrait se présenter un « bon livre sur les O.V.N.I. », qui aurait qualité pour le rédiger, que devrait être son contenu, à quelles questions devrait-il tenter d'apporter une réponse? Et finalement, ayant été durant vingt ans étroitement mêlé à la question, ayant eu l'occasion d'interroger des centaines de personnes, ayant étudié personnellement un nombre non moins grand de cas, j'ai décidé de m'atteler moi-même à cette tâche. J'ai voulu, en songeant principalement à ceux qu'intéresse le problème des O.V.N.I., montrer ce que sont les rapports d'observation des témoins, décrire ces derniers, dégager les traits communs entre leurs récits, et aussi indiquer comment, jusqu'ici, le sujet a été présenté et traité (je ne peux décemment pas employer le terme « étudié »).

Je ne m'aventurerai certes pas à *décrire* les O.V.N.I., car j'en serais bien incapable; mais je suis en mesure de démontrer qu'assurément ils ne peuvent pas *tous* être identifiés à des illusions ou à des mystifications. Au demeurant, il est évident que les récits qui résultent de l'interprétation erronée d'un phénomène *identifiable* ne peuvent être rangés dans la catégorie des observations d'Objets Volants Non Identifiés. Sans doute bon nombre de rapports d'observations résultent-ils d'une confusion (avions, ballons-sondes, étoiles variables), mais il n'y a lieu d'en faire état que brièvement dans un ouvrage sur les O.V.N.I. Selon moi, un « bon livre sur les O.V.N.I. » doit, sans préjuger de la question, présenter honnêtement les faits et fournir le maximum d'informations les concernant. Loin de comprendre — ou de reprendre — des histoires sensationnelles, il doit au contraire tenter de décrire avec précision ce que furent les observations des témoins. Car il s'est agi, pour chacun d'eux, d'une expérience bien réelle, d'une observation aussi matérielle que celle, par exemple, du passage d'un camion au bout de leur rue.

J'espère que cet ouvrage comptera au nombre des « bons livres sur les O.V.N.I. ».

J. Allen HYNEK.

Northwestern University
Evanston, Illinois
1er janvier 1972.

PROLOGUE

Les âges succèdent aux âges et chacun d'eux est marqué par des découvertes, des bonds en avant qui auraient terrifié ses devanciers, à supposer même qu'ils aient pu les juger possibles. L'histoire de l'homme nous enseigne cependant que, en dépit de son aptitude à innover, celui-ci semble généralement considérer son propre acquis comme définitif. L'étendue de cette ignorance satisfaite fait sourire les générations suivantes qui pourtant, à leur tour, méconnaissent leurs propres limites.

Au demeurant, si nous étions aujourd'hui en mesure d'entrevoir les idées et les découvertes à venir, nous en resterions confondus. Par contre, les phénomènes de notre temps, aussi étranges qu'ils puissent paraître, sont à la portée de notre entendement. C'est pourquoi nous avons le devoir de les considérer avec le plus grand sérieux, de chercher à les expliquer, et surtout de ne pas les tourner en dérision. Ainsi seulement pourrons-nous, en quelque sorte, nous aventurer dans le futur.

Le phénomène O.V.N.I. pourrait bien constituer un de ces passionnants « domaines du futur », et son étude nous révéler de fascinants aperçus des temps à venir, bien que, sur la toile de fond du monde moderne, il paraisse aussi incongru que l'aurait été la télévision pour Platon.

Certains savants ont pressenti cette impressionnante dimension d'un inconnu encore insoupçonné. L'un des plus grands, Sir Isaac Newton, ne devait-il pas dire :

Je ne sais sous quelle figure me voit le monde; mais quant à moi il me semble que je n'ai été rien d'autre qu'un petit garçon jouant sur la plage, découvrant ici ou là un galet plus lisse ou un coquillage plus joli que les autres, tandis que devant moi s'étendait inviolé le grand océan de la vérité.

Plus souvent encore cependant, ce sont les philosophes qui entrevoient avant les savants, qu'absorbent les problèmes immédiats, les limitations de leur époque. William James a dénoncé de façon incisive l'étroitesse de vues de l' « establishment » de son temps (1895), et particulièrement celle de ses collègues à l'université Harvard :

Il existe, bien ancrés dans la nature humaine, un naturalisme et un matérialisme de l'esprit qui n'acceptent d'admettre que les faits réellement tangibles. Ces esprits vénèrent ce que l'on appelle la « Science ». Les sectateurs de cette idole se reconnaissent à leur prédilection pour le terme « scientifique »; et toute opinion à laquelle ils n'adhèrent pas est rapidement rejetée comme « non scientifique ». Au demeurant, les excuses ne leur manquent pas. La Science a fait des bonds si extraordinaires depuis trois cents ans... que ses adorateurs ont eu de quoi en perdre la tête. C'est ainsi que dans cette université, j'ai entendu plus d'un professeur décréter que la Science possédait maintenant toutes les vérités fondamentales et qu'il ne reviendrait plus aux temps futurs que des ajouts de détail. Une simple réflexion sur le tableau actuel suffit à montrer tout ce que cette conception peut avoir de barbare. Elle témoigne d'un tel manque d'imagination scientifique que l'on voit difficilement comment quelqu'un qui participe activement à l'avancement de n'importe quelle Science peut s'exprimer de façon aussi fruste. Pensez aux si nombreux concepts scientifiques qui ont vu le jour durant notre génération, à tous les nouveaux problèmes qui ont été formulés alors que l'on n'y avait jamais pensé auparavant, puis considérez la brièveté de la carrière de la Science. Peut-on croire qu'une aussi rapide prolifération de la connaissance, une telle croissance foudroyante peuvent *représenter plus qu'un minuscule aperçu de ce que se révélera être l'univers lorsqu'il sera compris correctement? Non. Notre science n'est qu'une goutte d'eau, notre ignorance un océan. S'il existe une certitude, c'est bien celle-ci : que le monde de notre connaissance physique* est *enveloppé dans un autre monde infiniment plus vaste et dont nous ne pouvons nous faire présentement aucune idée positive.*

Trois quarts de siècle se sont écoulés depuis cette mercuriale, et le temps l'a justifiée en tous points. En effet, et sans que William James ait pu le soupçonner, l'année 1895 marqua le début des « trente années qui ébranlèrent la physique », puisqu'elles virent la relativité, la mécanique des quanta et bon nombre de nouveaux concepts qui leur étaient associés abolir les dogmes de la physique classique considérés jusque-là par tous les physiciens comme les fondements immuables de l'univers. Et pourtant, en dépit de la croissance extraordinaire de notre savoir et de notre technologie, force nous est de reconnaître, à moins d'être tout à la fois bornés et d'une indicible fatuité, que notre ignorance demeure toujours aussi vaste que l'Océan.

LE PHÉNOMÈNE O.V.N.I.

INTRODUCTION : UN NAÏF AU PAYS DES O.V.N.I.

A la fin de l'année 1969, l'U.S. Air Force qui, depuis 22 ans, « monopolisait » le problème des O.V.N.I., clôtura son programme « Livre Bleu » (Project Blue Book), désignation qui recouvrait la majeure partie de son enquête sur les O.V.N.I.. Mis en œuvre en septembre 1947 et appelé initialement programme « Signe » (Project Sign), celui-ci devint, le 11 février 1949, le programme « Rancœur » (Project Grudge) pour recevoir enfin, à l'été 1951, le nom de « Livre Bleu ». Il n'est pas d'usage d'attacher une signification particulière aux noms de code, mais le lecteur demeure libre d'en lire une en filigrane.

Cantonnée pendant toute sa durée à la base de l'Air Force Wright-Patterson de Dayton, dans l'Ohio, cette entreprise, qui avait d'abord été rattachée au Centre du Renseignement Technique de l'Aéronautique (A.T.I.C.), passa ensuite sous l'égide de la Division de Technologie Etrangère (F.T.D.). L'armée de l'air américaine cessa toute activité officielle touchant au problème des O.V.N.I. en décembre 1969, lorsque le Secrétaire d'Etat aux Forces Aériennes, Robert C. Seamans, clôtura le programme Livre

Bleu, en se fondant principalement sur les conclusions du Rapport Condon, établi par un groupe de chercheurs de l'université du Colorado dirigé par le Dr E.U. Condon et parrainé par l'Air Force.

Ce fut en quelque sorte le hasard qui décida de mon association au phénomène O.V.N.I. Le programme Signe avait besoin d'un astronome pour examiner, à la lumière de sa spécialisation, les cas où les phénomènes naturels (météores, planètes, étoiles variables, etc.) auraient pu être faussement interprétés comme des apparitions de soucoupes volantes. Je fus choisi en tant que proche voisin puisque je dirigeais à l'époque l'observatoire McMillin de l'université d'Etat de l'Ohio.

Combien de fois nous était-il arrivé jusque-là, mes confrères et moi-même, de faire des gorges chaudes sur l' « épidémie de soucoupes volantes », phénomène bien typique d'une période d'après-guerre. Nous dénoncions à grands cris les ravages qu'il exerçait dans le pays et la crédulité de l'homme qui « gobe » immanquablement les plus criantes « absurdités ». Aussi fut-ce en quelque sorte dans un esprit sportif que j'acceptai l'invitation qui m'était faite de venir étudier les rapports sur les « soucoupes volantes » (ainsi les appelait-on à l'époque). Il me semblait que je pourrais aussi, de la sorte, participer utilement à la lutte contre l' « anti-science ». C'était après tout l'occasion rêvée de montrer au public comment opère la méthode scientifique, de lui prouver qu'en appliquant la logique de la science, par définition impersonnelle, libre de tous préjugés (je faisais opportunément litière des miens!), on arriverait aisément à la conclusion que les soucoupes volantes n'étaient que des vues de l'esprit. A l'université, bon nombre de mes collègues ne me voyaient pas sans réticences m'embarquer dans une aventure « non-scientifique ». Pourtant, rien n'entamait mon assurance : j'allais travailler sur des « fiches » et j'avais été *invité* à étudier le sujet.

Voilà dans quel état d'esprit j'abordai la question. Et pourtant je ne devais jamais voir se matérialiser cette possibilité de faire connaître au public le fonctionnement de la méthode scientifique à partir des observations de soucoupes volantes. Je travaillais encore à mon rapport pour le programme Signe lorsqu'il fut rebaptisé « Rancœur », tandis que le Pentagone tournait habilement toute l'affaire en dérision. Au surplus, bien que bon nombre d'observations d'O.V.N.I. n'aient pas été couvertes par le secret militaire, il se révélait impossible d'y avoir publiquement accès. Cette censure interdisait très efficacement la divulgation publique des résultats de l'enquête sur les soucoupes volantes, sans parler de sa méthode proprement dite. Tout ce qu'on laissait filtrer à destination du public, sous forme de communiqués de presse, c'étaient des conclusions d'enquêtes, lesquelles ne répondaient aucunement aux questions que l'on se posait un peu partout. En définitive, l'image de marque scientifique de l'Air Force n'en sortait pas grandie.

Je n'ai pas collaboré au programme Rancœur, et ce n'est qu'en 1952, après la mise en train du programme Livre Bleu, sous la direction du capitaine Ruppelt, que je repris mes fonctions de conseiller scientifique. Bien que ma responsabilité se soit limitée au domaine de ma compétence, c'est-à-dire à l'astronomie, je tins à prendre connaissance de toutes les notifications qui arrivaient, et à procéder à une revue mensuelle de la question. C'est ainsi que j'ai pu avoir à connaître de quelques cas très intéressants, noyés dans un véritable flot d'élucubrations.

Lorsque survint la clôture du programme Livre Bleu, il m'apparut qu'il importait de relater mon expérience de vingt années d'étude des O.V.N.I.

et de collaboration avec l'Air Force, dont certains aspects ne furent pas dépourvus, pour recourir à la litote, de pittoresque. Je me sens à présent en quelque sorte comme un voyageur qui, au retour d'un long voyage dans des contrées exotiques et inexplorées, estime de son devoir de rédiger une relation de ses voyages, de décrire les us et coutumes bizarres des indigènes pour le bénéfice de ceux qui n'ont pas bougé de chez eux.

Durant ces vingt dernières années, on a vu fleurir une production pléthorique de livres et d'articles sur les O.V.N.I., mais, hormis quelques rares articles, je n'ai pas contribué moi-même à grossir ce flot. Je n'ai aucunement l'intention d'ajouter « un livre de plus » à la pile déjà fort respectable. J'espère au contraire, avec le présent ouvrage, participer de façon positive à une étude sérieuse du sujet. A tout le moins, je présenterai une vue de l'intérieur puisqu'il se trouve que « j'ai été là » lorsque l'Air Force décida de s'adjoindre un astronome pour examiner la pile croissante des notifications d'O.V.N.I. L'occasion m'a été donnée de lire et d'étudier *tous* les rapports du Livre Bleu, d'interroger des centaines de témoins, et même de témoigner devant des groupes de membres du Congrès qui se montrèrent extrêmement curieux des mœurs des indigènes au pays des O.V.N.I.

On m'a souvent demandé si j'avais moi-même été témoin d'une apparition d'O.V.N.I. Si j'applique les critères de détermination que j'estime nécessaires, et que j'expliciterai dans les chapitres qui vont suivre, je dois répondre par la négative. Durant les vingt dernières années, j'ai eu à deux reprises l'occasion d'observer respectivement un objet et une lumière sans pouvoir en interpréter directement la nature; toutefois, ces deux expériences ne sont pas à ranger parmi les observations d'O.V.N.I. telles qu'elles sont définies dans cet ouvrage, car il se peut qu'il existe à leur sujet une explication naturelle, improbable mais possible. Je n'ai par contre jamais fait l'expérience d'une « rencontre rapprochée » (chapitre 8), et l'eussé-je fait que je ne l'aurais sans doute relatée que si j'avais pu produire plusieurs autres témoins sûrs. Il n'y a d'ailleurs rien d'étonnant à cela car il s'agit d'événements statistiquement très rares — à peu près aussi rares que de voir une espèce ornithologique peu commune (et d'ailleurs, là aussi, comment faire par exemple la preuve qu'au cours d'une excursion dans la montagne on a vu un condor de Californie?) mais cependant un peu plus fréquents que la remontée d'un cœlacanthe des profondeurs océaniques. Tout ce que je sais des O.V.N.I. je l'ai appris de seconde main, je l'ai vu à travers les yeux des autres. Les indigènes qui peuplent le pays des O.V.N.I. ce sont les observations et les témoins de ces observations. Les uns et les autres méritent que l'on s'intéresse à eux.

Il me faut maintenant préciser quelques expressions généralement employées dans les descriptions d'O.V.N.I. et qui figureront tout au long du présent ouvrage :

Rapport ou *Notification d'O.V.N.I. :* déclaration émanant d'une ou de plusieurs personnes considérées, selon les critères communément acceptés, comme responsables et jouissant normalement de leurs facultés mentales, décrivant la vision qu'elles ont eue, directement ou à l'aide d'un instrument, d'un objet ou d'une lumière se trouvant dans le ciel ou au sol, ainsi que les effets matériels qu'elles lui attribuent — ladite vision ne pouvant être identifiée à un événement, un objet ou un processus physique, pas plus qu'à un événement ou un processus psychologique connu.

Observation ou *Expérience d'O.V.N.I. :* le contenu d'un rapport ou d'une notification.

Phénomène O.V.N.I. : ce terme englobe tant les observations elles-mêmes que les rapports auxquels elles donnent lieu.

O.V.N.I. — Le corrélat existentiel, en toute hypothèse, du phénomène O.V.N.I.; autrement dit, *si* cela existe, ce qui existe en soi indépendamment de sa manifestation.

La question de l'existence des O.V.N.I. ne peut se ramener à un postulat *a priori* mais doit être déterminée au terme d'une recherche. Si cette recherche indique l'existence des O.V.N.I., on peut comprendre dans cette classe :

a) Des entités spatio-temporelles non encore découvertes, obéissant aux lois de la physique mais nécessitant une explication extraordinaire.

b) Des entités spatio-temporelles non encore découvertes, obéissant à des lois de la physique non encore formulées.

c) Des entités non encore découvertes, non situées dans l'espace, nécessitant des modes d'explication autres que ceux de la physique. Dans cette hypothèse ces entités peuvent, soit être le produit de l'activité mentale d'individus ou de groupes, et répondre à des lois psychologiques connues ou inconnues, soit être totalement différentes de tout ce que nous venons de supposer.

Observation empirique (*nouvelle*) : toute observation effectuée directement par le moyen des sens ou à l'aide d'un ou de plusieurs instruments magnifiant ceux-ci, nous renseignant sur ce qui existe en soi, indépendamment du fait qu'il est ou n'est pas observé.

Une Observation Empirique Nouvelle résulte de la confrontation d'une observation de ce type avec un ensemble d'informations déjà constitué (par exemple une ou plusieurs théories scientifiques) qui se révèle incapable de se l'incorporer *sans révisions ou modifications fondamentales.*

Soucoupes Volantes : terme originellement employé dans la presse pour désigner les O.V.N.I. Cependant, au cours de sa longue histoire, la confusion la plus totale a présidé à l'emploi de ce terme. Pour certains, il désigne un engin pouvant effectuer des voyages interstellaires et amener sur terre des extra-terrestres doués d'intelligence. Pour d'autres, il s'applique indistinctement à toute observation extraordinaire, dans le ciel ou au sol, même lorsque celle-ci résulte à peu près sûrement de l'interprétation erronée d'un objet ou d'un événement normal.

Et pour d'autres encore (presque toujours sectateurs de « cultes des soucoupes volantes » ou membres de groupements d' « inconditionnels »), il signifie la venue sur la terre d'êtres généralement pacifiques, qui veulent transmettre (de préférence sans témoins, et à de rares élus) des messages d'une « importance cosmique ». Très souvent, ces « élus » ont des contacts répétés avec les êtres en question, au cours desquels leur sont communiqués des additifs aux messages précédents. Les communications des inconditionnels conduisent fréquemment à la formation d'un culte des soucoupes volantes dirigé de plein droit par le « communicant » ou le « contact ». Relativement peu nombreux, ces partisans des soucoupes volantes n'en ont pas moins, par leurs actions désordonnées, lourdement pesé sur l'opinion publique — et même parfois sur l'opinion de savants comme le Dr Condon et certains membres de son équipe.

De toute façon, il est évident que les soucoupes volantes, qu'on les définisse comme des engins extra-terrestres, des hallucinations ou les porteurs inspirés d'une connaissance cosmique réservée à quelques « contacts », ne répondent pas à la définition des O.V.N.I. puisque toutes ces désignations présupposent *a priori* de leur origine et de leur nature.

1

LE RIRE DE LA SCIENCE

> Je sais reconnaître la lune et aussi les étoiles filantes. Il y a bien longtemps que je suis né. Je ne suis pas jeune. Et toute ma vie, j'ai regardé le ciel. Mais je n'ai encore jamais rien vu de semblable. Toi qui es un Blanc, peux-tu me dire ce que c'est?
>
> Conseiller de village papou.

Durant l'été 1968, plusieurs centaines d'astronomes se réunirent à Victoria, en Colombie britannique. Au cours d'une soirée donnée en leur honneur, la rumeur circula parmi eux que l'on pouvait observer, à l'extérieur du bâtiment, des lumières évoluant bizarrement — des O.V.N.I. Les plaisanteries, les rires jaunes — preuves réelles d'un malaise — fusèrent aussitôt parmi les participants, mais nul d'entre eux ne s'aventura au-dehors pour constater le fait par lui-même.

Erwin Schrödinger, pionnier de la mécanique des quanta et philosophe de la science, a écrit : « Un savant doit, avant toute chose, être curieux. Il doit pouvoir s'étonner, et vouloir découvrir la raison de son étonnement. »

On pourrait difficilement dire que le monde scientifique a « voulu découvrir la raison » du phénomène O.V.N.I., ni même qu'il en a été étonné. Dans la majeure partie des cas, les savants ont pris le parti de le nier vigoureusement. Il semble d'ailleurs que leur réaction ait été si disproportionnée au stimulus et si violente qu'elle devrait susciter l'intérêt des psychologues.

De telles réactions valaient souvent la peine d'être observées. Combien de fois ai-je assisté à des réunions de scientifiques, professionnelles ou amicales, au cours desquelles le sujet des O.V.N.I. surgissait dans la conversation, soit par hasard, soit que je l'aie « innocemment » introduit, pour voir ce qu'il en résulterait. C'était alors un véritable tollé, bien peu démonstratif de l'attitude scientifique par excellence, qui consiste à « peser et considérer ». Le plus souvent, la réaction générale se rapprochait de celle des tout jeunes spectateurs d'un film lorsque survient une scène particulièrement passionnée ou délicate, qui dépasse leur mince expérience : une agitation ricanante, qui traduit la gêne et le désir de se défendre devant ce que l'on ne peut encore comprendre. Une telle attitude, chez des scientifiques avertis, me semble moins refléter leur commisération à l'égard des ignorants que camoufler un manque d'assurance sinon même une peur.

Il faut d'ailleurs tout de suite distinguer deux classes parmi les savants qui se trouvent confrontés au problème des O.V.N.I. :

1) Ceux qui, le tournant en dérision ou le traitant par le mépris, se refusent même à l'envisager, le tenant pour nul et non avenu;

2) Ceux qui soutiennent — ou en sont venus à soutenir, après examen — que, en toute probabilité,

les O.V.N.I. sont un phénomène d'ordre purement psychologique, c'est-à-dire qu'il procède tout entier du cerveau d'un individu ou d'un groupe. (Aucun scientifique, après avoir examiné objectivement la question, ne pourrait soutenir longtemps qu'il se ramène uniquement à une interprétation erronée d'événements ou d'objets normaux.)

L'opinion du second groupe mérite d'être discutée sérieusement et scientifiquement, puisqu'elle émane d'hommes de science qui ont pris la peine de se pencher sur le problème et doivent donc, en tout état de cause, être entendus. Pour le premier groupe, bien qu'il s'agisse également d'hommes de science, on ne peut tenir leur opinion pour « scientifique » puisqu'ils n'ont même pas envisagé les données du problème. On a vu des savants estimés parcourir le pays en tournées de conférences pour déclamer contre le phénomène O.V.N.I. et qui, lorsque l'assistance les questionnait, refusaient de répondre en indiquant avec hauteur qu'ils n'avaient pas pris la peine d'examiner « ce tissu de sottises ». Tout bien pesé, cette chasse aux sorcières modernes, qui est le revers exact de l'attitude scientifique, constituerait un bien intéressant sujet d'étude. En effet, si le phénomène O.V.N.I. n'est qu'un « tissu de sottises », comment des hommes aussi réputés peuvent-ils le dénoncer avec une telle violence? Ne faut-il pas voir là une réaction inconsciente devant une difficulté qu'ils ne sont pas prêts à affronter?

L'éminent philosophe canadien de la science, Thomas Goudge, écrit :

« Pour moi, l'un des aspects les plus intéressants de la question des O.V.N.I., c'est qu'elle est reliée à celle de l'avancement de la science. En gros, je dirai qu'une des conditions nécessaires à l'avancement de la science est qu'elle doit tenir compte : 1) des observations empiriques véritablement nouvelles, et 2) des nouveaux schémas d'explication, reposant sur de nouveaux fondements conceptuels et sur de nouvelles lois. »

Goudge fait ressortir que, historiquement, tout nouveau schéma d'explication efficace, y compris la physique du XXe siècle, en vient à un moment donné à se figer et refuse, dès lors, d'admettre les nouvelles observations empiriques (sauf si celles-ci ont pris naissance à l'intérieur de ce schéma d'explication). C'est ainsi par exemple que les physiciens, dans leur grande majorité, se sont d'abord montrés peu enclins à admettre la validité de théories aujourd'hui universellement reconnues, telles que l'origine des météorites, des fossiles, la circulation du sang, les bactéries et, plus près de nous, les éclairs en boule.

« Car, poursuit Goudge, si la Science fait rentrer les nouvelles observations dans son propre schéma d'explication, cela implique que les observations empiriques ne sont pas véritablement nouvelles... » C'est ainsi par exemple qu'il fut un temps où les savants étaient prêts à admettre que les météorites étaient des pierres frappées par la foudre, mais non des pierres venues du ciel. Ils pouvaient de la sorte faire rentrer un phénomène nouveau dans le schéma d'explication du monde physique qui avait cours.

« D'où, conclut Goudge, l'actuelle prise de position du monde savant selon laquelle ou bien le phénomène O.V.N.I. ne constitue pas une donnée scientifique (ou, à tout le moins, une donnée intéressant la physique), ou bien il résulte uniquement d'une erreur d'interprétation devant des objets ou des événements familiers. Adopter une telle attitude équivaut à rejeter une des conditions nécessaires à l'avancement de la science. »

L'expression « observations empiriques véritablement nouvelles » est au cœur du problème des O.V.N.I. En effet, ou bien les observations d'O.V.N.I. constituent des observations empiriques véritablement nouvelles — dans le sens où elles ne s'insèrent pas immédiatement dans le cadre scientifique actuel — ou bien elles se ramènent purement et simplement à des perceptions ou à des identifications fausses. L'exactitude de l'une ou de l'autre de ces deux suppositions est loin d'être évidente, en l'absence d'un examen sérieux et objectif du sujet.

Beaucoup de scientifiques se seraient d'ailleurs penchés sérieusement et objectivement sur le problème des O.V.N.I. s'ils avaient été convenablement informés de son contenu. Malheureusement, le petit nombre d'entre eux qui cherchaient à s'informer n'ont eu d'autre ressource que de glaner des renseignements dans les journaux, et généralement dans les pires : presse à sensation, magazines de dernier ordre, tout un bas journalisme se nourrissant d' « histoires invraisemblables mais vraies », d'articles graveleux, de mystères de pacotille. Naguère encore, aucune publication scientifique ne contenait d'informations sur les O.V.N.I., et pourtant une récente bibliographie exhaustive des « publications sur les O.V.N.I. » a pu atteindre 400 pages. Sans doute les bibliothécaires ont-ils été plus précocement touchés par le problème que les scientifiques.

Bien évidemment, le public en l'occurrence n'est pas mieux loti que les savants, et il résulte de cette tourbe journalistique que certaines idées fausses au sujet des O.V.N.I. sont maintenant bien ancrées dans le public :

1) *Seuls les « amateurs » d'O.V.N.I. signalent qu'ils en ont vu.* Curieusement, c'est presque toujours l'inverse. Les récits les plus convaincants émanent d'individus qui jusque-là n'avaient été que médiocrement intéressés par le sujet, et que leur

expérience a bouleversés. D'un autre côté, très peu d'observations émanent d' « amateurs » et d' « inconditionnels » des O.V.N.I., et encore se signalent-elles surtout par leur incohérence.

Sans doute est-ce mû par une telle erreur d'appréciation que le Dr Fred Whipple, directeur de l'Observatoire d'Astrophysique de la Smithsonian Institution, à Washington, auprès de qui je fus pendant plusieurs années directeur-adjoint, a pu déclarer : « Je terminerai maintenant par ma réponse standard aux journalistes qui m'interrogent sur les O.V.N.I. : « Je ne fais jamais de déclarations publiques au sujet des croyances religieuses ». » (Il va de soi que je lui repartis : « Moi non plus. »)

2) *Les rapports d'observation d'O.V.N.I. n'émanent jamais d'individus possédant une formation scientifique.* Bien au contraire, mais malheureusement leurs observations, qui comptent parmi les meilleures que nous connaissions, n'apparaissent pratiquement jamais dans les ouvrages populaires sur la question, car en règle générale ils tiennent à conserver l'anonymat.

3) *Les observations d'O.V.N.I. émanent d'individus qui ne sont pas dignes de foi, qui sont désaxés ou dépourvus d'instruction.* Sans doute certaines observations émanent-elles de désaxés, qui grossissent les choses les plus banales et à plus forte raison les questions d'O.V.N.I., et risquent donc précisément de confondre un objet bien connu avec un O.V.N.I. Mais comme de tels caractères sont très aisément dépistés, leurs rapports ne risquent pas de figurer dans une étude sérieuse. Nous n'examinerons d'ailleurs dans le présent ouvrage que les rapports valables, c'est-à-dire ceux qui *posent une énigme* à des esprits que leur formation rend aptes à interpréter correctement ce qu'ils voient; météores, oiseaux, ballons-sondes, etc.

Certaines notifications émanent d'individus dépourvus d'instruction, mais cette expression n'implique pas nécessairement « dépourvus d'intelligence ». C'est ainsi que les enquêteurs des catastrophes aériennes ont constaté que les meilleurs témoins sont les adolescents qui, munis d'un bagage assez mince, ne sont par ailleurs pas encore entachés de préjugés ([1]). Par contre les indolents, surmontant rarement leur nature, fournissent peu de rapports d'observation, et encore ne parviennent-ils guère à leur donner une tournure cohérente.

Les rapports n'émanent que très rarement de déséquilibrés. Le psychiatre Berthold Schwarz a examiné 3 400 patients sans rencontrer une expérience qui, de près ou de loin, se rattache aux O.V.N.I. ([2]). Ses conclusions sont corroborées par beaucoup de ses confrères qui, pareillement, n'ont à peu près rien relevé chez leurs patients ayant trait aux O.V.N.I. (la question n'éveille d'ailleurs chez ces derniers que peu ou pas du tout d'intérêt).

4) *Les O.V.N.I. sont synonymes de « petits hommes verts » et de visiteurs venus de l'espace.* On ne sait pas ce que sont les O.V.N.I. Rejeter le phénomène en se fondant sur l'hypothèse qu'il ne peut procéder de rien d'autre que de « visiteurs venus de l'espace » équivaut à rejeter le phénomène parce que l'on se juge fondé à rejeter l'origine du phénomène.

L'objectif principal du présent ouvrage est de contribuer à éliminer ces idées fausses en présentant des informations sérieuses plutôt qu'en légiférant *ex cathedra* sur la nature des O.V.N.I. Il nous semble utile — sinon même essentiel —, avant d'entamer l'étude de la question, de définir aussi précisément que possible ce que nous entendons désigner, tout au long de l'ouvrage, par le terme O.V.N.I.

Nous pouvons définir un O.V.N.I. comme la vision, relatée sous forme écrite, d'objets ou de lumières observés dans le ciel ou au sol et dont l'aspect, la trajectoire, le comportement général et la luminescence ne font pas évoquer une explication conventionelle logique et qui, non seulement ont dérouté ceux qui les ont originellement observés mais encore ne peuvent être identifiés après qu'un examen minutieux de toutes les preuves disponibles a été effectué par des personnes techniquement aptes à procéder à une identification raisonnée si celle-ci est possible.

(Par exemple, si des milliers de gens ignorent que la planète Vénus existe, n'importe quel astronome saura, lui, à quoi s'en tenir si un témoin a pris celle que son éclat a fait baptiser l' « étoile du berger » pour un O.V.N.I.)

Conformément à la définition que je viens de donner, je puis dire catégoriquement que ma propre étude, durant toutes ces années, m'a convaincu des points suivants :

1) Il existe des notifications d'O.V.N.I., et elles sont sans commun rapport avec les déclarations des « toqués », fanatiques religieux, partisans inconditionnels et « amateurs » d'O.V.N.I.

2) Un grand nombre de notifications résultant de l'observation fausse ou mal interprétée d'objets ou d'événements connus, peuvent être immédiatement dépistées comme telles par des personnes qualifiées. Il importe donc de les éliminer avant toute étude visant à déterminer s'il existe ou non des observations empiriques véritablement nouvelles.

3) Il demeure un reliquat d'observations non immédiatement explicables. Ces observations peuvent s'insérer dans une ou plusieurs catégories :

a) celles qui proviennent d'un peu partout dans le monde, et de régions aussi éloignées les unes des autres que le Canada septentrional, l'Australie, l'Amérique du Sud, l'Europe et les Etats-Unis;

b) celles qui émanent d'individus compétents, responsables et psychologiquement normaux, — c'est-à-dire d'observateurs dignes de foi selon les critères communément acceptés;

c) celles qui renferment des éléments descriptifs qui, pris *collectivement*, ne s'appliquent pas à un événement, à un objet ou à un processus physique connu, pas plus qu'à un événement ou à un processus psychologique connu;

d) celles qui défient la traduction en termes désignant des événements, des objets, des processus, etc., physiques ou psychologiques.

C'est ce que nous allons essayer de montrer, preuves à l'appui, dans les chapitres qui suivent.

2

LES O.V.N.I. OBSERVÉS

Je n'oublierai jamais ce qui m'est arrivé ce matin du 8 juin 1966. Depuis lors, rien n'a pu me convaincre que je me suis seulement imaginé que je voyais ce que j'ai vu. J'en ai été bouleversé pendant des semaines; ça m'a fichu la trouille. Pendant la Seconde Guerre mondiale, je faisais partie d'un des équipages de combat qui ont vu les premières vagues de chasseurs à réaction allemands. Là aussi l'Air Force a essayé de nous convaincre que nous avions eu la berlue.

Extrait d'une lettre adressé personnellement à l'auteur.

Une constante se dégage de toutes les réponses des témoins que, pendant des années, j'ai eu l'occasion d'interroger : j'avais à chaque fois le sentiment de parler à quelqu'un qui décrivait un *événement bien réel.* Pour le témoin, cela avait constitué une expérience marquante, vécue et non rêvée, un événement auquel il n'était pas du tout préparé — et dont il avait très vite réalisé qu'il dépassait sa compréhension. Pour les témoins, l'événement demeurait inexplicable et le phénomène non identifiable en dépit de leurs efforts pour l'élucider. Leur expérience avait une « réalité » aussi tangible que celle d'un événement matériel, par exemple la vision d'un accident d'automobile ou celle d'un éléphant sur une piste de cirque, *à une différence près cependant :* alors que les observateurs possèdent un vocabulaire adéquat pour décrire une automobile ou un éléphant, ils sont presque toujours à court de mots pour décrire une apparition d'O.V.N.I.

La même phrase revenait toujours, lorsque je questionnais les témoins : « De ma vie je n'ai jamais rien vu de pareil. » J'ai également pu constater que ceux qui décrivent leur vision d'un O.V.N.I. s'efforcent de le faire au moyen du vocabulaire quoditien. Presque toujours ils essaient de trouver une explication naturelle à leur expérience. Contrairement à une opinion couramment émise, selon laquelle les gens « voient ce qu'ils souhaitent voir », mes travaux, basés sur les témoignages les moins sujets à caution indiquent que les observateurs souhaitent pouvoir demeurer dans le domaine du connu. Voici une déclaration typique : « J'ai d'abord pensé que ce pouvait être un accident plus loin sur la route — les lumières ressemblaient aux gyrophares des dépanneurs ou des voitures de police. Et puis j'ai réalisé qu'elles étaient bien trop haut pour ça, et alors j'ai pensé que c'était peut-être un avion en difficulté qui tentait d'atterrir en catastrophe et que ses moteurs étaient coupés puisque je n'entendais rien. Et puis j'ai réalisé que ce n'était pas un avion. »

J'ai trop souvent vu se répéter cette même progression dans le récit (partant d'une description et d'une explication brèves et simples, le témoin réalise progressivement que les termes qu'il emploie ne rendent pas suffisamment compte de son expérience — c'est l'escalade des hypothèses) pour pouvoir souscrire à l'idée que l'observateur d'un O.V.N.I., en raison de son univers mental personnel, ou des images et des désirs refoulés dans son inconscient, choisit un stimulus simple et normal pour véhiculer ses appétits les plus cachés. Pour le témoin, son expérience est unique et extrêmement déroutante; il y a un fossé infranchissable entre elle et la description et l'explication rationnelles auxquelles il essaie de la ramener.

Il serait vraiment difficile d'écarter d'emblée des incidents qui peuvent conduire des personnes solidement équilibrées à dire, en toute sincérité :

> Je sais seulement que je n'ai jamais rien vu dans le ciel qui ait une telle forme, ni non plus d'avion se déplaçant à une si grande vitesse ([1]).
>
> C'était exactement comme si, d'en bas, j'avais vu un avion juste au-dessus de moi. Parfaitement immobile et absolument silencieux. Nous l'avons regardé pendant peut-être cinq minutes — et puis la chose a pris une vitesse prodigieuse et a disparu à toute allure. Et toujours sans que l'on entende rien ([2]).
>
> La Police montée canadienne m'a demandé à l'époque si je pensais que c'était un hélicoptère volant au-dessus des nuages et baladant cet objet au bout d'une corde. C'est vraiment l'explication la plus ridicule que j'aie jamais entendue ([3]).

Ces citations sont loin d'être exceptionnelles. J'en possède des dizaines d'autres, que j'ai recueillies directement ou que conservait le Livre Bleu. Et beaucoup se rapportent non pas à des expériences individuelles mais à des événements ayant eu plusieurs témoins. Cependant, les mots sont impuissants

à décrire le contenu humain de ce qu'a vécu l'observateur. Combien de fois ai-je pensé : « Comment se peut-il que cet homme, apparemment sain d'esprit, pondéré, responsable, me relate une telle histoire avec une si évidente sincérité? Pourrait-il simuler, jouer ce rôle à la perfection? Et dans l'affirmative, quel but poursuivrait-il? Il n'ignore pas que cette histoire incroyable fera de lui un objet de risée. »
Et voici encore deux réactions :

J'ai entendu le chien aboyer dehors. Il n'aboyait pas comme d'habitude, alors finalement cela m'a énervé et je suis sorti furieux. J'ai remarqué que les chevaux étaient très nerveux et couraient tout autour de leur enclos. J'ai regardé en l'air, pour voir ce qui agaçait les chevaux. J'ai vu cet objet qui se tenait en l'air — entre 120 et 150 mètres du sol. J'ai demandé à mon collègue de sortir et de me dire s'il voyait ce que je voyais ou si j'étais devenu dingue. Il est sorti, il a regardé, il a poussé un cri perçant et il est rentré en courant dans la maison.

J'ai pensé aussitôt que c'était une toute nouvelle invention et j'ai souhaité de tout mon cœur que nous en soyons les inventeurs, car ça se passait avant le jour V. Je résolus de ne rien dire de ce que j'avais vu avant que la nouvelle ne soit rendue publique.

Quelquefois, les notifications, écrites ou les relations orales contiennent des remarques franches et naïves qui n'en attestent pas moins la « réalité » de l'événement ressentie par l'observateur. Ce commentaire émane de quatre jeunes élèves de l'Ecole forestière de Woodbury, à propos d'une observation faite le 15 février 1967 : « Ceci est la vérité, et pas un canular car l'école ne les tolère pas. »

Et cet autre, fait par trois boy-scouts de Richardson (Texas) : « Mike, Craig et moi sommes des boy-scouts de la troupe 73... et nous donnons notre parole d'honneur de scouts que ce n'est pas un canular ou une illusion d'optique. »

Il serait difficile d'égaler la candeur de la phrase qui suit : « Ce que je veux dire, c'est que je n'ai pas employé de truquage photographique car je ne sais pas encore les faire... » Cette déclaration était contenue dans le récit d'une observation du 26 décembre 1967 à New Jersey.

Citons encore cette touchante requête (extraite d'une lettre adressée au Livre Bleu, et décrivant l'observation, faite le 19 janvier 1967, d'un objet oblong) : « Je ne suis encore qu'un enfant mais je vous en prie, il faut me coire. »

Ce sont souvent les réflexions annexes qui, chez les hommes d'expérience, soulignent l'authenticité de leurs dires. Voici le commentaire d'un pilote de la Trans-Australia Airlines, qui totalise 11 500 heures de vol : « Je m'étais toujours moqué de ce genre d'histoires, mais je l'ai vu de mes propres yeux. Nous l'avons tous vu. Il était sous commande directe, et ce n'était absolument pas un engin aérien connu ([4]). »

Ce qui suit est extrait d'une déclaration due à un homme qui compte à son actif 50 missions de combat aérien durant la Seconde Guerre mondiale. Il a reçu 5 médailles de l'Air et 12 citations au feu, et l'on peut en inférer qu'il ne s'effraie pas facilement : « Il n'y avait pas le moindre son, et c'était aussi grand qu'un avion de ligne, mais sans aucune indication de compagnie... Mon corps a réagi comme si j'avais « frôlé » le danger. J'en ai été bouleversé pendant toute la journée ([5]). »

Nous examinerons plus loin les objets ou les apparitions qui ont donné lieu à ces différentes remarques. J'ai simplement voulu faire sentir au lecteur, dans la mesure du possible, que l'observation d'un O.V.N.I. représente pour le témoin un événement extrêmement réel.

Je me suis souvent demandé, tandis que mon interlocuteur me faisait le récit de son aventure : « Mais pourquoi me raconte-t-il cela? » Et puis j'ai finalement compris que si les témoins me relataient leur expérience, c'est parce qu'ils voulaient que je la leur *explique*. Ils avaient subi un grand choc, et il leur fallait une explication qui s'insère sans difficulté dans leur image du monde afin de les soulager du fardeau inquiétant de l'inconnu. Ils ne cachaient pas leur déception lorsque j'étais obligé de leur dire que je n'en savais guère plus qu'eux. Tout ce que je savais, c'est que leur expérience n'était pas isolée mais que partout dans le monde on en avait enregistré de semblables.

Bien qu'il ne soit pas — encore — possible d'avancer une explication des O.V.N.I. (tels que nous les définissons dans cet ouvrage), leur observation a toutes les apparences d'un événement bien réel pour le ou les témoins. Nous allons procéder à partir de cette constatation.

3

LES O.V.N.I. SIGNALÉS

> Le fait que l'observateur est indéniablement digne de foi, joint à l'existence, au moment de l'observation, d'une nette visibilité, indique que les objets ont bien été vus. La cause probable de ce genre d'observations demeure conjecturale, les faits décrits ne se prêtant à aucune explication logique.
>
> Extrait d'un rapport d'enquête officiel établi par un capitaine de l'Air Force.

Qui est donc l'observateur d'un O.V.N.I.? Représente-t-il typiquement le citoyen moyen, ou est-il, au contraire, « à part »? Si l'on veut essayer de répondre à ce genre de questions, il faut d'abord tenir compte de deux conditions irréductibles. En premier lieu, il ne nous est donné d'étudier que ceux qui ont fait état de leur observation, qui l'ont *signalée*. Or, tout indique qu'ils sont relativement peu nombreux, la plupart des témoins préférant s'abstenir. En second lieu, nous ne pouvons pas nous interroger sur l'observateur d'O.V.N.I. en tant que tel, mais seulement sur l'observateur qui *rapporte* avoir vu un O.V.N.I. *

Qui donc ira se prêter à remplir un long questionnaire sur son observation ou à rédiger un récit circonstancié sachant d'avance que les moqueries ne lui seront pas ménagées? Charlatan, illuminé, psychotique ou citoyen consciencieux, décidant qu'il est de son devoir de faire ce rapport? Une étude sérieuse ne peut — et ne doit — porter que sur les récits de témoins écrivant comme celui-ci :

> Je suis contrôleur des postes ici, à..., et j'ai balancé à rapporter la chose à l'inspecteur. Mais après avoir bien réfléchi j'ai senti que je ne serais pas un bon citoyen américain si je ne posais pas ces questions : « Qu'était donc l'objet éclairé et d'où venait-il (1)? »

Le témoin digne de foi est un individu que son entourage considère généralement comme équilibré, sérieux, habitué à prendre ses responsabilités — il vit en famille, il occupe un bon poste, ses relations avec les autres sont franches et directes.

J'ai pu constater que les auteurs de rapports d'observation ont, socialement, peu de points communs. Ils viennent de tous les horizons. Cependant, outre leur commune réputation de probité, ils se montrent pareillement réticents à parler de leur aventure, sauf s'ils sont assurés de la loyauté et de l'intérêt de celui qui les interroge.

> Ce que j'ai écrit... C'est pour vous et pour votre travail de recherche... Je n'en ai parlé à personne

* C'est pourquoi il vaut mieux parler d'un *témoin rapportant une observation* plutôt que d'un *observateur* car, s'il vient à être prouvé que les O.V.N.I. ne sont pas *réels*, il n'y aura jamais eu d'*observateurs* d'O.V.N.I. mais il y aura eu, et il y a en fait, des *témoins rapportant une observation.*

d'autre. Mais je pense que je dois vous donner des informations détaillées. Je ne veux pas que cela parvienne aux journaux ou aux journalistes... Cela me coûte encore, mais je sens que vous êtes la personne qui convient (2).

Je n'en ai parlé qu'à deux personnes — un chef d'entreprise très actif par ici, et mon pasteur (3).

Permettez-moi de vous dire que si jamais j'en vois un autre, je la bouclerai. Nous avons tout de suite appelé la police municipale pour demander si quelqu'un avait signalé un O.V.N.I., et l'homme qui était à l'autre bout du fil a ri si fort et si longtemps qu'il a dû en tomber de sa chaise... [le journal] en a fait des gorges chaudes et nous a tous fait passer pour des idiots (4).

De telles hésitations, une telle gêne sont monnaie courante, et c'est justement le fait que les témoins, sachant d'avance qu'ils deviendraient la cible des railleries, ont cependant persisté à signaler leur observation, qui indique un sentiment réel de l'importance de l'information et de la nécessité de la transmettre. Pareillement, leur comportement révèle souvent que leur curiosité a été excitée à tel point que peu leur importe, ensuite, de braver le ridicule.

Mais pourquoi attachons-nous une telle importance à la *personnalité* de l'auteur d'une notification? Simplement parce que, dans la plupart des autres domaines scientifiques, interviennent des instruments, électroniques ou optiques, qui fournissent les données à analyser, alors que, en ce qui concerne les O.V.N.I., il n'intervient pas d'autre instrument que l'observateur lui-même et les informations qu'il fournit. D'où l'importance capitale que revêt la connaissance de sa personnalité.

Il est de règle pour le chercheur d'étalonner les instruments qu'il utilise. Nul astronome, par exemple, ne tiendra compte, en ce qui concerne les vitesses de lointaines galaxies, de mesures obtenues au moyen d'un spectrographe non étalonné. Toutefois, si l'instrument a, précédemment, fourni de façon constante des résultats corrects, s'il a été fréquemment vérifié, et s'il n'a pas subi de choc, l'astronome se fiera généralement aux résultats qu'il lui fournit sans vérification supplémentaire.

Le parallèle, pour ce qui nous intéresse, est évident : si l'auteur d'un rapport d'observation d'O.V.N.I. s'est toujours montré, dans ses actes et dans son comportement habituels, extrêmement sérieux et responsable, s'il est réputé équilibré et correctement « adapté », nous n'avons *a priori* aucune raison de douter du rapport qu'il transmet, et encore moins lorsque plusieurs autres « instruments humains » non moins sûrs ont participé à son élaboration.

Sans doute existe-t-il un jeu de tests permettant d'étalonner le degré de sincérité et l'équilibre mental d'un individu, mais comme le monde scientifique refuse de prendre la question au sérieux, l'enquêteur d'un problème d'O.V.N.I. ne peut disposer immédiatement de ce matériel, même si le témoin est désireux — ce qui est fréquent, et significatif en soi — de s'y prêter. Aussi devons-nous, pour toutes ces raisons, nous contenter de déterminer au jugé l' « indice de crédibilité» d'une personne — en nous fondant sur ses occupations, sa vie familiale, sur la façon dont elle assume ses responsabilités et sur son comportement général. Nous devons décider si, lorsque plusieurs personnes ont contribué à faire un rapport, leur indice de crédibilité cumulatif indique que celui-ci mérite l'examen.

La question cruciale se ramène essentiellement à ceci : ce que les témoins disent être arrivé *est-il vraiment arrivé?* On peut d'ailleurs pareillement se demander, lorsqu'un compteur indique 150 km/h, si l'auto roule vraiment à cette vitesse? Peut-on se fier aux témoins? Il est évidemment faux d'assimiler l'esprit humain à un compteur de vitesse. Nous connaissons trop d'exemples d'êtres humains ayant mené une existence exemplaire et qui soudain deviennent fous furieux, meurtriers, voleurs, ou au minimum asociaux. Cependant, il est assez peu probable que *plusieurs* personnes « craquent » *simultanément* et commettent un acte totalement incompatible avec leur personnalité — ou perpétuent en commun le « crime » de signaler une observation d'O.V.N.I. Et pourvu que nous veillions à nous appuyer avec modération sur les rapports *individuels*, il n'y a, du moins dans un premier temps, aucune raison de les suspecter.

Il est tout aussi légitime de se demander : « Pourquoi *ne devrions-nous pas* ajouter foi aux dires de plusieurs témoins réputés sérieux? », que de se demander : « Pourquoi devrions-nous les croire? ». Confiance ou méfiance, les critères s'équivalent. Par exemple, quelle raison avons-nous *a priori* de *ne pas* ajouter foi aux déclarations qui vont suivre et qui émanent de personnes dont tout concourt à prouver la bonne foi :

> Cela fait plus de vingt ans que je circule, de jour comme de nuit, sur la Nationale 285, par le col de Kenosha. Mais c'est la première fois que j'ai vu un O.V.N.I. [5].
>
> Nous sommes propriétaires d'une affaire ici, dans notre ville natale, et nous sommes bien connus, aussi je ne suis pas du genre à faire des appels téléphoniques farfelus. Je ne sais pas ce que nous avons vu, mais nous avons vu quelque chose, et c'était aussi réel que possible.
>
> Vous pouvez jeter ma lettre en pensant que je ne suis qu'un toqué parmi tant d'autres, mais

considérez que j'ai cinquante et un ans, que je suis professeur de mathématiques, que je n'ai jamais, à ma connaissance, souffert d'hallucinations ni été catalogué comme un névrotique... et je ne recherche pas la publicité. Ce serait même tout le contraire, car l'expérience m'a enseigné que quiconque prétend avoir été témoin d'un véritable O.V.N.I. est regardé comme une sorte de débile mental. Cependant, j'ai vu incontestablement et clairement un objet volant non-encore-expliqué.

Ce ne sont là que quelques exemples du type des déclarations que j'ai entendues, ou que j'ai lues dans des lettres qui m'étaient personnellement adressées et dans des rapports officiels.

Il est intéressant de noter, à l'appui de la théorie sur la crédibilité des témoins, que lorsque furent délibérément « lancés » de faux O.V.N.I pour tester la réaction publique (ballons-sondes ou fusées larguées par des avions, par exemple) les rapports d'observations d'O.V.N.I. qui en ont résulté étaient non seulement invariablement beaucoup moins nombreux que ne l'escomptaient les expérimentateurs, mais encore offraient moins d'intérêt par ce qu'ils rapportaient que par ce qu'ils *ne rapportaient pas*. Il arrive occasionnellement qu'une notification fantaisiste d'O.V.N.I. résulte d'une expérience de ce genre mais elle ne risque pas d'être retenue puisqu'elle ne cadre pas avec ce que d'autres personnes ont rapporté du même phénomène — et souvent d'ailleurs elle ne tient tout simplement pas debout.

Dans les rapports suscités par de telles expériences, on note l'absence quasi générale d'occupants, des coupures dans l'allumage des automobiles, de marques d'atterrissage ou de traces matérielles diverses sur le sol et de bien d'autres indications encore qui sont caractéristiques des notifications de Rencontres Rapprochées. Si l'on compare les récits émanant de divers témoins, on voit se former une image parfaitement claire de l'événement réel — un ballon-sonde, une fusée, ou une expérience scientifique. La durée de l'événement, la direction du mouvement des ballons ou des fusées et même leurs couleurs sont convenablement décrites.

Sans doute les exagérations ne manquent-elles pas, de même que les variations d'une description à l'autre (guère plus grandes cependant que celles que l'on observe dans les récits collectifs d'incendies, d'accidents d'auto, etc.), mais il ne subsiste généralement pas de doute quant à ce qui s'est réellement passé. De très grandes variations de détail peuvent être relevées dans les récits d'incendies ou de catastrophes aériennes que font des témoins apparemment sérieux, mais à les entendre on est parfaitement convaincu qu'ils décrivent un incendie ou une catastrophe aérienne et non l'attaque d'une banque. Lorsque l'on obtient des déclarations collectives au sujet d'un « O.V.N.I.-ballon-sonde », on n'y lit jamais que les témoins ont vu un O.V.N.I. avec des hublots, des antennes, des occupants, se déplaçant contre le vent, changeant brusquement de cap, et finalement négociant un virage à 45° pour disparaître à vive allure. L'étude de ce genre de rapports conduit rapidement à identifier correctement l'événement qui les a suscités.

Sans doute arrive-t-il qu'un témoin isolé et d'un sérieux douteux fasse un récit pétri d'imagination à partir d'un phénomène incontestablement naturel. Mais de tels cas invitent simplement à se méfier des observations n'ayant eu qu'un témoin unique; on ne saurait jamais être trop prudent, même lorsque l'observateur offre toutes les garanties de sérieux.

Il ressort de tout ce qui précède qu'aucune raison

a priori ne justifie que l'on rejette n'importe quelle notification d'O.V.N.I. sans examen. La principale difficulté du problème réside dans le fait que les récits les plus fous peuvent être faits par les individus apparemment les plus sensés — individuellement mais plus souvent encore collectivement. Bien sûr, ce dont le témoin dit que c'est *vraiment* arrivé est si difficile à accepter, la pilule est si dure à passer, que tout scientifique ne connaissant pas le problème des O.V.N.I. en profondeur sera, par tempérament et par la nature même de sa formation, presque irrésistiblement enclin à rejeter sans rémission les dires des témoins. Procéder autrement équivaudrait pour lui à abandonner sa foi dans un univers rationnel. Mais cela implique également que, dans ce cas, l'on se détourne d'un matériel qui, même si l'on n'en tient pas compte, ne « disparaîtra » pas pour autant. Des individus solides et sûrs *ont rapporté* des phénomènes qui défient l'explication scientifique, et jusqu'à ce que nous possédions des détections au radar ou des photographies irrécusables, l'auteur d'un rapport d'observation doit être entendu, puisque son témoignage est notre seule source. Les témoins sont d'ailleurs trop nombreux, et trop disséminés un peu partout dans le monde, pour ne pas tenir compte de leurs dires. Ce serait faire preuve d'un sectarisme scientifique dont nul ne doit pouvoir nous accuser.

4

SUR L'ÉTRANGETÉ DES RAPPORTS D'O.V.N.I.

> Je dois ajouter que jusqu'à présent je ne croyais pas aux O.V.N.I., mais maintenant je commence à me poser des questions, car il n'est pas possible d'expliquer cela au moyen de nos normes actuelles.
>
> Extrait d'une lettre au Dr Condon signalant une observation d'O.V.N.I.

Pour la plupart d'entre nous, les O.V.N.I. n'existent qu'en tant que *récits*, et nous mettons ceux-ci dans le même sac que les « histoires » sensationnelles de la grande presse et les faits divers du genre : « La police sur les traces de l'objet mystérieux » ou « Un avion harcelé par un O.V.N.I. lumineux ». Il fut même un temps où les journaux ne considéraient plus ces récits comme des « nouvelles » tant ils étaient nombreux. Tout à l'opposé, pour celui qui a observé un O.V.N.I., cette rencontre constitue une expérience absolument *personnelle*. Un abîme sépare les deux attitudes.

Le problème se complique encore du fait que la

plupart des notifications d'O.V.N.I. sont extrêmement décevantes. Elles contiennent si peu de faits! Cette indigence a suffi à décourager bien des savants de se pencher sur la question, car il leur faut, pour étudier un problème, recevoir des informations présentées sous une forme qui leur est familière : lectures des instruments, photographies, diagrammes, graphiques et tables, toutes ces données étant, dans la mesure du possible, arrangées numériquement et quantifiées.

C'est cependant beaucoup plus à l'enquêteur qu'au témoin qu'il faut faire grief de la minceur des informations. Le témoin a abordé son expérience de façon soudaine, sans la moindre préparation. Il est généralement si bouleversé et si surpris qu'il est impossible d'obtenir qu'il fournisse spontanément un exposé séquentiel cohérent de l'événement. L'interrogateur habile peut, bien sûr, extraire du témoin des détails qu'il n'avait qu'incomplètement notés ou dont il ne pensait pas qu'ils aient un rapport avec la question. Lorsque l'on assiste brusquement à un grave accident d'auto, il est bien rare que l'on se mette aussitôt à prendre des mesures, à noter l'heure, à vérifier la longueur des traces de dérapage, les conditions atmosphériques et autres circonstances annexes. Cependant, lorsqu'un témoin relate un accident à un enquêteur compétent, ce dernier peut, au moyen de questions posées calmement et adroitement, déduire et extraire de lui une quantité étonnante d'informations.

Tout au contraire les enquêteurs de l'Air Force, nourris de la doctrine officielle selon laquelle les O.V.N.I. étaient des hallucinations, ne procédaient généralement qu'à des interrogations superficielles (pourquoi perdre du temps pour une chose dont on sait d'avance qu'elle n'a aucun sens?).

Il existe pourtant des notifications d'O.V.N.I. qui

offrent, sur ces événements si bizarres, des récits précis et méthodiquement ordonnés. Et si ces récits apparaissent néanmoins étranges, c'est surtout que rien n'a été fait pour familiariser le public avec la question. Ils ne s'insèrent pas dans le *cadre conceptuel* de la physique moderne. Et il est à peu près aussi difficile de se placer dans un « cadre de croyance » et d'accepter qu'une foule de récits décrivent un événement réel qu'il l'aurait été par exemple pour Newton d'accepter les concepts fondamentaux de la mécanique des quanta.

Cependant, l'étrangeté des observations d'O.V.N.I. s'insère dans des schémas relativement définis. L' « éventail d'étrangeté » est très limité. Nous ne recevons pas, par exemple, de rapport d'observation de dinosaures volant le ventre en l'air, d'Objets Nautiques Non Identifiés, d'objets étranges forant leur chemin dans le sol.

Un contempteur des O.V.N.I. remarqua un jour : « Des observations inexpliquées ne constituent pas une preuve que les soucoupes volantes existent, pas plus qu'elles ne constituent une preuve qu'il y a des éléphants volants roses. » Ce qui lui échappait, c'est que l'éventail d'étrangeté des rapports d'O.V.N.I. est si étroit que, alors que l'on n'a *jamais* rapporté d'observation d'éléphant rose, on a au contraire, à maintes reprises, signalé un *schéma défini* d'engin bizarre. Si les O.V.N.I. sont vraiment des produits de l'imagination, il y a lieu de s'étonner que ceux qui, aux quatre coins du monde, signalent leurs observations, aient une imagination si limitée.

C'est précisément parce que l'éventail des apparitions étranges est si restreint qu'elles peuvent être étudiées. Si chaque rapport d'observation bizarre était unique et si la totalité de ces rapports couvrait toute la gamme de tous les récits bizarres possibles, il serait impossible d'entreprendre une étude scientifique. Celle-ci nécessite en effet une grille de présentation des informations, et une certaine fréquence répétitive. Or, à tout prendre, les rapports d'O.V.N.I., à l'intérieur de leurs propres domaines d'étrangeté, se prêtent à la classification. Ce sont ces domaines que nous allons chercher à déterminer.

En nous préoccupant maintenant du *contenu* des rapports sur les O.V.N.I, précisons que nous avons préalablement éliminé tous ceux qui n'entrent pas dans la définition d'un O.V.N.I. telle que nous l'avons donnée plus haut. C'est-à-dire qu'après avoir passé au crible la masse des rapports « bruts », nous en avons éliminé les scories — donc tous les rapports qui *peuvent* être légitimement identifiés à des observations de ballons-sondes, d'avions, de météores, etc. (Ces rapports représentent le « déchet » dans le problème. Si nous les incorporions dans notre étude, ils la noieraient — et jusqu'ici, les enquêtes menées sur les O.V.N.I. n'ont pas su éviter cette chausse-trape *.)

En termes d'étude scientifique, les seuls rapports d'O.V.N.I. significatifs sont, comme nous l'avons vu, ceux qui *demeurent* troublants après qu'ils ont été soumis à un examen compétent. Ce sont les seuls que l'on peut légitimement appeler « Rapports d'O.V.N.I. ». L'agent qui les a suscités demeure toujours inconnu à l'issue, en ce qui concerne les témoins,

* Pour beaucoup de critiques, les rapports d'O.V.N.I., dans leur totalité, sont du « déchet ». Etant donné qu'une large portion des rapports originaux, avant filtrage, sont de toute évidence le résultat d'une méprise, ils soutiennent qu'une étude en profondeur révélerait que tous résultent de méprises. De tels arguments supposent que tous les rapports d'O.V.N.I. émanent des mêmes couches de la population et que ceux qui sortent de la moyenne, les rapports vraiment intéressants, sont simplement des exceptions. On pourrait non moins logiquement, en traçant le graphique de la variation de grosseur des oranges, dire que les pastèques sont simplement une exception dans la courbe de distribution de la grosseur des oranges.

d'un filtrage de leur véracité, et, en ce qui concerne l'agent lui-même, d'un criblage de toutes les virtualités matérielles de tous les agents connus. Or, il existe des milliers de rapports tombant dans cette définition; les dossiers du Livre Bleu n'en referment pas moins de sept cents, et beaucoup d'autres encore se trouvent dans les dossiers d'organisations vouées à l'étude des O.V.N.I. et dans ceux d'enquêteurs à titre privé.

Une fois ce filtrage opéré il convient, à propos de chaque rapport, de poser deux questions : Que *dit-il* être arrivé? Quelle *probabilité* y a-t-il que ce soit arrivé? Ces deux questions peuvent constituer le fondement d'un très utile classement à deux coordonnées. Chaque rapport ayant satisfait à la définition de l'O.V.N.I. employée dans ce livre peut être affecté de deux indices : *Indice d'Etrangeté* et *Indice de Probabilité.*

L'Indice d'Etrangeté d'un rapport, c'est la mesure de sa singularité à l'intérieur de la grande classification qui le renferme. D'une manière plus précise, c'est la mesure numérique des bribes * d'information résistant à une explication banale qu'il contient. Une lumière observée dans le ciel nocturne et dont la trajectoire ne peut être assimilée à celle d'un ballon-sonde, d'un avion, etc., n'en aurait pas moins un Indice d'Etrangeté assez bas car la seule chose étrange en l'occurrence est son mouvement. Un rapport relatant qu'un engin bizarre est descendu sur une route déserte jusqu'à 30 mètres d'une voiture, dont l'allumage a été coupé, la radio s'est tue, les phares se sont éteints, qui a laissé des marques sur le sol et paru être consciemment dirigé, se voit affecté d'un

* Dans la théorie mathématique de l'information, le *bit* (que nous avons traduit par *bribe*) est l'unité correspondant à la probabilité *pile/face*. (N.d.T.)

haut Indice d'Etrangeté parce qu'il contient une quantité de choses vraiment bizarres, dont chacune défie le sens commun.

Comme nous l'avons vu, en l'absence de preuves substantielles, telles que films, gros plans photographiques, etc., nous devons nous appuyer principalement sur la crédibilité du témoin oculaire et de son entourage. Il est évident qu'un rapport fait par plusieurs personnes, chacune étant saine d'esprit et honorablement connue, d'un événement probablement authentique, mérite une attention plus sérieuse en tant que récit qu'un rapport émanant d'un témoin unique ayant au surplus une réputation médiocre.

La probabilité que l'événement s'est produit exactement comme il est raconté demeure encore à établir, et ce n'est pas une mince tâche. Ici interviennent plusieurs facteurs d'estimation portant sur la confiance que l'on peut accorder à des gens par ailleurs sérieux, touchant un événement particulier — et dans quelle mesure. Combien oserait-on « parier », même en considérant les qualifications des témoins, que ce qu'ils ont rapporté s'est *réellement* produit comme ils le rapportent *?

L'estimation de l'Indice de Probabilité d'un rapport devient une matière hautement subjective. Nous partons de l'estimation de la crédibilité individuelle des témoins, puis nous estimons dans quelle mesure, étant donné les circonstances particulières du moment, ils peuvent s'être trompés. Les facteurs dont il faut tenir compte ici sont l'harmonie interne du rapport, l'harmonie entre plusieurs rapports portant sur le même incident, la tournure du récit, la conviction transmise par le témoin à celui qui le questionne, et finalement l'estimation subtile de « la manière dont tout cela s'agence ». Il serait très utile dans la déter-

* Le philosophe Hume proposait, pour mesurer la force de la croyance, de recourir au pari. Nous ne proposerons guère mieux.

mination de l'Indice de Probabilité de pouvoir recourir au détecteur de mensonge et autres tests psychologiques. Il serait pareillement bon de pouvoir obtenir un avis médical sur l'état de santé du témoin au moment de l'incident, et d'être informé de tout grave trouble émotionnel ayant pu survenir chez lui juste avant l'incident. Idéalement, un Indice de Probabilité significatif nécessiterait le jugement non d'une seule personne mais de plusieurs.

On dispose rarement d'un tel luxe d'informations, aussi faut-il faire avec ce que l'on a sous la main. Si j'ai trouvé relativement facile d'affecter l'Indice d'Etrangeté (j'emploie les chiffres de 1 à 10), l'Indice de Probabilité est plus difficile à manier. La certitude (P = 10) est, bien entendu, matériellement inatteignable, P = O est pareillement impossible puisque c'est le cas-limite éliminant automatiquement le rapport. Le nombre de personnes impliquées dans l'affaire, particulièrement si chacune d'elles a rédigé son propre rapport, est extrêmement utile. Lorsqu'un rapport émane d'une seule source, je ne l'affecte jamais d'un Indice de Probabilité supérieur à 3, et seulement encore si le témoin concerné a une très solide réputation de sérieux. Ce n'est pas pour rabaisser l'individu mais simplement comme sauvegarde contre la possibilité que, de très bonne foi, le témoin isolé se soit trompé dans son observation.

Lorsque le rapport « se tient » et lorsque je ne trouve honnêtement aucune raison de douter des déclarations des observateurs — à moins que, sans raison, je choisisse de les traiter de menteurs — j'affecte un Indice de Probabilité de 5 ou supérieur à 5. On verra, dans le diagramme Etrangeté-Probabilité (= EP) que les cases destinées aux Indices les plus élevés, pour les cas considérés dans le présent ouvrage, sont peu fournies en raison de la sévérité des critères appliqués. J'ai cependant découvert qu'un rapport ayant reçu

DIAGRAMME ÉTRANGETÉ-PROBABILITÉ (EP)

P = Indice de Probabilité

	1	2	3	4	5	6	7	8	9	
9		1LN - *3LN* *3DD*	1LN	*1DD*	*1RR1*	*1RR1*	*1RO* *1RR1*	*2RO* *1RR2*		9
8	2LN	3LN - *1LN* *1DD*	4LN - *2LN* *2DD*	1LN - *2LN* *1DD* *1RO* 2RR1 - *1RR1*	1DD 1RO - *3RO* 1RR1 1RR2	*1DD* 2RO 1RR1 - *1RR1*	2RR1 - *3RR1* *1RR2*	*5RR2* 1RR3	*2RR3*	8
7	3LN	2LN - *2LN* *2DD*	6LN - *1LN* 3DD - *1DD* 1RO	1LN 3DD - *1DD*	1DD - *2DD* *1LN* 1RO - *2RO* 2RR1 - *2RR1* *1RR2*	*1DD* *1RO* *2RR1*	1DD 2RR1 - *2RR1* 1RR2 - *5RR2*	2RR1 1RR2 - *3RR2*	1RR3 *1RR3*	7
6	2LN	3LN 1DD	1LN 5DD - *1DD*	2DD	*1RO* 1RR1		2RR1 1RR2 - *3RR2*	3RR2 *3RR2*	1RR2 *2RR3*	6
5	2LN 1DD	2LN 6DD	4DD 1RR1	3DD 1RO 2RR1	3DD 2RR1 2RR2	2RR1 1RR2	4RR1 2RR2 - *1RR2*	1RR1 1RR2	1RR2	5
4	2LN	3LN - *1LN* 4DD	1DD	2DD	1RR1		1RR1	2RR2 1RR3	1RR3	4
3	1LN	1LN 1DD	2LN 1RR1							3
2	2DD	1LN								2
1										1
	1	2	3	4	5	6	7	8	9	

E = Indice d'Etrangeté

En *italique*, les notifications répertoriées dans l'appendice 1

E = 3 et P = 5 (soit un index combiné de EP= 3 5) a toutes qualités à retenir l'attention et à susciter l'étude.

Les symboles que j'emploie dans mon diagramme EP se réfèrent à la classification du contenu du rapport en soi, indépendamment du témoin. Ce système de classification est un système empirique, fondé sur le fait qu'il n'y a d'O.V.N.I. que lorsqu'il y a rapport d'O.V.N.I. Il ne préjuge pas d'une théorie de l'origine des O.V.N.I. mais il se révèle utile en délimitant les types principaux des rapports d'O.V.N.I.

Cette classification possède deux divisions principales : 1) les rapports dans lesquels l'O.V.N.I. est décrit comme ayant été observé à une certaine distance; 2) les rapports concernant les observations rapprochées. On ne peut tracer une frontière absolue entre les deux, mais les Rencontres Rapprochées supposent, contrairement au premier cas où ils paraissent punctiformes, que les objets sont vus d'assez près (généralement à moins de 150 mètres) pour que l'on puisse les observer comme des masses et relever le maximum de détails. On verra que les Rencontres Rapprochées du Second Type sont susceptibles de livrer le plus d'informations sur l'étrangeté, tandis que dans celles du premier type les témoins ont dû avoir plutôt l'occasion de relever les couleurs, les protubérances, les sons, les dimensions, les détails de la structure, le mouvement linéaire ou rotatif, les « occupants », et les interactions entre l'O.V.N.I. et l'environnement. Les apparitions d'O.V.N.I. à grande distance auront toujours un indice E plus faible simplement parce que leur observation est moins nourrie — et, par voie de conséquence, leur explication moins facile.

J'ai divisé arbitrairement les O.V.N.I. observés à grande distance en trois catégories : 1) ceux qui sont vus la nuit, et que nous appellerons les *Lumières Nocturnes* (désignés par les lettres LN dans le diagramme); 2) ceux qui sont vus durant le jour, et que nous appellerons les *Disques Diurnes* (= DD), désignation due au fait qu'il est le plus souvent fait état d'une forme ovale ou discoïdale, mais qui doit être étendue dans son sens le plus large; et 3) *Radar-Optiques* ceux dont la source est une captation au radar et une vision directe (= RO). Je n'ai pas retenu, dans mon étude, les O.V.N.I. résultant uniquement d'une détection au radar en raison de l'absence d'un « filtrage » suffisant pour établir avec une certitude raisonnable qu'elle n'a pas été occasionnée par des causes naturelles (fonctionnement défectueux, anomalie dans la propagation, conditions météorologiques exceptionnelles, vol d'oiseaux « invisibles », tourbillons d'insectes à haute altitude, etc.).

Etant donné que les radaristes eux-même ne s'accordent pas entre eux sur les « lutins » et les « anges », il me paraît sage de ne pas se fonder sur ce genre de preuves. Cependant, lorsque l'observation au radar *s'accompagne* d'une observation visuelle, et s'il peut être établi que l'une et l'autre se réfèrent très probablement au même événement, la détection au radar devient un puissant auxiliaire de la constatation visuelle. Ce sont les seuls cas dont je fais état dans le présent ouvrage, sous la dénomination Radar-Optiques; quelques-uns des meilleurs rapports d'O.V.N.I. se classent dans cette catégorie.

Les Lumières Nocturnes et les Disques Diurnes peuvent ne pas s'exclure mutuellement, mais pour les observations de nuit ce sont presque invariablement la luminosité, la couleur et le mouvement d'une lumière qui sont les seuls éléments remarqués. Il est rare que l'objet qui porte probablement la lumière soit noté (ceci n'est qu'une hypothèse, l'O.V.N.I. peut n'être rien d'autre que la lumière elle-même). Les Lumières Nocturnes constituent un groupe notable parmi les « véritables » rapports d'O.V.N.I. *

La seconde grande section des rapports d'O.V.N.I. comprend les Rencontres Rapprochées. Ici encore il semble qu'il y ait trois divisions naturelles, que nous appellerons respectivement : Premier, Second et Troisième Types de Rencontres Rapprochées (désignés dans le diagramme par RR1, RR2, RR3).

Rencontres Rapprochées du Premier Type : Dans cette catégorie se place la Rencontre Rapprochée simple, au cours de laquelle l'O.V.N.I. est vu de près mais sans qu'il y ait interaction avec l'environnement (à l'exception du choc émotionnel que subit l'observateur).

Rencontres Rapprochées du Second Type : elles sont semblables aux premières, mais il s'y ajoute des effets physiques sur l'entourage, vivant ou inanimé. Il est souvent indiqué que la végétation a été écrasée, brûlée ou roussie; des branches d'arbres sont brisées; des animaux s'effraient au point même de se blesser. Des objets inanimés, principalement des automobiles, tombent momentanément en panne, le moteur s'arrête, la radio se tait, les phares faiblissent ou s'éteignent. Il est indiqué, dans ces cas précis, que dès la disparition de l'O.V.N.I. les véhicules fonctionnent à nouveau normalement.

Rencontres Rapprochées du Troisième Type : ce sont les rapports mentionnant la présence d' « occupants » dans ou autour de l'O.V.N.I. Il convient, en ce qui les concerne, de faire une distinction nette entre ceux qui font état de la présence d'êtres supposés intelligents dans l'« engin spatial » et ceux qui émanent des soi-disant « contacts ».

Ces derniers sont en général « refoulés au portail »

* Bien entendu, avant le filtrage, la majeure partie des notifications font état de Lumières Nocturnes. Ce sont les planètes brillantes, les satellites, les météores et les missions aéronautiques spéciales qui sont le plus souvent à l'origine de la méprise.

par le filtrage. Le lecteur se souviendra que notre définition d'un O.V.N.I. implique la crédibilité foncière du témoin (rapports dont l'origine n'a pu être élucidée, émanant de personnes réputées raisonnables, logiques et pondérées). Les cas de « contacts » impliquent un intermédiaire humain « favori », un « communicant » généralement solitaire, qui possède le don particulier de voir les O.V.N.I. et de communiquer presque à volonté avec leurs équipages (souvent par télépathie). Non seulement ces « communicants » se révèlent-ils souvent être des fanatiques pseudo-religieux, mais ils présentent invariablement un très faible Indice de Crédibilité, les messages des hommes de l'espace qu'ils transmettent régulièrement étant singulièrement vides de contenu. Ces messages, généralement destinés au genre humain tout entier, lui enjoignent « d'être bon, de cesser de se battre, de vivre dans l'amour et la fraternité, de rejeter la bombe atomique, de cesser de polluer l'atmosphère » et autres tartes à la crème. Souvent le contact se croit chargé messianiquement de diffuser le message, d'où les divers cultes des soucoupes volantes qui ont surgi ici ou là. Le contact se considère définitivement comme « élu » et méconnaît allégrement (si, même, il est capable de la comprendre) l'improbabilité statistique qu'une personne puisse, fortuitement, rencontrer d'aussi nombreuses fois un O.V.N.I. (les rencontres sont souvent hebdomadaires), alors qu'il ne sera jamais donné au reste de l'humanité d'observer un O.V.N.I. L'aspect répétitif de ce genre d'expérience suffit, selon moi, à les faire exclure de la présente étude *.

* Peut-être ne devrions-nous pas rejeter sans appel la possibilité qu'il existe des « élus » choisis délibérément par les occupants d'O.V.N.I. pour une mission spéciale. Dans ce cas cependant, on songe à cette remarque d'un Anglais : « Quel dommage que chaque fois les visiteurs de l'espace aient choisi un illuminé. »

Je dois souligner que les rapports des « contacts » ne sont pas classés dans le Troisième Type de Rencontres Rapprochées. Il est regrettable, pour ne pas dire plus, que ce soient justement de tels rapports qui ont valu au problème des O.V.N.I. d'être la risée des scientifiques et du public, renforçant l'image du problème.

Le Troisième Type de Rencontres Rapprochées caractéristique a pour témoins les *mêmes* catégories de personnes que celles dont émanent les autres observations d'O.V.N.I., et correspondent donc au même éventail de population. Pour ces témoins, l'expérience est aussi soudaine et étonnante que pour les observateurs des autres Rencontres. Ces témoins n'ont rien de « spécial ». Ce ne sont pas des fanatiques religieux, mais on trouvera plutôt parmi eux des agents de police, des hommes d'affaires, des instituteurs et autres citoyens respectables. Presque toujours leur rencontre demeure unique (alors que, nous l'avons vu, les « contacts » bénéficient de rencontres à répétition), et la vision qu'ils ont eue des occupants n'est généralement qu'un aspect annexe de leur observation. Dans ce cas d'ailleurs, les occupants ne tentent pratiquement jamais de communiquer avec les témoins; au contraire les rapports indiquent toujours qu'ils ont détalé ou qu'ils ont reflué dans leur engin et ont décollé. Ils ne semblent pas avoir de message particulier à transmettre au genre humain — si ce n'est « Laissez-nous tranquilles ».

Ainsi avons-nous à discuter de six catégories de rapports d'O.V.N.I., trois dans chaque grande division. Bien entendu, les catégories ne s'excluent pas mutuellement; un Disque Diurne vu de près devient une Rencontre Rapprochée; une Lumière Nocturne peut très bien, quand arrive le jour, devenir un Disque Diurne, etc. Cette catégorisation facilite simplement la discussion parce que les données des observations dépendent étroitement des circonstances de leur déroulement. Si l'on examine dans un même temps tous les rapports de la même catégorie, le schéma de ce déroulement se dessine plus facilement.

Il faut enfin remarquer qu'un rapport dont le filtrage préliminaire a montré qu'il avait été suscité par un objet ou un événement naturel aurait les plus grandes difficultés à s'insérer dans l'une des six catégories. Par exemple un rapport d'O.V.N.I. procédant de la vision d'un ballon-sonde ne contient pas le trait le plus souvent cité de la Lumière Nocturne typique. Lorsque quelqu'un prend pour un O.V.N.I. le fuselage d'un avion étincelant au soleil, il ne mentionne pas que sa course atteint une vitesse incroyable. Quant aux fusées lancées par des avions (et qui donnent souvent naissance à des rapports d'O.V.N.I.), il n'est jamais rapporté qu'elles ont arrêté des voitures, terrorisé des animaux ou cabriolé dans le ciel; et aucun rapport suscité par ces fusées n'ira faire état d' « occupants » ou décrire un engin oblong planant à deux mètres du sol.

Maintenant que nous avons brièvement examiné la nature des observations d'O.V.N.I. et les témoins qui les rapportent, que nous avons classé commodément leurs expériences en six catégories et établi un système d'évaluation de leurs notifications, venons-en au cœur de notre ouvrage, c'est-à-dire aux informations sur lesquelles repose notre étude. Nous passerons ensuite en revue les utilisations qui ont été faites de ces informations dans le passé, d'abord par l'Air Force puis, plus récemment, par la Commission Condon. Et nous en viendrons finalement à mes suggestions pour un programme positif d'étude du phénomène O.V.N.I.

LES DONNÉES DU PROBLÈME

INTRODUCTION : LES PROTOTYPES

Le problème essentiel du présent ouvrage est de savoir s'il existe, dans la masse des notifications d'O.V.N.I., des « observations empiriques véritablement nouvelles » requérant de « nouveaux schémas d'explication ». Au demeurant, il n'est pas question de dire ce que doivent — ou peuvent — être ces derniers avant d'avoir étudié minutieusement les données, car ce serait mettre la charrue avant les bœufs. Dans un sujet aussi controversé, et qui a si souvent déclenché des réactions passionnées, la priorité doit revenir à l'étude du matériel dont nous disposons; ce n'est qu'ensuite que nous en arriverons à nous prononcer à propos des nouvelles observations empiriques. Nous ne pouvons nous permettre le luxe d'échafauder des schémas d'explication avant de savoir ce qu'il y a à expliquer.

Sans doute serions-nous tentés d'être moins stricts si nous disposions, comme les savants pour leurs expériences de laboratoire, d'un matériel tangible et défini. Mais justement, pour un scientifique, les données du problème sont loin d'être satisfaisantes. Elles se révèlent plus anecdotiques que quantitatives, plus proches des récits fantastiques que des lectures d'instruments, et invérifiables par la répétition de l'expérimentation.

Bien que l'on ne puisse considérer les faits comme un matériel scientifique au sens strict du terme, les informations que nous possédons n'en constituent pas moins un champ d'étude fascinant et, pour ceux qui ne se sentent pas offensés par la nature et le caractère des renseignements dont ils disposent, une passionnante gageure. Et l'on doit aussi se souvenir que dans certains domaines scientifiques les données sont également plus que fluides. Quotidiennement les anthropologues, les psychologues et même les météorologistes doivent travailler à partir d'informations non moins éparses et fluctuantes, qui doivent être ajustées les unes aux autres comme les pièces d'un puzzle. Les avocats et les juges ont à peser le pour et le contre en présence de preuves contradictoires; les spécialistes du renseignement militaire tentent parfois de dresser un tableau complet à partir de très minimes bribes d'information. Et d'ailleurs ce qui, dans un domaine scientifique, constitue une donnée solide, peut au contraire ne guère offrir de prise dans une autre discipline. Aussi devons-nous examiner les informations sur les O.V.N.I. simplement comme les données de « notre » problème. Nous examinerons, aussi objectivement que possible, une série d'informations spécialement sélectionnées : par exemple, un certain nombre d'observations comportant au minimum deux témoins aux capacités intellectuelles et mentales indiscutables, observations qui « ne renferment pas leur propre solution » sauf si on les rejette sans examen, par une démarche qui, elle, renferme sa propre condamnation.

A cette fin, nous construirons d'abord un modèle-type pour chacune des catégories d'observations définies dans le chapitre précédent, en empruntant, à cet effet, des éléments généraux ou partiels aux cas que j'ai étudiés personnellement. Ces prototypes nous seront plus utiles que ne le serait la revue, forcément succincte, d'une série entière de cas individuels *.

Ce serait en quelque sorte infléchir le hasard que de présenter tel ou tel témoignage s'insérant dans telle ou telle catégorie de rapports. Le fait demeure cependant que le matériel existant est extrêmement riche à défaut d'être facilement accessible. Ainsi, bien que l'Air Force affirme que les 12 000 cas répertoriés par le Livre Bleu ne constituent pas des secrets militaires et peuvent être rendus publics, ces dossiers sont rangés dans un local qui, lui, est régi par le secret militaire, si bien que l'on ne peut en examiner le contenu sans l'autorisation des services de sécurité. Les notifications d'O.V.N.I. paraissent dans de nombreux petits journaux s'ignorant les uns les autres, et dans des publications locales à faible tirage; aussi l'enquêteur sérieux doit-il joindre à sa formation scientifique un tempérament de collectionneur pour glaner un rapport ici ou là, au hasard des fichiers de presse ou dans les publications d'organismes tels que le N.I.C.A.P. (National Investigating Committee on Aerial Phenomena), l'A.P.R.O. (Aerial Phenomena Research Organization), et une foule d'organismes moins importants, aux Etats-Unis et à l'étranger.

En ce qui me concerne, j'ai établi trois classements distincts pour le matériel réuni de diverses

* J'ai éprouvé personnellement combien il est difficile de travailler à partir de ce qui est essentiellement un catalogue de cas d'O.V.N.I., chacun étant brièvement décrit mais non assorti de détails et de preuves documentaires. L'esprit humain s'enlise dans l' « étrangeté répétitive » et a les plus grandes peines à digérer et à organiser de façon logique la ronde des récits bizarres.

façons : l'un contient les cas triés sur le volet émanant d'observateurs offrant toutes garanties de sérieux, l'autre comporte les cas qui auraient mérité de prendre place dans le premier classement mais dans lesquels nous ne possédons pas assez d'informations sur les observateurs pour évaluer leur véracité, et le troisième, classement fourre-tout, réunit une foule de notifications qui dépassent à peine le niveau d'un bref fait divers et ne comportent pratiquement aucun renseignement sur l'événement ou sur les témoins. Bien que ces derniers cas soient pratiquement inutilisables pour une étude détaillée, ils n'en dessinent pas moins certaines directions qui pourraient servir à une analyse statistique.

Dans ces trois classements, on observe une même fréquence d'événements en fonction des dates où ils sont rapportés; d'une façon générale, s'il y a abondance d'articles dans les journaux, il y a pareillement prédominance de notifications circonstanciées dues à des observateurs sérieux. Rien ne concourt à prouver que ces dernières sont le produit des comptes rendus de presse dont l'abondance ne compense pas l'imprécision. On peut plutôt penser qu'à une recrudescence d'activité des O.V.N.I. correspond un afflux de notifications intéressantes.

Etant donné que, en tant que conseiller de l'Air Force, il m'incombait d'essayer de séparer le « signal » du « bruit », de brasser et d'apprécier un flot de renseignements vagues et incomplets, l'expérience que j'ai acquise peut nous épargner bien des difficultés en nous conduisant à examiner essentiellement ce que les récits, dans chaque catégorie, ont *en commun*. Dans ce but, j'ai choisi de présenter, dans les chapitres qui vont suivre, une douzaine d'exemples par catégories. J'ai estimé, pour chaque cas, la validité des témoins, et dégagé les traits essentiels qui les intègrent à leurs catégories respectives. L'Appendice 1 regroupe, sous forme de tableaux, les listes détaillées de ces cas.

Il est intéressant de tenir compte, dans l'estimation de la validité des témoins, de la façon dont ils ont réagi à l'« événement ». La sincérité, la spontanéité de leurs réactions et de leurs remarques aident à définir leur personnalité et à mettre en lumière l'aspect extraordinaire de leur expérience. En dernière analyse, il convient que les observateurs et les témoins tiennent le devant de la scène; ils sont nos protagonistes, et si nous ne nous efforçons pas de les connaître le mieux possible, nous risquons de rester stupides devant « une histoire contée par un idiot... et dépourvue de sens ».

Les cas présentés dans les six catégories dont nous cherchons à dégager les prototypes ont, bien entendu, subi les filtrages décrits aux chapitres 3 et 4; les chapitres qui vont suivre se fondent sur une soixantaine de notifications d'O.V.N.I., et pour aucune d'entre elles je n'ai trouvé une explication logique et banale — sauf si l'on suppose que les 290 témoins étaient tous, sans exception, des idiots.

5

LES LUMIÈRES NOCTURNES

De couleur rouge clair, elles [les lumières] sont apparues au-dessus des nuages. En s'approchant du bateau elles ont semblé monter, puis passer au-dessus des nuages qui s'éclaircissaient. Après s'être élevées au-dessus des nuages, elles ont semblé s'éloigner de la terre selon une trajectoire directe. La plus grande avait une superficie apparente d'environ six soleils. Elle était ovoïde, l'extrémité avant étant la plus arrondie. La seconde avait environ deux fois la taille du soleil, et la troisième à peu près la taille du soleil. Le fait qu'elles se soient rapprochées très près de la surface et, ensuite, leur envol étaient extrêmement curieux. Il est également certain qu'elles sont descendues au-dessous des nuages puis se sont élevées au lieu de poursuivre leur course sud-est. Les lumières ont été visibles pendant plus de deux minutes et ont été soigneusement observées par trois personnes dont les récits concordent quant aux détails.

Rapport du navire *USS Supply*, en mer, paru dans la *Weather Review*, mars 1904.

Nous allons commencer par les événements les plus fréquemment signalés, et les « moins étranges » : les *Lumières Nocturnes*, c'est-à-dire les lumières vues la nuit dans le ciel. Celles-ci constituent la plus grande masse des rapports dont, à partir de 1948, me fut confié l'examen en vue de leur possible identification avec des phénomènes astronomiques.

Je précise tout de suite que rares sont les notifications *initiales* de lumières-dans-le-ciel-nocturne qui résistent à l'examen. L'enquêteur expérimenté les reconnaît aisément pour ce qu'elles sont : météores lumineux, avions signalant leur atterrissage, ballons-sondes, planètes, étoiles scintillantes, projecteurs, publicités lumineuses sur des avions, ravitaillement en carburant d'avions en vol, etc. Lorsque l'on réalise combien le public est peu familiarisé avec la variété des lumières qui brillent la nuit dans le ciel, on comprend que leur observation puisse susciter un si grand nombre de notifications d'O.V.N.I.; bien entendu, les cas de ce genre n'entrent pas dans notre définition des O.V.N.I. D'un autre côté si, comme ce fut le cas dans le Rapport Condon, on définit un O.V.N.I. comme « toute observation qui intrigue l'observateur » et non, suivant le parti que nous avons pris, comme une notification qui *demeure* inexpliquée par des techniciens compétents capables de les expliquer de façon banale, on voit aisément pourquoi l'enquête en question s'est révélée si décevante.

Dans la catégorie des Lumières Nocturnes en particulier, nous ne devons admettre pour examen que les cas signalés par deux ou plus de deux observateurs sérieux et dans lesquels le comportement, l'aspect et la trajectoire générale de la lumière sont tels qu'ils excluent de très loin la possibilité d'une simple méprise à propos d'objets naturels.

Une fois cette évaluation critique faite, l'attitude qui consiste à rejeter des cas aussi sélectivement filtrés comme n'offrant ni intérêt ni signification potentielle pour les sciences physiques ou pour les sciences du comportement est désinvolte et peu judicieuse, pour ne pas dire plus.

Les auteurs des notifications

Etant donné que toute étude sur les O.V.N.I. gravite autour du témoin qui a signalé son observation, considérons d'abord les 41 témoins qui sont à l'origine des notifications que j'ai choisies pour dégager les caractéristiques majeures de cette catégorie. Ils mériteraient, selon moi, de retenir l'attention des scientifiques, car ce sont des observateurs particulièrement qualifiés.

Pour ces cas de Lumières Nocturnes le nombre moyen des observateurs était de 3,5 et la médiane de 3. Parmi les 37 observateurs adultes, l'éventail des professions et des compétences était vaste — allant de trois mères de famille et un boucher à un officier des télécommunications de la Royal Canadian Air Force, un officier de sécurité de l'U.S. Navy, et un chef de laboratoire du Massachusetts Institute of Technology (M.I.T.) (1). D'une façon générale la plupart détenaient, au moment de leur expérience, des postes de responsabilité : quatre d'entre eux étaient pilotes d'avion, huit aiguilleurs du ciel, cinq officiers de sécurité, etc. — postes où nous trouverions affligeant de voir affecter des personnes mal équilibrées, manquant de jugement ou adeptes du canular. Dans chacun des cas retenus, l'observation a été faite par l'auteur de la notification de concert avec au moins un adulte responsable.

Comme nous l'avons déjà dit, les réactions immédiates des observateurs, telles qu'ils les rapportent, peuvent être très instructives.

Dans cette première catégorie, celle des Lumières Nocturnes, voyons d'abord ce que furent les réactions du directeur-adjoint du laboratoire du M.I.T. (Appendice 1, LN-1). Lorsque son fils, âgé de douze ans, entra dans la maison en criant : « Il y a une soucoupe volante dehors », toute la famille sortit pour aller voir. Voici ce qu'il nous a raconté :

> Je suis sorti de la maison en emportant mes jumelles ordinaires 4x30 pour observer l'objet. A vrai dire je ne pensais pas voir quoi que ce soit. Pendant ce temps, mon fils âgé de 15 ans est retourné à la maison et en a rapporté mes jumelles Bausch and Lomb, de 6x30. Nous avons observé l'objet ensemble.
>
> Ma toute première impression a été... est-ce que c'est une étoile très brillante? Mais j'ai rejeté presque aussitôt cette idée. Ma seconde idée a été — en cherchant une explication logique — que c'étaient peut-être les phares d'atterrissage d'un avion. [Cette théorie fut bientôt réfutée par l'étrange trajectoire de la lumière, que l'observateur a pu voir se dessiner sur les zones dénudées d'un arbre. C'était au milieu de l'hiver]... le lendemain matin, j'ai demandé à mon fils aîné de me décrire ses observations, et elles coïncidaient entièrement avec les miennes.
>
> Je ne vois pas comment je pourrais honnêtement dire que c'était un avion. Par ailleurs, j'avais à la fois l'avion et l'hélicoptère comme éléments de

comparaison. [Ceux-ci les avaient survolés au cours de l'observation, qui dura 20 minutes.] Ma femme me dit que ce pouvait être un satellite. Mais, lui ai-je rétorqué, comment un satellite pourrait-il jamais se déplacer de la sorte?

Huit opérateurs d'une tour de contrôle d'aérodrome figurent dans cette sélection de Lumières Nocturnes. Un commentaire tel que celui-ci — corroboré par quatre autres témoins — mérite de retenir l'attention : « Cela fait 27 ans que je travaille dans cette tour, et je n'ai encore jamais rien vu de semblable... Ce sont la manœuvre brusque... et l'apparente coopération entre les deux objets brillants qui ont rendu cette observation significative » (Appendice 1, LN-2).

D'une autre observation d'O.V.N.I., rapportée par un opérateur de tour de contrôle d'aérodrome, voilà ce que dit le témoin : « Depuis quatre ans, je suis surveillant du contrôle du trafic aérien. J'ai l'habitude des traînées de gaz de combustion et des passages de satellites. J'ai essayé de comprendre ce que je voyais et de me l'expliquer » (Appendice 1, LN-3).

Si l'observateur ne parvenait pas à se l'expliquer, l'Air Force n'était pas mieux lotie. Un communiqué officiel devait dire : « Considérant l'expérience et le crédit des observateurs [contrôleurs du trafic aérien] on en conclut qu'un phénomène d'un genre quelconque a été observé dont la cause logique ne peut être déterminée. »

Ecoutons maintenant un autre son de cloche, toujours dans le domaine des réactions immédiates devant un O.V.N.I. Voici ce que se remémore une jeune et néanmoins émérite antiquaire : « ... je n'arrêtais pas de dire : « Qu'est-ce que cela peut être? », tandis qu'il [son mari] répétait de son côté : « Oh, mon Dieu! » (Appendice 1, LN-4).

Dans une veine plus légère, nous avons le récit suivant :

« Nous étions en 1961. Cette nuit-là je m'employais à respecter la tradition nationale américaine du flirt en voiture... Ce qui attira mon attention, et à ce moment précis il en fallait pas mal pour me distraire, ce fut la façon dont la chose [une brillante Lumière Nocturne] se déplaçait... L'objet luisait sans émettre le moindre son. C'était beaucoup plus brillant que n'importe quelle étoile dans le ciel... Comme ça se déplaçait lentement vers le nord, j'ai pensé que c'était un ballon météorologique qui reflétait la lumière du soleil. Seulement, les ballons ne s'immobilisent pas, ne changent pas de direction, n'effectuent pas de marches arrière... Finalement, je l'ai montré à la jeune fille pour m'assurer que ce n'était pas une illusion. Elle l'a très bien vu et elle a eu très peur. Tous les deux nous avons contemplé les gambades de la chose... Finalement, après s'être baguenaudée pendant cinq bonnes minutes, elle s'est envolée vers son destin. D'où elle était, loin au sud, elle est partie droit vers le nord; elle a disparu en cinq secondes environ. Je le sais, je l'ai chronométrée. Vous ne me croirez sans doute pas, mais c'est arrivé (Appendice 1, LN-5).

On pourrait, au sens propre du terme, remplir tout un livre rien qu'avec ces descriptions de réactions « à chaud », mais là n'est pas notre but. Aussi nous contenterons-nous simplement de cette dernière :

Permettez-moi d'abord de me présenter brièvement, et vous verrez ainsi que je suis un observateur passablement qualifié. J'ai 44 ans; depuis plus de 25 ans j'appartiens à l'Air Force canadienne, ayant débuté comme membre d'un équipage aérien au cours de la Seconde Guerre mondiale. Pendant ces vingt dernières années, j'ai été attaché aux télécommunications. Plus de la moitié de ce temps s'est passé sur des bases aériennes et j'ai eu l'occasion d'y voir la plupart des types d'avions, aussi bien civils que militaires... Je dois ajouter que, jusqu'à présent, je ne croyais pas aux O.V.N.I., mais maintenant je commence à me poser des questions, car il n'est pas possible d'expliquer cela au moyen de nos normes actuelles... Dans la base, il n'y a pas un expert qui ait une explication à proposer (Appendice 1, LN-6).

Les notifications

Nous allons maintenant nous occuper du contenu des observations signalées. Commençons par une notification qui m'a été transmise par le Dr David Layzer (mais dont il n'est pas l'auteur), de l'observatoire du Harvard College. Dans la lettre qui l'accompagnait, le Dr Layzer déclare : « Voici un compte rendu par des témoins oculaires absolument dignes de foi [huit observateurs] sur de mystérieuses lumières mouvantes vues... par un de mes voisins [enseignant à la Harvard Medical School] et plusieurs membres de sa famille » (Appendice 1, LN-7).
Voici ce que rapportait dans sa lettre le docteur :

L'objet a attiré mon attention parce que... la lumière ne semblait pas normale pour un avion. De notre maison, nous contemplons souvent des avions qui se préparent à atterrir à l'aéroport Logan, tous feux allumés; habituellement cependant, lorsque je vois les phares d'atterrissage, je vois en même temps les feux rouges et verts sur les ailes. Dans ce cas, aucun phare n'était allumé. L'on n'entendait absolument aucun son alors que l'objet semblait se rapprocher... C'était une nuit froide, exceptionnellement claire et calme... Lorsque l'objet semblait avoir atteint son point le plus rapproché, soit, à mon avis, une demi-minute à une minute après son apparition, une seconde lumière est apparue, plus ou moins sur la même trajectoire que la première, et quand, environ une demi-minute après la seconde j'ai pu en voir une troisième, j'étais intrigué au plus haut point. Je suis aussitôt rentré chercher mes jumelles à la maison.

En revenant, j'ai constaté que les trois lumières étaient toujours visibles; les deux premières s'étaient immobilisées tout près l'une de l'autre à environ 15 à 25° au-dessus de l'horizon. La troisième lumière se déplaçait toujours. Avec les jumelles j'ai constaté qu'il n'y avait aucun feu rouge, vert, ou normal. A ce moment, il en est arrivé une série de six ou sept, à environ une demi-minute d'intervalle. Je ne suis pas un observateur entraîné, et d'ailleurs, au début je n'essayais pas de retenir précisément ce qui arrivait. Plusieurs des premières lumières se sont totalement immobilisées, tandis que d'autres se déplaçaient à l'horizon; finalement deux, ou peut-être trois, de celles qui ne bougeaient pas ont semblé laisser tomber des lumières plus petites, qui scintillaient ou clignotaient dans leur chute verticale, et pendant ce temps, les lumières stables ont paru faiblir et s'éteindre.

Et ce témoin dit n'être pas un observateur entraîné! Il serait à souhaiter que chaque rapport sur une observation d'O.V.N.I. soit aussi cohérent et aussi détaillé que celui-ci. Il poursuit :

... une des choses les plus frappantes dans ces lumières, c'était leur couleur. C'était une lumière orange qui différait cependant totalement de toutes celles que j'ai vues sur des avions. Ce n'était pas un orange éclatant ou cru mais simplement trop vif pour qu'il s'agisse d'un phare d'atterrissage normal... Pendant tout le temps où elles ont été visibles, plusieurs avions sont passés à portée audible, mais leur son décroissait puis cessait, tandis que les lumières continuaient leur chemin sans aucun bruit détectable... Il est certainement impossible d'évaluer leur vitesse car nous n'avons pas pu déterminer à quelle distance elles se trouvaient ni même l'estimer grossièrement. En ce qui concerne leur vitesse angulaire, elles se déplaçaient à un rythme [entre] celui d'un satellite [et] celui d'un avion à réaction lorsqu'il allume ses phares d'atterrissage aux abords de l'aéroport, comme nous en voyons couramment ici.

... les lumières brillaient avec la même intensité que Vénus lorsqu'elle est au maximum de son éclat; c'étaient des lumières très vives mais qui n'éclairaient absolument pas le sol. Quand j'en ai discuté par la suite avec mes amis, nous en revenions toujours aux deux mêmes questions... Premièrement, les lumières qui se dirigeaient du sud vers le nord avaient une brillance absolument uniforme. Elles ne scintillaient pas, elles ne vacillaient pas, elles étaient aussi constantes que la lumière de Vénus ou celle d'un phare d'atterrissage. Je n'ai pu distinguer ni forme ni contour d'objet quelconque associé à ces lumières. Celles qui paraissaient avoir été lâchées ou détachées scintillaient en tombant.

... en réentendant mon propre récit, il m'apparaît que l'ordre des événements n'est pas clairement indiqué... J'étais allé chez un voisin de l'autre côté de la rue; et je revenais vers notre maison lorsque j'ai vu la première lumière. Ma femme était encore chez les voisins. Déjà trois ou quatre lumières étaient apparues et j'étais allé chercher mes jumelles lorsque ma sœur, ses enfants et mes parents sont rentrés du temple. Bien que j'aie déjà vu trois des objets dans le ciel je doutais encore fortement qu'il s'agisse de quelque chose d'extraordinaire, mais je sentais croître ma curiosité. En attirant l'attention des arrivants sur les lumières je me sentais assez ridicule, et tous commencèrent à me taquiner [c'est une réaction courante]. Les jumelles passèrent de main en main et nous convînmes tous que nous ne voyions pas de différence particulière avec ou sans jumelles... Je rentrai à la maison pour appeler au téléphone le Dr Layzer qui habite tout près. N'obtenant pas de réponse, je suis ressorti. Ils étaient encore en train de regarder les lumières, et le compte n'était plus très précis. Nous pensons qu'au total six ou sept sont apparues... Tout l'épisode, jusqu'à la disparition de la dernière lumière, a pris peut-être vingt minutes. Autant que j'aie pu en juger, celles qui ont laissé tomber les lumières plus petites étaient immobiles. Il est sûr que leur déplacement n'était pas perpendiculaire à notre ligne de mire. Il était facile de ne pas les perdre de vue en appuyant les jumelles sur un arbre, et leur luminosité était si uniforme que je suis tout à fait certain qu'elles ne s'éloignaient pas dans le prolongement de notre ligne de mire.

Un an plus tard je correspondis avec l'observateur. En réponse aux questions que je lui posais, il m'écrivit :

Effectivement, je dirai qu'avec le recul l'événement semble encore plus étrange qu'à l'époque... Ma propre explication (dont je reconnais qu'elle n'est guère satisfaisante) est que les lumières étaient en relation avec un type quelconque d'études balistiques dont on ne désirait pas informer le public. Je ne me refuserais pas à admettre des objets et des visiteurs d'origine extra-terrestre, bien que demeurant là-dessus fortement sceptique... Je vous joins la copie d'une lettre de Donald Menzel [astronome de Harvard] à qui David [Layzer] avait également envoyé un double de mon récit. J'avoue n'avoir pas répondu à son mot car, en dehors du fait qu'il semblait traiter toute l'affaire sur le mode humoristique, il n'avait de toute évidence pas lu le rapport avec soin... J'ajouterai que son explication finale [étoiles très lumineuses pour le gros des lumières, avec un ou deux phares d'atterrissage d'avion, en ajoutant peut-être un satellite] est hors de question, car il faut vraiment beaucoup d'imagination pour trouver un point commun entre la combinaison d'objets qu'il suggère et six ou sept objets se comportant pour l'essentiel de façon identique.

La réaction du Livre Bleu fut semblable à celle de Donald Menzel — et négative. Lorsque je proposai qu'une enquête soit effectuée auprès des services du renseignement de l'armée pour savoir si réellement des exercices secrets s'étaient déroulés au cours de cette froide nuit d'hiver, l'enthousiasme fut des plus tièdes. Un conseiller n'est, par définition, revêtu d'aucune autorité — les choses en restèrent donc là.

Cette observation est certainement à ranger parmi celles qui sont les moins « étranges »; elle peut avoir une explication « normale ». Si je l'ai insérée ici, en premier, et de façon relativement détaillée, c'est parce qu'elle illustre si excellemment l'attitude de certains scientifiques et celle du Livre Bleu, et ensuite parce qu'elle dément l'assertion selon laquelle seuls des inadaptés sociaux signalent des observations d'O.V.N.I.

Par ailleurs, s'il n'existait pas d'observations faisant état d'une vitesse plus élevée, de manœuvres plus compliquées et autres indications d'un moyen de propulsion que nous ne connaissons pas, sans doute n'y aurait-il pas lieu de voir là un problème. Mais justement, d'une part il existe des cas dont l'Indice d'Etrangeté est beaucoup plus élevé, et d'autre part l'observation en question est retenue comme un O.V.N.I. car elle entre dans la définition que nous avons donnée : les lumières aériennes et leur trajectoire n'ont pu être identifiées par des personnes capables de les reconnaître si elles avaient vraiment pu être assimilées à un événement normal.

Dans la douzaine de cas retenus pour la catégorie des Lumières Nocturnes, nous trouvons l'exemple qui suit. Le récit est dû à l'un des deux témoins, un jeune élève-ingénieur du M.I.T. :

> A ce moment-là, la Grande Ourse était presque à son zénith. J'ai soudain remarqué que deux des étoiles se déplaçaient... en cercle autour d'un centre commun tout en conservant leur position sur deux points opposés du diamètre, comme le feraient par exemple deux petites touches de peinture aux deux bords opposés d'un microsillon tournant sur une platine. Elles effectuaient environ 30 tours/minute, dans le sens contraire aux aiguilles d'une montre, à une vitesse constante... Elles étaient séparées l'une de l'autre par une distance approximativement égale à... environ un diamètre

lunaire et demi. La luminosité des objets était plus faible que celle d'Arcturus, un peu plus faible qu'Alpha, Bêta et Gamma dans la Grande Ourse... Ils se sont immobilisés brusquement, plus ou moins dans une orientation nord-sud... Ils sont restés absolument immobiles, puis ils ont commencé à s'éloigner l'un de l'autre et celui qui se dirigeait vers le sud a soudainement stoppé... L' « étoile » qui avait commencé à se déplacer vers le nord a continué sa marche. A ce moment, sa vitesse était constante et plus lente que celle de la plupart des météores mais plus rapide que celle d'un avion ordinaire (Appendice 1, LN-8).

Ce cas fut signalé au Centre National de la Recherche Atmosphérique de l'Université du Colorado (ne pas confondre avec la Commission Condon) sur le conseil de deux professeurs du M.I.T. dont l'un était le directeur d'études du jeune homme. Il fut également signalé à l'observatoire du Harvard College. D'un côté comme de l'autre, on n'alla pas plus loin. Cette observation s'était produite en mai 1970, soit assez longtemps après que la Commission Condon eut conclu qu'il n'y avait pas lieu de poursuivre plus avant l'étude des O.V.N.I.

Les déclarations qui vont suivre, et qui sont extraites d'un entretien enregistré au magnétophone avec deux officiers de police ayant signalé un cas de Lumière Nocturne juste au moment où la Commission Condon commençait ses travaux (Appendice 1, LN-9), ne se révèlent pas moins intéressantes. Le cas ne fut pas étudié par la Commission. Nous en donnons la substance.

Les officiers de police observèrent un grand objet rond, blanc et brillant, à 50° au-dessus de l'horizon et situé apparemment à mi-chemin de deux villes voisines (comme le prouvaient des liaisons radiophoniques entre ces villes et d'autres localités, qui permettaient de procéder à une triangulation sommaire). L'objet demeura suspendu, immobile, pendant une quinzaine de minutes, s'éteignant lorsque les policiers dirigeaient leurs projecteurs sur lui. Il était, selon leurs dires, de la taille d'un dollar d'argent tenu à bout de bras *.

Peu après un objet plus petit — une lumière — a rayé le ciel, venant du sud, et s'est également immobilisé auprès de la grande lumière. Puis la grande lumière a décrit une trajectoire « carrée », envoyant de temps en temps vers le sol des rayons de lumière bleue. Après avoir manœuvré ainsi pendant environ une demi-heure, les petites lumières partirent en flèche et à toute allure dans la direction d'où elles venaient, et disparurent en cinq secondes environ. Et tout cela de manière absolument silencieuse.

Malheureusement, la personne qui interrogea les policiers n'obtint pas d'eux un récit aussi complet qu'il aurait été possible de le faire, et ce n'est que longtemps après l'incident que nous en discutâmes ensemble. Mais ici encore, nous en venons directement à la question que tout enquêteur sérieux doit avoir sans cesse présente à l'esprit : qu'est-ce qui peut donner naissance à ce genre de rapports? Ou bien les officiers de police, privés de raison pendant une grande heure, ont simplement rapporté des fantasmes, tandis que les opérateurs radio des polices municipales voisines qui communiquaient avec eux, ayant cédé à l'hystérie, étaient incapables de démêler le vrai de l'imaginaire, ou bien ces officiers de

* Il y a là une exagération patente — la chose arrive fréquemment dans les rapports d'O.V.N.I. Les gens ne réalisent pas la grandeur de la zone céleste que masquerait un dollar d'argent tenu à bout de bras. Peu de gens savent qu'un petit comprimé, tenu à bout de bras, masquerait entièrement la lune.

police ont *vraiment* vu quelque chose d'extraordinaire.

Ces hommes ne possédaient ni la même aisance à s'exprimer ni la même instruction que le docteur de Harvard qui a signalé les étranges lumières survolant les environs de Boston ou que l'élève-ingénieur du M.I.T. et sa femme qui ont vu tournoyer des lumières brillantes comme des étoiles, mais l'entretien enregistré montre qu'ils n'étaient pas moins déconcertés pour autant.

Si l'on devait arriver à la conclusion que la première hypothèse — celle de l'insanité passagère des policiers — est la plus probable, alors, considérant la quantité de rapports bizarres émanant, un peu partout dans le pays (comme aussi à l'étranger), d'officiers de police, peut-être serait-il bon de réviser sérieusement notre méthode de sélection de ce personnel de sécurité.

On frémit en pensant à ce qu'il adviendrait si des officiers de police aussi dénués de jugement et d'objectivité venaient témoigner en justice. Comment pourrait-on ajouter foi à leur déposition?

Par ailleurs, des pilotes d'avion peuvent-ils également être temporairement privés de raison ? Dans la catégorie des Lumières Nocturnes, et très représentative des nombreux cas que renferment les dossiers, nous trouvons la déclaration suivante, cataloguée par le Livre Bleu parmi les « Non-Identifiés » (Appendice 1, LN-10) :

> Une grande tache lumineuse, floue, d'un blanc rougeâtre, est apparue devant l'avion à 150 mètres en dessous de son niveau, allant à la collision. Elle a maintenu son altitude mais a viré à droite lorsque le commandant de bord a manœuvré pour se dérober [récit émanant d'un major de l'Air Force, d'un lieutenant et de deux membres de

l'équipage]. Les recherches n'ont fait apparaître aucune indication de causes possibles (2).

Dans un rapport officiel, daté du 28 février 1968, établi par un capitaine de la compagnie Eastern Airlines basé à Atlanta, et transmis par un directeur de vol de cette même compagnie, nous trouvons ce très intéressant passage :

J'ai pris le micro et j'ai demandé : « Qu'est-ce qu'il y a à notre position 11 heures 30? » Le centre a répondu que l'avion avec lequel il parlait était à 25 km de nous. J'ai dit : « Eh bien, ce type-là n'est pas à 25 km de nous. »

Là-dessus je me suis préparé à me dérober. Le centre m'a avisé qu'ils ne voyaient toujours pas de cible, et j'ai dit : « Allons donc, il chemine exactement à côté de nous, à notre position 9 heures. »

Il ne faut pas oublier que, si ce ne sont là que deux exemples extraits d'une foule de notifications émanant de pilotes d'avions, ces derniers se montrent au surplus assez réticents à faire des rapports de ce genre sauf si l'autorité militaire leur en fait obligation (3).

Passons maintenant aux opérateurs des tours de contrôle, au jugement desquels les citoyens comme nous s'en remettent quotidiennement. On ne niera pas qu'ils sont, par définition, capables de distinguer entre un phare d'atterrissage, Vénus ou un « engin aérien inconnu ». Trois des huit opérateurs de tour de contrôle inclus dans notre liste sélectionnée de Lumières Nocturnes ont contribué au rapport que l'un d'eux a établi (ils n'étaient que trois à ce moment-là dans la tour) :

Les deux objets [au crépuscule, dans un ciel

bleu foncé, la lune étant déjà levée mais pas les étoiles] n'étaient que deux points brillants de lumière blanche et on aurait pu les prendre pour des satellites si ce n'avaient été leurs manœuvres soudaines, leurs changements de cap et leur disparition vertigineuse... L'un suivait un cap nord à 45° au-dessus de l'horizon, l'autre un cap sud à environ 30°. La lumière qui se dirigeait vers le sud a soudain exécuté un virage à 180°, s'est élevée, a rejoint l'autre objet, est demeurée en vol stationnaire dans ce qui semblait être une formation puis est partie vers le nord-est (Appendice 1, LN-2).

L'auteur de la déclaration, opérateur de tour de contrôle depuis 27 ans, avait été si impressionné qu'il m'appela par l'interurbain pour me relater l'épisode. Il avait quatre cotémoins, dont deux me racontèrent, lors d'un entretien que j'eus personnellement avec eux au cours de mon séjour dans le Dakota du Nord (où avait eu lieu l'observation), qu'ils avaient contacté les installations radar de Great Falls qui avaient confirmé téléphoniquement la présence d'une cible au comportement erratique. Le lendemain le fait fut officiellement démenti, ajoutant ainsi à la masse de démentis que l'Air Force et l'Administration fédérale de l'Aéronautique s'empressent de diffuser le lendemain ou le surlendemain de toute publication d'une confirmation radar.

Toujours dans la catégorie des Lumières Nocturnes, nous trouvons un autre bon exemple avec le « cas du Massachusetts Institute of Technology », en raison de la qualité indiscutable du principal observateur qui n'ignore rien de la méthode scientifique. Les citations qui vont suivre sont extraites directement de mon interview enregistrée; elles se rapportent plutôt à la description de l'objet observé qu'aux réactions de l'observateur (Appendice 1, LN-1).

Il était beaucoup plus brillant que Vénus. Il était d'un blanc intense — avec peut-être une légère tonalité jaunâtre — et ne paraissait pas avoir une source ponctuelle.

Je le décrirais comme une très petite source au centre d'une fournaise, comme une source centrale entourée de flammes blanches, avec cette couleur dansant tout autour, le rouge et le vert — un rouge tirant sur le rose. Notre autre remarque est provenue de ce que nous regardions l'objet à travers des arbustes dépouillés de leurs feuilles. On voyait très bien, par rapport à la position des arbres, que l'objet se déplaçait sans cesse...

QUESTION. — Pendant combien de temps a-t-il continué ce mouvement?

RÉPONSE. — Entre cinq et dix minutes.

Q. — Lorsque nous en avons parlé précédemment, vous avez mentionné que c'était une chose étrange, comme vous n'en aviez jamais rencontré. En fait, vous avez dit que c'était une sorte de chose « radioactive ». Pouvez-vous aller un peu plus avant?

R. — Je ne sais pas pourquoi j'ai dit ça, sauf que la source était extrêmement intense, et qu'elle avait le genre de couleur résultant habituellement de moyens artificiels, d'une lampe par exemple.

Q. — Dans quelle mesure pouvait-elle se comparer à un court-circuit dans des fils électriques tel qu'en occasionnent les tourmentes de neige?

R. — Cela s'en rapprochait d'une certaine façon, sauf pour les variations des couleurs. La lumière centrale était beaucoup plus fixe que ce que nous observerions en pareil cas.

Q. — Pensez-vous que ce pouvait être un engin expérimental quelconque faisant des essais stroboscopiques? Cela faisait-il penser à une lumière stroboscopique?
R. — Non.
Q. — Revenons maintenant à votre observation. Y avait-il un bruit reconnaissable?
R. — Non. Aucun bruit.
Q. — Quelles ont été ses dernières évolutions?
R. — Après avoir observé l'objet pendant cinq à dix minutes dans ce qui semblait être tantôt un vol stationnaire, tantôt un déplacement incessant, il a commencé à reprendre de l'altitude et il s'est dirigé vers l'est; j'estime qu'il est monté à une altitude d'environ 30° et qu'il a atteint un azimut approximatif de 160° (sud-est); à ce moment-là il a paru s'arrêter et planer de nouveau. Ce mouvement, bien que je ne l'aie pas vu de façon rapprochée, a semblé coïncider avec le passage d'un long-courrier.
Q. — Je crois que nous avons maintenant passé en revue tous les éléments de notre premier entretien. Je ne pense pas que nous ayons omis de faits saillants. Parlons maintenant de sa vitesse angulaire. Nous n'avons pas encore examiné la question. Lorsqu'il allait le plus vite — dans son mouvement apparent — qu'indiqueriez-vous...?
R. — Je dirai qu'il dépassait plus ou moins un degré par seconde. Quelque chose dans cet ordre de grandeur.

Un de mes amis, qui était en même temps l'ami et le collègue de l'observateur du M.I.T., et qui avait assumé des fonctions scientifiques de premier plan au Pentagone, prit la peine de me téléphoner pour me signaler ce cas. En dépit de cette instigation, émanant d'une personnalité, je ne pus obtenir du Livre Bleu que l'enquête soit poursuivie.

J'inclus encore un autre cas de Lumière Nocturne en raison des circonstances qui l'ont porté à ma connaissance. Après avoir virtuellement terminé le présent ouvrage, j'avais adressé une lettre au courrier des lecteurs de la revue *Physics Today* (4), demandant que l'on me fasse parvenir des observations d'O.V.N.I. ayant eu pour auteurs des personnes possédant une formation scientifique ou technique. Le cas de Lumière Nocturne que j'indique ci-dessous fut l'une des premières réponses que je reçus. Ce témoignage est notable pour une autre raison : il date de onze ans; l'observateur, qui est aujourd'hui astronome, n'avait pas voulu le rendre public à l'époque, craignant qu'il suscite des railleries *.

Cette observation d'une Lumière Nocturne prit place au Canada (appendice 1, LN-11). L'auteur de la notification et son frère avaient été avertis par un de leurs parents, journaliste, lequel avait reçu un appel téléphonique de la police locale. Les voitures de police avaient tenté de suivre la lumière mais n'y étaient pas parvenues car elle ne cessait de se déplacer. L'appel avait été fait vers 2 heures du matin alors que la chasse se poursuivait depuis près d'une heure. Je donne le texte du rapport mais les noms de personnes et de lieux ont été omis (comme je m'y étais engagé envers les lecteurs de *Physics Today*).

* Une autre lettre, émanant également d'un astronome, disait : « ... comme je suis un scientifique, je n'ai jamais signalé cette observation... » Cette personne avait préféré considérer qu'elle avait assisté à un phénomène physique rare plutôt que d'admettre la possibilité d'une observation empirique véritablement nouvelle.

Nous avons suivi des routes de campagne et nous sommes arrivés à moins de 100 mètres de l'objet *. Il planait au-dessus d'un gros arbre, qui s'élevait seul au milieu d'un champ cultivé. Nous étions à environ 100 mètres de l'arbre, qui avait à peu près 35 mètres de haut. L'objet, qui sous-tendait un angle d'environ 1/4 de degré (ce qui supposerait un diamètre réel inférieur à 0,90 m) paraissait de forme circulaire et était donc probablement un sphéroïde. Il était intensément lumineux contre le fond sombre du ciel et il passa par toutes les couleurs du spectre avec une période de $\simeq$ 2 secondes (période assez irrégulière). Etant donné sa brillance, je peux avoir légèrement surestimé sa dimension angulaire et il faut peut-être considérer 1/4 de degré comme un maximum. L'estimation minimum serait certainement 1/8 de degré.

L'objet semblait examiner l'arbre d'assez près. Il décrivait des cercles autour du sommet, se tenant entre 15 et 30 mètres du sol, passant *devant* l'arbre, étant ensuite clairement visible *au travers* des branches lorsqu'il repassait par-derrière. Nous l'avons regardé poursuivre cette apparente « reconnaissance » de l'arbre pendant plusieurs minutes. Puis, comme nous voulions absolument le photographier, nous avons franchi la clôture et nous nous sommes avancés lentement vers l'arbre, du côté qui regardait l'ouest. Nous avions à peine fait trois mètres lorsqu'il nous a « remarqués » et, avec une puissante et silencieuse accélération, il est parti

* En raison de la faible distance qui séparait le témoin et l'objet, ce cas est à la limite de la Rencontre Rapprochée et pourrait même être considéré comme telle.

quasiment plein sud et a disparu au-dessus de l'horizon (sur une trajectoire *légèrement* ascendante) en 2 secondes et demie environ. (Je crois que l'on peut se fier à mon évaluation des distances et des temps car à l'époque je faisais beaucoup d'athlétisme et j'étais donc bien entraîné sous ce rapport. Même en tenant compte des circonstances exceptionnelles, ces chiffres sont probablement exacts à ± 20 % près.)

Voici tout ce que nous avons remarqué :

1. L'objet était certainement trop petit pour contenir un être humain;

2. Sa surface n'offrait aucune particularité notable si ce n'est qu'elle avait une forme circulaire — résultant peut-être de l'intense luminosité de la « surface »;

3. Il se déplaçait *délibérément* et *intentionnellement* dans son « inspection » de l'arbre, faisant de courtes pauses devant des « points d'intérêt » et donnant distinctement l'impression d'un comportement « intelligent »;

4. Son mouvement était absolument silencieux, même la rapide accélération finale;

5. Il ne s'agissait d'*aucun* des phénomènes physiques naturels que je connais pour y avoir assisté ou en avoir lu des descriptions (vous voyez ce que je veux dire — « gaz des marais », etc);

6. Il ne s'agissait absolument pas d'un objet astronomique éloigné. Tantôt il était clairement visible *à travers* les branches de l'arbre, tantôt il les masquait, ce qui permettait d'évaluer assez exactement sa distance;

7. Outre moi-même, il a été vu par des témoins compétents (dont plusieurs officiers de police);

8. Lorsqu'il a accéléré pour s'éloigner de l'arbre, j'ai la quasi-certitude qu'il a dépassé la vitesse du son. Il n'y a cependant pas eu la

moindre perturbation acoustique. (Mon oncle a essayé de prendre une photo au moment de l'accélération, mais elle n'est pas assez bonne pour être publiée, car une grande distance nous séparait de l'objet et il se déplaçait extrêmement vite, aussi en a-t-il résulté un cliché très pâle et flou.)

Les principales caractéristiques à retenir sont les suivantes : l'objet semblait être dirigé par une sorte d'intelligence, et son comportement n'était assimilable à aucun phénomène physique dans le sens où nous entendons ce mot.

On rencontre rarement une estimation aussi faible des dimensions d'une Lumière Nocturne *. L'impression généralement rapportée est plutôt celle de tailles considérablement supérieures à 0,90 m. Cependant, étant donné qu'il s'agit d'observations faites de nuit, il est rarement possible en l'occurrence d'apprécier correctement la distance — et, par voie de conséquence, les dimensions.

Il serait difficile de prédire le nombre de cas intéressants de Lumières Nocturnes qu'un enquêteur diligent serait capable de réunir. Il existe en toute probabilité des milliers et des milliers de notifications initiales brutes; combien d'entre elles résisteraient au filtrage et seraient admises parmi les cas véritablement non élucidables demeure du domaine de la conjecture tant qu'une investigation sérieuse n'aura pas été entreprise. Cependant, le prototype de la Lumière Nocturne est bien défini.

* Un cas observé à Fargo, dans le Dakota du Nord (25 février 1967), sur lequel j'ai enquêté personnellement et que j'ai été absolument incapable d'expliquer, concernait une Lumière Nocturne dont la taille était estimée à quelques pieds (Appendice 1, LN-12).

La Lumière Nocturne typique n'émane généralement pas d'une source ponctuelle, elle est brillante, de dimensions variables, de couleurs diverses mais tirant le plus souvent sur le jaune; sa course ne peut être assimilable à celle d'un ballon, d'un avion ou de tout autre objet naturel, et donne souvent l'*impression* d'une commande intentionnelle. Rien n'indique que la lumière soit rattachée à un corps solide mais la chose est présumable.

En ce qui concerne les trajectoires et le comportement cinétique, en dépit d'exceptions déjouant les explications physiques normales, et même en tenant amplement compte des exagérations et des erreurs d'appréciation toujours possibles, les évolutions des Lumières Nocturnes ne semblent pas d'une façon générale défier les lois de la physique.

Les treize cas utilisés dans ce chapitre sont représentatifs de plusieurs centaines d'autres, lesquels offrent bien des variations de détail mais correspondent dans les grandes lignes au prototype que ce choix nous a permis d'établir. N'eussions-nous eu à connaître que de ces seuls cas, il nous serait encore extrêmement difficile de dire que chacun d'eux *devait* résulter d'un événement naturel bien qu'insolite, car *pour aucun d'eux* il n'a été possible de trouver la moindre trace de l' « événement naturel bien qu'insolite ». Certains verront dans cette carence simplement le fait qu'aucun n'a fait l'objet d'une véritable investigation en profondeur. (Il aurait été à souhaiter que pour certains d'entre eux le Livre Bleu ait adopté une attitude et des procédés d'enquête comparables à ceux du F.B.I. !) Nous demeurons dans le doute; et nous continuons à dire d'un air entendu : « Bizarre — mais il doit y avoir une explication naturelle. »

Dans ce cas, quelle est-elle ?

6

LES DISQUES DIURNES

> Ce que je peux indiquer de plus ressemblant, c'est une grande carlingue d'avion dépourvue d'ailes; ou peut-être le bord extérieur ou la circonférence d'un disque venant vers moi, avec un bord de 4,50 m ou un peu plus.
>
> Observation faite le 4 février 1966 à Houston, Texas (extraite des fiches du Livre Bleu).

Dans cette catégorie d'observations — O.V.N.I. vus en plein jour — les formes les plus fréquemment citées sont discoïdales ou ovoïdes.

Les observations diurnes sont moins nombreuses que les observations nocturnes; même si nous nous limitons strictement aux cas non éclaircis en dépit d'une solide investigation — les seuls véritables O.V.N.I. — nous trouvons cependant plus d'incidents nocturnes que diurnes.

Peut-être le phénomène O.V.N.I. est-il intrinsèquement nocturne, mais il n'en demeure pas moins que l'on connaît au moins plusieurs centaines de « bonnes » observations diurnes. Dans mes propres dossiers, le nombre des événements diurnes ayant résisté au filtrage n'est guère inférieur à celui des observations nocturnes rigoureusement sélectionnées, mais aussi n'admets-je ces dernières dans mes dossiers qu'après le plus sévère contrôle.

Les auteurs des notifications

Etant donné que, dans cette catégorie, nous devons également nous préoccuper des observateurs et de leurs qualifications, j'ai, comme précédemment, choisi treize cas représentatifs, chacun ayant été observé par au moins deux personnes.

Le nombre total des témoins dans ces cas diurnes est de 60; la moyenne par cas est de 4,8 et la médiane de 4. Beaucoup de cas « spectaculaires » ayant eu un témoin unique auraient pu être retenus ici, mais j'ai jugé plus sage de ne pas faire fond sur les observations isolées, quelle que soit la validité du témoin ([1]).

Ici encore, les déclarations de certains des observateurs jettent une intéressante lumière sur le phénomène tout entier. Celles que je vais citer sont toutes extraites des notifications de Disques Diurnes dont je donne la liste dans l'Appendice 1. Nous nous préoccupons ici non du contenu de l'observation mais des réactions qu'elle suscite. En voici quelques-unes :

> ... mon copain qui conduisait la voiture, m'a dit : « Est-ce que tu vois ce que je vois? »... Cet objet bizarre ressemblait à un cornichon rabou-

gri. Ni l'un ni l'autre on ne savait ce que c'était... Pendant que nous étions arrêtés, une camionnette est arrivée — les deux hommes qui étaient dedans emmenaient des porcs à Calgary. L'un d'eux nous a demandé si nous avions des ennuis. On lui a dit non, mais on leur a montré l'objet et on leur a demandé ce qu'ils en pensaient. Un des hommes a dit : « Oh, ça doit être une de ces soucoupes volantes... » J'ai passé toute la journée à y réfléchir, sans bouger, et puis dans l'après-midi j'ai décidé de téléphoner à la tour de contrôle de l'aérodrome de Calgary pour voir s'ils savaient quelque chose à ce sujet. Ils ont dit qu'ils ne savaient rien (Appendice 1, DD-1).

Maintenant, je voudrais avoir pris plus de photos de sa manœuvre de descente vers le sol, seulement je tenais absolument à le voir à l'œil nu plutôt qu'à travers le viseur (Appendice 1, DD-3).

Cela fait près de cinq ans que je suis pilote de ligne, ma vue est bonne et naturellement j'ai l'habitude d'observer le ciel et ce qui s'y trouve. Ça n'a pas été une vision fugitive. Tandis que je regardais, il me venait un tas d'explications que je devais aussitôt rejeter. (Extrait du rapport d'un pilote de la B.O.A.C. sur une observation diurne faite le 13 juillet 1971 dans le Kent, en Angleterre.)

J'étais pilote dans l'U.S. Air Force pendant la Seconde Guerre mondiale. Durant toute cette période, de jour comme de nuit, je n'ai jamais eu une seule occasion d'observer quelque chose d'insolite dans le ciel. Aujourd'hui, à l'âge de 43 ans, j'ai contemplé un phénomène qui dépasse ma compréhension et qui est un défi au bon sens (Appendice 1, DD-2).

Les observateurs de phénomènes diurnes sont tout aussi surpris et troublés que ceux des phénomènes nocturnes. On pourrait penser que, avec la nette visibilité du grand jour, plusieurs personnes observant simultanément un phénomène dans le ciel ne tarderaient pas à l'identifier, surtout si l'événement dure assez longtemps. C'est pourtant le contraire qui se produit, et ces témoins essaient généralement, mais sans succès, de trouver une explication naturelle. Et même lorsque, comme dans certains des cas que nous avons choisis, les témoins possèdent une solide formation, il est curieux de noter qu'ils sont fréquemment incapables de décrire convenablement leur expérience.

Les objets

Nous pouvons commencer par les observateurs ayant la formation technique la plus faible : deux fermiers qui se trouvaient à 7 h 25 du matin près de Three Hills, dans l'Alberta, au Canada (appendice 1, DD-1). La meilleure description de l'objet qu'ils aient pu donner était qu'il « ressemblait à un cornichon rabougri ». Ceux qui bénéficièrent de cette description unique, les conducteurs de la camionnette transportant des porcs, ont décrit l'objet comme suit :

> Il était d'un bleu verdâtre. Il semblait qu'il y avait une sorte de lueur fluorescente, mais ce n'était pas vraiment de la peinture fluorescente, sans ça on l'aurait reconnue. C'était plutôt comme les lettres sur les panneaux le long de l'auto-

route qui disent : « Calgary [à tant de] miles », quelque chose comme une phosphorescence sur un fond vert. En fait, il n'y avait pas vraiment de lumières [définies].

Même peu instruits, ces hommes sont sûrement capables de décrire plus précisément les lumières qui leur sont familières, telles que les lanternes sur les voitures et sur les granges. En tout cas, ils se sont efforcés d'indiquer de quelle couleur était la lueur de ce « cornichon rabougri » qui se déplaçait dans le même sens qu'eux, montant et descendant au rythme du terrain vallonné. J'ai vu se répéter cent fois le même étonnement chez les témoins : « Je ne peux absolument pas décrire la couleur. Je n'ai encore jamais rien vu de semblable. Je n'avais encore jamais vu cette nuance de rouge [ou de bleu ou de vert]. » L'objet est souvent décrit comme dégageant une lueur fluorescente mais sans lumières spécifiques, comme dans cet autre cas dû à deux observateurs, dont l'un déclara : « Il y avait un contour défini, mais pas d'orifices éclairés qui auraient pu faire penser que c'était un engin aérien ou une chose de ce genre. Il n'y avait pas de flambées de gaz d'échappement ou de turboréaction, il n'y avait en fait aucune sorte de lumières [à part la lueur générale]. »

Les observateurs peu instruits sont loin d'être les seuls à faire des descriptions manquant d'une terminologie précise. Même lorsque les témoins possèdent une bonne formation, on les voit pareillement chercher leurs mots pour dresser un tableau fidèle de ce qu'ils ont vu. Ainsi le mieux qu'aient pu formuler les deux opérateurs de tour de contrôle et un troisième membre du personnel de l'aérodrome en service à la base d'alerte en bout de piste fut « deux appareils de forme oblongue ayant l'aspect d'une assiette ». Et pourtant ce matin-là le temps était dégagé et frais et la visibilité était excellente * (Appendice 1, DD-3).

Après avoir interrogé quantité de témoins, je suis convaincu que l'imprécision de leurs descriptions (qui peut apparaître comme une tentative délibérée pour « brouiller les choses » et prévenir ainsi la mise en lumière d'une méprise, que l'observateur espère secrètement avoir commise mais à laquelle il s'accroche) résulte en fait de l'étrangeté de leur observation. Il se passe simplement qu'ils ne disposent pas d'un vocabulaire adéquat à la situation. Des commis de ferme, par exemple, peuvent décrire très correctement les appareils qui leur sont familiers — un tracteur ou toute autre machine agricole — mais les mots leur manquent lorsqu'il s'agit de l'inconnu. Des témoins possédant une formation technique poussée sont pareillement déroutés par la difficulté d'expression : officiers de police (qui sont censés être capables de fournir des descriptions précises d'accidents ou de délits), opérateurs de tours de contrôle aérien, scientifiques, ingénieurs. Peut-être la naïve description des convoyeurs de porcs est-elle finalement, dans son pragmatisme, la plus adroite : « Oh, ça doit être une de ces soucoupes volantes! »

J'ai également pu constater que les témoins sont presque toujours extrêmement gênés pour

* Le message, envoyé par la base aérienne locale à Dayton, disait : « considérant que trois membres sûrs du personnel ont signalé l'observation... on en conclut qu'ils ont réellement constaté un phénomène quelconque, mais que l'on ne dispose pas d'informations suffisantes pour en déterminer la cause. » A ma connaissance, aucune tentative ne fut faite, après réception de la notification par le Livre Bleu, pour obtenir des renseignements supplémentaires.

indiquer quels *bruits* accompagnaient l'objet qu'ils ont vu. Ils disent généralement : « Ce n'était pas tout à fait ça, mais je ne suis pas capable de l'exprimer mieux. » Sauf exception — les rapports du monde entier s'accordent là-dessus — les observations de Disques Diurnes ne s'accompagnent pratiquement d'aucun son. Ainsi dans le cas de Three Hills (comme dans d'innombrables autres exemples) : « Il n'y avait pas le moindre bruit, mais on pouvait entendre un avion qui décollait de l'aéroport de Calgary [qui est très éloigné]. »

Pour ce qui est des trajectoires et des évolutions des Disques Diurnes, les témoins indiquent qu'elles paraissent généralement contrôlées, à l'exception d'un mouvement, souvent signalé, de descente en zigzags, en déboulé ou en feuille morte. Les disques semblent avoir universellement la faculté de s'élever sans à-coups, souvent avec des accélérations fantastiques et habituellement sans produire de « bang » supersonique.

La seconde Loi du Mouvement de Newton élimine la possibilité d'accélérations extrêmement rapides pour les corps possédant une masse appréciable. Je n'ai pas l'intention — ni ici ni ailleurs dans cet ouvrage — d'évaluer la question en termes de physique; il faudrait, pour ce faire, infiniment plus de renseignements que n'en contiennent actuellement les dossiers. Je me contenterai de procéder à une estimation des événements signalés par des « hommes de bien ». Or, il existe des rapports tout à fait étranges, provenant de témoins tout à fait valides. Cela au moins est incontestable.

La fixation d'un haut Indice d'Etrangeté procède en partie de l'examen des trajectoires décrites. Voici un exemple, extrait d'un interrogatoire enregistré (Appendice 1, DD-1).

QUESTION. — Le pays est vallonné par ici. La chose a-t-elle flotté uniformément au-dessus des collines ou en suivait-elle les accidents?

RÉPONSE. — Il y a une chose que nous avons remarquée. A l'altitude où elle se trouvait [150 à 180 mètres], elle n'avait pas à faire ce qu'elle faisait. Chaque fois qu'il semblait y avoir une légère élévation de terrain elle remontait un peu. Lorsqu'il y avait une déclivité, elle semblait descendre. Ça aussi nous n'y avons rien compris.

J'avais posé précisément cette question en raison de l'expérience que j'avais acquise lors d'interrogatoires antérieurs. Le disque « épouse » le contour du sol au-dessus duquel il glisse, s'arrêtant souvent quand il y a des petites étendues d'eau. L'O.V.N.I.-type de cette catégorie continue à s'élaborer à partir d'autres observations ayant eu plusieurs témoins :

En bref, ce que j'ai vu c'était un petit disque blanc argent de diamètre non connu, à une altitude non connue, mais doué d'une existence matérielle définie; pendant que nous le regardions, il a d'abord paru stationnaire pendant environ dix minutes. Puis il a traversé le ciel, a semblé passer sous les nuages et a finalement disparu dans les nuages blancs. Aucun son n'a été détecté.

Le point blanc est demeuré immobile trop longtemps et son déplacement était trop silencieux pour qu'il ait pu s'agir d'un avion; il paraissait suivre une course nettement distincte de celle des nuages, ce qui exclut... qu'il se soit agi d'un ballon-sonde (Appendice 1, DD-4).

Les descriptions d'observations diurnes offrent de remarquables analogies : objets ovales ou discoïdaux, blancs ou argentés, paraissant être des volumes pleins. Il est parfois signalé une bande sombre autour de la circonférence. « C'était comme un sandwich argenté », indique un sculpteur dont l'observation n'est pas retenue dans ce chapitre parce qu'il en fut l'unique témoin. Ce disque, ou ce « sandwich argenté », a décrit un grand carré dans le ciel puis il est parti à toute allure, « détalant comme un lapin ». Dans un autre cas le témoin, là encore unique, qui est mécanicien, a employé le terme « sandwich » en comparant le rebord médian de l'engin à la viande qui dépasse des tranches de pain.

Il existe beaucoup de photographies de Disques Diurnes, et bien que les circonstances dans lesquelles elles ont été prises aient été insuffisamment examinées et que beaucoup résultent de truquages flagrants, certaines peuvent difficilement être rejetées. Plusieurs de celles que j'ai étudiées, et où je n'ai pu déceler la moindre trace de supercherie, pourraient bien nous montrer réellement des Disques Diurnes. Etant donné que certains canulars célèbres s'accompagnaient de photographies — il semble que pour les auteurs de canulars une image vaut un long article — je demeure extrêmement méfiant envers tout cliché qui m'est soumis. Selon moi, une photographie donnée comme représentant un O.V.N.I. (et particulièrement un Disque Diurne) ne peut être prise en considération que si elle satisfait aux conditions suivantes : 1) la prise de vue s'est effectuée en présence de témoins sérieux qui, dans le même temps, observaient visuellement l'objet; 2) le ou les négatifs originaux doivent être remis en même temps que les épreuves de tirage, car ces dernières ne permettent en aucun cas une analyse convenable; 3) il doit être possible d'examiner à loisir l'appareil photographique; 4) enfin, le possesseur de la photographie consent à témoigner sous serment que, pour autant qu'il le sache, la photographie est authentique, c'est-à-dire qu'elle est ce qu'elle prétend être — celle d'un O.V.N.I. Cette dernière condition peut être omise si la photographie en question est accompagnée de plusieurs autres photographies prises par ailleurs, de préférence à partir de plusieurs sites très différents.

Ce sont effectivement là des conditions rigides, mais il ne peut en être autrement — car de manière générale une photographie n'est pas plus « sûre » qu'un photographe *. Et même si toutes les conditions sont remplies, tout ce que l'on peut dire positivement est que, bien que la probabilité de l'authenticité du document soit très forte, on ne possède pas de certitude absolue. Cependant, s'il existait par exemple 25 cas dont chacun puisse être affecté d'un très haut indice de probabilité, leur probabilité cumulée équivaudrait à une certitude que la preuve photographique des O.V.N.I. existe.

Je n'ai pas connaissance de 25 cas de cette espèce, mais cependant plusieurs remplissent pratiquement toutes les conditions requises. L'un d'entre eux, devenu classique, survint le 15 août 1950 à Great Falls, Montana (Appendice 1, DD-5). Ce jour-là furent faites des prises de vues cinémato-

* On peut dire la même chose des images radar. Ici ce n'est pas seulement la question de la supercherie mais celle de l'interprétation (en supposant un fonctionnement correct de l'équipement) par l'opérateur. Si bien que nous sommes ramenés une fois de plus à la faillibilité de l'élément humain. Tout bien considéré, un O.V.N.I. demeure une expérience « humaine » et doit être évalué comme telle.

graphiques de deux petites lumières ponctuelles dans la clarté lumineuse du ciel, et elles contenaient suffisamment d'objets de référence (par exemple un château d'eau) pour permettre de faire une étude significative de la série des plans. Toutes les tentatives pour imputer à des avions, des ballons-sondes, etc., les paramètres du mouvement des objets échouèrent entièrement. Le Dr Baker, écrivant dans le *Journal of the Astronautical Sciences,* concluait ainsi :

> En raison de l'incompatibilité entre les phénomènes naturels proposés comme explication et un ou plusieurs détails des témoignages photographiques analysés (outre le caractère incertain des renseignements annexes) on ne peut émettre... de conclusions nettes...
>
> Un certain nombre d'autres vues, représentant prétendument des O.V.N.I., ont été examinées par l'auteur, et toutes semblent avoir en commun d'offrir une image médiocre... La plupart ont été prises au moyen d'un équipement d'amateur... comme celles du Montana. Certaines d'entre elles, comme celles du Montana, ne peuvent être expliquées sur la base des phénomènes naturels (d'autres pourraient l'être, en faisant un grand effort d'imagination) [2].

J'ai examiné beaucoup de prétendues photographies d'O.V.N.I. La plupart ont peu de valeur scientifique (l'objet est trop éloigné, il n'y a pas de cadrage de référence, l'image est floue, etc.) même si elles sont authentiques, et beaucoup n'emportent pas la conviction.

J'ai pu, pour ces deux photos, obtenir que leur auteur me remette les négatifs originaux et, avec son autorisation, je les ai soumis à des tests de laboratoire qui ont consisté à retirer la couche de protection, à tirer des duplicata des négatifs, et à procéder, sur les négatifs originaux, à une étude du grain au microscope et au détecteur à spot mobile (3).

Outre cette étude des négatifs, l'appareil photographique lui-même a été examiné et testé (4), les trois témoins — dont l'auteur des photographies, à qui appartenait l'appareil — ont été interrogés, et deux d'entre eux ont remis des déclarations sous serment.

Le résultat des tests ne laisse aucun doute quant au fait que les clichés en couleurs présentent réellement des images, et que celles-ci correspondent bien à l'ordre des événements ainsi qu'aux conditions de luminosité qu'ont décrits les témoins (les ombres, le mouvement des nuages, etc., ne sont pas en contradiction avec leurs dires). Bien sûr, l'image pourrait être en réalité celle d'un grand plat rond jeté en l'air et photographié. (Je dis « grand » parce qu'un objet rapproché n'offrirait pas l'effet de « moelleux » que produit l'atmosphère lorsqu'un objet, particulièrement un objet brillant, est vu à une certaine distance.)

Voulant m'assurer par moi-même que le site de l'observation se trouvait véritablement dans des « fourrés » et n'était donc pas particulièrement propice à la mise en scène d'une fumisterie, j'en ai effectué le survol à bord d'un petit avion de tourisme. C'était bien une région accidentée aux collines noyées dans des fourrés denses — ce sont les contreforts des Rocheuses canadiennes — mais non infranchissables. Venir précisément en ce lieu pour y monter un canular aurait nécessité, selon moi, une motivation de taille, et notamment, peut-on penser, celle d'un appréciable gain financier.

Au cours des nombreuses conversations que j'ai eues avec le principal observateur, Warren Smith, de Calgary, comme dans la correspondance que nous avons échangée, je n'ai rien pu déceler qui dénote une telle motivation. Les déclarations signées qu'il m'a fournies, et qui ont été établies conformément aux stipulations très rigides de l'Evidence Act canadien *, me renforcent dans cette conviction.

Bien que le but de ces chapitres soit d'établir les prototypes des principales catégories d'observations d'O.V.N.I. plutôt que de présenter des récits détaillés d'observations personnelles, il convient de relater ici l'expérience de Warren Smith (Appendice 1, DD-6).

Par une assez belle journée de juillet, Warren Smith et deux compagnons, tous prospecteurs-amateurs, revenaient d'un week-end consacré à leur passe-temps lorsque, vers 17 h 30, le plus jeune des trois, un adolescent, attira l'attention des deux autres sur ce que tous crurent d'abord être un avion en détresse. Comme ils n'entendaient aucun bruit, ils pensèrent qu'il avait coupé ses moteurs. Dès qu'ils virent nettement que l'objet n'avait pas d'ailes et qu'il descendait doucement en planant vers le sol, ils abandonnèrent leur première hypothèse.

Cependant, avant d'en venir là, Warren Smith, se souvenant qu'il avait dans son sac un appareil photo chargé d'une pellicule couleur, s'en empara et le mit en action. Il pensait que c'était un avion qui allait s'écraser, et l'idée lui traversa l'esprit qu'il pourrait au retour vendre l'épreuve aux journaux. (Pour autant que j'aie pu m'en assurer, ce

* Stipulation constitutionnelle régissant les déclarations sous serment. (N.d.T.)

fut le seul moment où fut évoquée la possibilité d'un gain financier.) Selon les témoins, l'une des photos fut prise tandis que l'objet descendait derrière les arbres du premier plan, qui le masquèrent bientôt à la vue. Puis, racontèrent-ils, l'objet reparut au-dessus des arbres et monta vers les nuages. Les témoins ajoutèrent que l'objet lâcha une matière quelconque, mais ceci n'a jamais pu être réellement établi.

L'incident tout entier ne prit pas plus de 25 secondes. Les seules preuves tangibles dont nous disposons sont deux photographies en couleurs — prises, malheureusement, avec un appareil à objectif fixe — qui contiennent toutes deux des images authentiques et qui ne portent aucune trace de falsification ultérieure.

Il existe une possibilité, à vrai dire bien mince, que, à l'insu de Smith et de ses compagnons, quelqu'un se trouvant au même moment qu'eux dans les « fourrés » ait « lancé » un « plat rond », que Smith aurait photographié puisqu'il avait la « chance » de se trouver là à ce moment. Cependant nous tenons de Smith qu'il a d'abord vu le disque descendre et *ensuite* remonter et disparaître dans les nuages, et les négatifs nous fournissent la preuve de la succession des mouvements puisque l'on constate que la photographie de la descente a bien été prise en premier. On pourrait pousser plus loin l'hypothèse en supposant que l'invisible lanceur de plat a réédité son exploit à deux reprises, et que Smith a photographié le mouvement de descente du premier et le mouvement ascensionnel du second, une quinzaine de secondes après, mais les témoins nous affirment que la chose est hors de question. En tout cas, un examen minutieux de la formation de nuages qui figure sur ces images montre que les photographies ont été prises immédiatement l'une après l'autre; eussent-elles été séparées par un intervalle de temps, même très court, il en aurait résulté des modifications mineures mais décelables dans la formation de nuages. Or, on n'observe rien de pareil.

Les photographies de Smith fournissent un assez bon portrait de l'archétype des Disques Diurnes, tel qu'il résulte des descriptions des témoins. En remontant à 1952, voici une description de Disque Diurne émanant de deux membres du personnel affectés au hangar du Carco Air Service, à l'angle sud-est de la base aérienne Kirtland à Albuquerque, Nouveau-Mexique (Appendice 1, DD-7).

> Est apparu très haut dans le ciel, directement au-dessus de la base aérienne Kirtland, un objet qui semblait d'abord être un ballon météorologique, mais dont les observateurs ont constaté, après examen attentif, que la forme leur était inconnue. On remarqua alors que tout près se trouvait un autre objet semblable. Les deux objets se dirigeaient lentement vers le sud... sans que les observateurs puissent percevoir le moindre bruit. Les objets étaient de forme discoïdale et de couleur argentée. Les deux objets ont paru reprendre instantanément de la vitesse et ils ont grimpé presque à la verticale. L'un a continué dans la direction sud-sud-ouest, tandis que l'autre virait vers un cap quasi plein est. L'observation a duré en tout trente secondes. Les vents venaient du sud-ouest, à une vitesse de 25 km/h.

Il serait facile d' « expliciter » cet incident en disant que les observateurs se sont mépris à propos d'un groupe serré d'objets poussés par le vent ou propulsés par un quelconque moyen. Mais serait-ce si facile? Les vents ne venaient pas de la « bonne » direction, les objets ont disparu chacun dans une direction différente, ils grimpaient *verticalement*. Il semble assez invraisemblable que ces évolutions elles-mêmes, et la rapidité de leur cadence, aient pu être engendrées par un vent soufflant du sud-sud-ouest à 25 km/h.

Comme pour tant d'autres cas contenus dans les dossiers du Livre Bleu, aucune suite ne fut, à ma connaissance, donnée à cette notification. La validité des observateurs (outre le fait qu'ils appartenaient au personnel aéronautique), la raison qui les a poussés à signaler leur observation, les circonstances de cette dernière et leur réaction devant cette expérience n'ont jamais été établies.

Au début de cette même année 1952, le 16 janvier, à Artesia, Nouveau-Mexique, eut lieu un événement similaire, auquel le prototype de cette catégorie sera redevable de quelques traits (Appendice 1, DD-8). Voici ce que dit le rapport établi à ce sujet par le Livre Bleu :

> Le 16 janvier 1952, deux membres d'une équipe du laboratoire de recherche aéronautique de la General Mills occupés à un lâcher de ballons-sondes et quatre autres civils ont observé dans les parages du ballon qu'ils surveillaient deux objets aériens non identifiés. Le ballon se trouvait à une altitude de 33 600 mètres et, au moment de l'observation, avait un diamètre de 33 mètres.
>
> Les objets ont été vus depuis Artesia, Nouveau-Mexique, et également depuis l'aérodrome d'Artesia. Dans le premier cas on a vu un objet rond paraissant immobilisé au voisinage du ballon mais apparemment à une altitude plus élevée. [Rien n'est dit des mouvements du second objet.]

Le ballon avait un diamètre apparent de 38 millimètres et l'objet un diamètre apparent de 63 millimètres (soit un rapport de 3 à 5); ce dernier était d'un blanc terne. Cette observation a été faite par deux observateurs de la General Mills.

Il n'est pas dit si l'on peut présumer que les deux objets observés depuis le site du lâcher de ballons étaient les mêmes que ceux vus depuis l'aérodrome. Les enquêteurs du Livre Bleu se préoccupaient peu de ce genre de détails.

Le rapport se poursuit ainsi :

Peu de temps après, les deux mêmes observateurs et quatre pilotes civils étaient en train d'observer le même ballon depuis l'aéroport d'Artesia. Deux objets, se trouvant apparemment à très haute altitude et en provenance du nord-ouest, furent remarqués se dirigeant vers le ballon. *Ils ont tourné autour du ballon*, ou ont paru le faire, puis se sont envolés vers le nord-ouest. Cette observation a duré environ 40 secondes. Ces deux objets étaient de la même couleur et de la même taille que le premier. [Il semble cette fois que la première observation ne portait que sur un seul objet.] Ils volaient côte à côte. Lorsqu'ils ont paru tourner autour du ballon, ils ont disparu (momentanément, peut-on présumer, puisqu'ils sont ensuite partis vers le nord-est), et les observateurs ont présumé qu'ils étaient discoïdaux et qu'ils s'étaient mis sur chant pour virer.

Le Livre Bleu n'étudia pas plus avant cette observation pour les raisons suivantes :

Malheureusement cette notification ne fut

faite que le 5 avril et ne parvint à l'A.T.I.C. que le 16 avril. En raison de la longueur du délai écoulé, il n'a pas été envisagé de procéder à une enquête. Les observateurs sont considérés comme dignes de foi et compétents.

Conclusions : « *Néant* ».

La longueur du délai écoulé ne pouvait justifier qu'on abandonnât l'enquête. La validité des témoins aurait sans aucun doute pu être établie, même longtemps après les événements. Que peut signifier en effet une phrase telle que : « Les observateurs sont considérés comme dignes de foi et compétents » si rien ne la confirme?

L'année suivante, une équipe du laboratoire de la General Mills figura à nouveau dans une notification d'O.V.N.I., classe des « Disques Diurnes » (Appendice 1, DD-9).

Trois ingénieurs de la recherche ont observé une traînée de fumée ou de vapeur blanche à une altitude de 12 000 à 15 000 mètres, alors qu'ils repéraient au théodolite un ballon de 24 mètres à une altitude de 22 000 mètres. L'objet s'est déplacé en vol horizontal pendant approximativement 30 secondes à une vitesse de 10 degrés pour 9 secondes (soit environ 1 450 kilomètres à l'heure) puis a commencé un piqué vertical qui a duré de 10 à 15 secondes. Durant le piqué l'objet a été visible à plusieurs reprises, paraissant luminescent. Quand il s'est remis en palier, les traînées de fumée ont cessé. L'observation a été faite depuis le toit du laboratoire de la General Mills.

La fiche du Livre Bleu indexant ce cas portait les commentaires suivants :

L'un des observateurs est un ingénieur météorologiste, considéré comme absolument sûr. Les deux autres sources sont également dignes de foi. La plus proche installation radar ne fonctionnait pas au moment de l'observation. Deux avions F-86 se trouvaient au même moment dans une zone au sud-ouest de Minneapolis, mais il n'y a aucun lien entre leur présence et cette observation d'O.V.N.I. Conclusion : NON-IDENTIFIÉ.

La fiche omettait une autre indication fournie par les témoins, à savoir que l'objet était passé au-dessous du soleil, dont la hauteur était alors de 25°. Aucun son n'avait été perçu.

Les observateurs comprenaient un ancien pilote de B-17, devenu ensuite ingénieur météorologiste, un pilote de l'aviation privée ayant étudié pendant deux ans, au sortir de l'université, l'aérodynamique des avions supersoniques, et un ingénieur d'exploitation qui ont fait leurs observations à l'œil nu, les autres effectuant les leurs au moyen d'un théodolite. Les témoins ont déclaré en commun : « Il semble peu vraisemblable que l'impression de la descente en piqué de l'objet ait pu résulter de son simple recul dans l'espace, étant donné que la vitesse perpendiculaire à la ligne de mire demeurait constante durant le piqué. » Ils ont également fait ressortir qu'il n'y a pas eu de « bang » supersonique et que « le piqué vertical était une manœuvre extrêmement dangereuse sinon même suicidaire ».

Le meilleur cas rapporté d'O.V.N.I. paraissant intéressés par le lancement de ballons-sondes — pour une fois, laissons-nous aller à l'anthropomorphisme — a été signalé par mon ami Charles Moore Jr, spécialiste des sondages aérologiques, en 1949 (appendice 1, DD-10). Il m'a décrit personnellement l'événement.

Il dirigeait une équipe de la marine comprenant quatre recrues; ils avaient installé les instruments nécessaires à l'observation et à l'enregistrement des données météorologiques locales, qui préludaient au lancement d'un ballon Skyhook par le Special Devices Center de l'U.S. Navy. L'appareillage en question se composait d'un chronomètre et d'un théodolite ML-47 (David White), instrument de visée consistant en un télescope à grossissement de 25 monté de façon à fournir les relèvements de hauteur et d'azimut.

A 10 h 20, le groupe lâcha un petit ballon météorologique de 350 grammes pour l'observation de la vitesse et de la direction des vents à haute altitude. Moore me dit qu'il suivit le ballon au moyen du théodolite pendant plusieurs minutes, après quoi il confia l'instrument à un marin en lui enjoignant « de ne pas perdre le ballon de vue ou il lui en cuirait ». Moore commença alors à observer le ballon à l'œil nu mais, peu après, se tournant vers l'homme au théodolite, il remarqua que l'instrument était pointé dans une autre direction. Lâchant un choix d'imprécations « navales », Moore allait arracher l'instrument au marin pour le pointer vers le ballon lorsque l'homme lui dit : « Mais je le tiens là-dedans. » Moore regarda et vit dans le champ du théodolite un objet ellipsoïdal blanchâtre. Celui-ci se déplaçait vers l'est à une vitesse de 5° de déplacement azimutal par seconde. Il semblait être deux fois et demi plus long que large. Il était aisément visible à l'œil nu et tous les membres du groupe l'observèrent. Dans le théodolite, il sous-tendait un arc de plusieurs minutes.

Tandis que sa taille apparente diminuait, l'objet

se déplaçait jusqu'à un relèvement azimutal de 20 à 25°, pour conserver ensuite un azimut constant. Dans le même temps, la hauteur angulaire croissait soudainement et l'objet sortit du champ du télescope. Il disparut dans une rapide escalade — comme dans beaucoup d'autres cas de Disques Diurnes — après être demeuré visible pour tous pendant plus d'une minute.

Le ciel était sans nuages ni brumes. L'objet ne laissait ni traînée de vapeur ni gaz d'échappement. Aucun son d'aucune sorte ne fut perçu, et il ne se trouvait dans les parages ni voitures ni avions générateurs de bruits qui auraient pu masquer ceux émanant éventuellement de l'objet. Durant cette même journée, beaucoup d'avions survolèrent le site, et le groupe de Moore put chaque fois les identifier par leur aspect extérieur et par le vrombissement de leurs moteurs. Par contre, plus rien n'apparut qui ait la plus mince ressemblance avec l'objet ellipsoïdal non-identifié. Pour un homme possédant la formation de Moore, cet événement était parfaitement « réel ». Et, comme l'ont prouvé des incidents ultérieurs, il ne s'agissait pas d'un cas isolé bien que, comme d'habitude, il n'ait pas été, à ma connaissance, pris au sérieux par le Livre Bleu. Les choses en restèrent donc là.

Trois autres cas grâce auxquels s'élabore le prototype du Disque Diurne se produisirent en 1967, où l'on assista un peu partout aux Etats-Unis à quantité d'apparitions d'O.V.N.I. de toute sorte. Ces trois exemples figurent parmi les « Non-Identifiés » du Livre Bleu. Ils se sont produits respectivement à Crosby, Dakota du Nord (Appendice 1, DD-11), Blytheville, Arkansas (Appendice 1, DD-3) et New Winchester, Ohio (Appendice 1, DD-12).

L'incident de Blytheville eut sept témoins, cinq de la même famille et deux autres observateurs situés à plus de trente kilomètres de là. L'enquêteur de l'Air Force ne prit cependant pas la peine d'interroger ces deux derniers témoins distincts, se privant ainsi d'une chance de localiser géographiquement l'objet, de déterminer sa vitesse et sa trajectoire, et de recueillir sur sa nature même un témoignage absolument indépendant des précédents. Sur les cinq témoins ayant observé conjointement l'O.V.N.I., un seul fut interrogé, et d'ailleurs seulement par téléphone. Le tableau aurait sans doute été tout autre si l'on avait procédé à une enquête sérieuse!

Du peu que nous sachions sur ce cas, il ressort qu'un objet lumineux ovale a émergé de derrière une grange et un brise-vent, puis qu'il a grimpé silencieusement et a disparu. Etant donné que cette « apparition » fut vue par un pilote de l'aviation commerciale et par sa famille, je me refuse à rejeter cette observation comme une erreur d'interprétation.

L'incident de New Winchester, Ohio, a eu cinq témoins. Il n'a pas fait l'objet d'une investigation poussée, et cependant le Livre Bleu l'a catalogué parmi les « Non-Identifiés ». La notification originale a pris naissance à la suite d'un article que j'avais écrit à la demande d'un ami, alors rédacteur en chef du journal intérieur d'une compagnie d'assurances dont le siège est à Columbus, Ohio (5).

Ce cas ajoute quelques traits au prototype du Disque Diurne :

> Cet objet était de forme ovale et déboulait tout droit du sud-est vers le nord-ouest. L'O.V.N.I., ou en tout cas la chose, est passé au-dessus de la route sur laquelle nous roulions. Le soleil, très brillant, se reflétait sur l'objet, qui était en métal mais pas de couleur aluminium comme

les avions — je dirai plutôt qu'il avait la couleur du cuivre jaune ou rouge. Qu'est-ce qui propulsait l'objet, nous n'en savons rien, mais nous n'avons pas entendu le moindre son.

On ne peut évidemment dire que les renseignements foisonnent ici, et l'on pourrait aisément écarter l'incident, n'était sa parfaite conformité avec tant d'autres rapports. Dans le cas qui suit, les témoins n'avaient pas de qualifications particulières, mais le style de leur lettre est franc et plein de vivacité :

> Nous roulions vers l'est et nous avons vu une voiture arrêtée avec dedans trois jeunes garçons entre 18 et 20 ans, et ils regardaient quelque chose dans le ciel... J'ai vu quelque chose aussi alors je les ai dépassés, je me suis rangé sur le bas-côté et j'ai arrêté la voiture; je suis descendu, et j'ai regardé le ciel... Les trois jeunes gens... sont venus jusqu'à ma hauteur, ils se sont garés à côté de moi et on a regardé ensemble, mais des voitures venaient dans l'autre sens, et nous avons dû tous repartir... Nous étions cinq en tout, et aucun de nous n'a pu fournir une explication, mais ce que nous avons vu nous l'avons bien vu.

Après avoir, pendant de longues années, interrogé quantité d'observateurs, lu des centaines de lettres et de rapports — et eu aussi la chance de rencontrer et d'interroger de *fieffés originaux* — il faudrait vraiment être obtus pour ne pas sentir si un récit sonne vrai ou s'il est au contraire le produit d'un cerveau désaxé. La sincérité et l'étonnement de nombreux témoins ne peuvent être mis en question.

A Blytheville, Arkansas, deux observateurs en service à la tour de contrôle de la base aérienne de Blytheville, et un troisième témoin en poste à l'extrémité sud de la piste d'envol (le Livre Bleu les a considérés tous trois comme des observateurs « tout à fait sûrs ») virent « deux appareils de forme oblongue » ressemblant à des assiettes. Les objets, se profilant en sombre sur le ciel mais suivis d'une traînée d'échappement longue d'environ 2 mètres, furent soudainement repérés par la tour de contrôle. Leur altitude fut estimée entre 360 et 450 mètres. Ils suivaient une course est-ouest et disparurent au bout de 15 à 30 secondes après avoir pris un cap sud-ouest.

Le rapport indiquait que le repérage visuel avait été « confirmé par la base aérienne de Blytheville comme étant distant d'environ deux milles marins. » Ceci n'a pu être considéré comme un cas Radar-Optique car les renseignements radar spécifiques font défaut.

Un représentant de l'Air Force devait déclarer : « Ceci est le premier phénomène du genre signalé dans les parages de la base aérienne de Blytheville pour lequel il n'a pas pu être fourni d'explication. » Et de poursuivre : « Considérant le fait que l'observation a été rapportée par trois membres du personnel de la base dignes de foi... Il faut en conclure qu'une observation authentique d'un phénomène quelconque a eu lieu mais que nous ne possédons pas suffisamment de renseignements pour en déterminer la nature. »

Le Livre Bleu se contenta de classer ce cas parmi les « Non-Identifiés » en se gardant bien de l'examiner plus avant. Il faut dire, à sa décharge, qu'il ne disposait que d'une équipe singulièrement réduite.

A la suite de mon appel dans *Physics Today*, je

reçus une notification de Disque Diurne ayant eu plusieurs témoins (Appendice 1, DD-14). L'observation, qui fut effectuée en 1965, est due à un astronome, qui s'était montré, pour des raisons évidentes, extrêmement réticent à la signaler.

Celle-ci eut lieu juste après le coucher du soleil, le ciel, très clair, étant encore vide d'étoiles. Le rapport note que les lumières comme la masse de l'objet dessinaient une forme discoïdale, ce qui indique que nous avons peut-être là un intermédiaire entre les Lumières Nocturnes et les Disques Diurnes. Il est frappant de constater que dans l'une et l'autre catégorie les trajectoires et les évolutions sont semblables, ce qui pourrait signifier que les Lumières Nocturnes sont des Disques Diurnes observés de nuit et donc que la distinction entre les deux catégories procède non de la chose observée mais de l'observation elle-même.

Le témoin principal, qui était accompagné de sa femme, d'une amie de cette dernière et de ses deux enfants, roulait en direction de l'est à 50 kilomètres à l'heure. Ils remarquèrent « un objet discoïdal argenté se déplaçant lentement vers le sud. La face intérieure de l'objet était ceinturée de lumières d'un blanc bleuâtre, qui donnaient l'impression que l'objet tournait sur lui-même ». Celui-ci sous-tendait un angle de deux à trois degrés et était surmonté d'une lumière blanche.

> Après avoir obliqué légèrement vers le sud par rapport à nous, l'objet a pris, avec une rapide accélération, un cap est-nord-est. Nous-mêmes, allant toujours vers l'est, sommes entrés sur une autoroute; nous roulions à présent à 100-120 km/h. L'objet a rapidement pris l'aspect d'un objet blanc comme une étoile (Lumière Nocturne) loin à notre droite. Il a paru monter et descendre

de 5 à 10° pendant environ 5 minutes. Puis il est parti vers le sud et a disparu au-dessus de l'Atlantique.

Le prototype

En nous basant sur les rapports dont nous venons de faire état, nous pouvons maintenant résumer les traits marquants des Disques Diurnes.

Tous ceux que j'ai étudiés se caractérisent par une similitude de forme, de couleur, et particulièrement de mouvement, lequel peut être extrêmement lent — même à très courte distance du sol, ou lorsqu'ils exécutent à basse allure une gamme d'évolutions — ou extrêmement rapide, leur disparition ne prenant parfois que quelques secondes.

Bien que la douzaine de cas employés à construire le prototype aient tous eu lieu en plein jour, tout ce que nous pouvons finalement glaner c'est que l'objet (ou souvent les couples d'objets) est décrit de façons variées comme ovale, discoïdal, ellipsoïdal ou comme un « cornichon rabougri ». Il est généralement brillant ou lumineux (mais sa source n'est presque jamais ponctuelle), jaunâtre, blanc ou métallisé. Il effectue dans la plupart des cas ce que l'on décrirait anthropomorphiquement comme un mouvement sous commande « intentionnelle », et possède une capacité d'accélération très rapide. Les observateurs n'associent jamais aux Disques Diurnes des bruits intenses ou des vrombissements; il est parfois mentionné un faible bruissement.

La difficulté réside en ceci qu'après des années de rapports sur des « Disques Diurnes », venus des quatre coins du monde, et en dépit de quelques photographies apparemment authentiques, le matériel de base dont nous disposons est, du point de vue scientifique, très insuffisant. Une des raisons de cet état de choses est simple : apathie des officiels et crainte du ridicule.

La majeure partie des notifications de Disques Diurnes sur lesquelles je me suis penché le plus longuement émanaient de personnes ayant au moins un certain niveau de formation professionnelle ou technique, qui jouissaient de toutes leurs facultés mentales, qui savaient s'exprimer correctement. Cependant les détails indispensables à une étude en profondeur nous font cruellement défaut. Pourquoi? Ceci provient dans une très large mesure du fait que personne, parmi ceux qui avaient autorité pour le faire (ce qui aux Etats-Unis signifie l'Air Force), n'a dirigé d'enquête digne de ce nom.

Les investigations qui étaient entreprises (et, au cours de mes visites régulières au Livre Bleu j'ai souvent saisi au vol des conversations téléphoniques révélatrices) et les questions telles qu'elles étaient posées visaient presque toujours à établir qu'il y avait eu méprise de la part des observateurs — les interrogatoires tendaient dans le même sens. Les questions s'inséraient rarement dans un contexte tel que : « Eh bien, voilà vraiment quelque chose de nouveau; essayons de voir tout ce que l'on peut découvrir là-dessus. Pouvez-vous décrire sa trajectoire de façon détaillée (et peu importe si cela bouscule les lois de la physique classique)? Indiquez aussi exactement que possible ce qui est tout d'abord arrivé, puis ce qui est venu ensuite. Combien de temps lui a-t-il fallu pour décrire un arc de 25°? » L'observateur moyen ne serait pas capable de répondre à des questions de ce genre? Allons donc! si l'on interroge patiemment (et non afin de remplir au plus vite un formulaire) un individu normal, on peut, en « reconstituant le crime » — de préférence sur les lieux mêmes de l'observation — obtenir une séquence minutée des évolutions d'un engin, même si l'enquêteur doit traduire le langage de l'observateur : « Pour aller de cet arbre au coin de la grange cela a pris autant de temps qu'il m'en faut pour compter jusqu'à dix », et en conclure que « l'objet avait une vitesse de 2°/sec ».

On peut se faire une idée précise des couleurs en utilisant un bon cercle chromatique (je n'ai jamais rencontré un enquêteur du Livre Bleu qui en fasse usage); et quant à la brillance, on peut très bien traduire « aussi brillant que la lumière suspendue dans le jardin » en lumens et finalement procéder à une estimation grossière en ergs par centimètre carré même si l'on ne connaît avec certitude qu'un plafond de distance, par exemple dans le cas où une source lumineuse passe devant un objet (un arbre, une maison, une colline) dont on sait à quelle distance il se trouve.

Seulement il se révèle que des enquêtes menées de la sorte brillaient par leur absence dans le fonctionnement du Livre Bleu. Les investigations reposaient sur le prédicat que toutes les observations d'O.V.N.I. résultaient soit de méprises, soit de cerveaux dérangés. Pour tragiques qu'elles soient, de telles défaillances officielles sont, nous l'avons vu, monnaie courante. L'examen d'une autre série de cas, reposant à la fois sur la détection radar et sur l'observation visuelle, ne fera que le confirmer.

7

LES NOTIFICATIONS RADAR-OPTIQUES

> A environ 10 h 40, l'opérateur n° 2 a indiqué qu'il avait deux signaux aux positions relatives de 40 et 70°. Le commandant de l'avion et le copilote virent au même moment ces deux objets de couleur rouge. Le commandant de bord reçut l'autorisation d'abandonner son plan de vol et de poursuivre l'objet. Il notifia le site de la Défense aérienne Utah... Le site Utah confirma immédiatement la présence des objets sur ses écrans.
>
> Extrait du rapport officiel d'un officier du renseignement de l'Armée de l'air.

On pourrait penser, au premier abord, que les cas résultant de la conjonction d'une captation radar et d'une observation directe d'un O.V.N.I. devraient constituer une excellente mine de renseignements. Ce n'est malheureusement pas le cas. L'absence d'enquêtes ultérieures et l'application du « Théorème du Livre Bleu » (*cela ne peut exister, donc cela n'existe pas*) ont, selon moi, empêché la réunion et la présentation convenables de ce matériel de premier ordre.

Sans doute les captations radar d'O.V.N.I. peuvent-elles, au premier abord, apparaître comme un matériel de choix, mais les caprices bien connus de la propagation des ondes sont tels qu'il est presque toujours possible, si on le veut vraiment, de leur imputer telle ou telle observation d'O.V.N.I. Le Livre Bleu n'en possède pas moins bon nombre d'exemples de captations radar cataloguées parmi les « Non-Identifiés » (bien qu'une des principales autorités du Livre Bleu ait témoigné devant le Congrès, mais non sous serment, il est vrai, que les dossiers du Livre Bleu ne contenaient pas un seul cas d'observation radar d'O.V.N.I. qui n'ait reçu une explication satisfaisante) ([1]). Parmi ceux-ci, on trouve par exemple les observations du 18 septembre 1951 à Goose Bay, Labrador (RO-11); du 13 août 1956 à Lakenheath, Angleterre (Appendice 1, RO-4), rapport auquel nous avons emprunté la citation en exergue du présent chapitre; du 3 juin 1957 près de Shreveport, Louisiane (Appendice 1, RO-6); et du 6 décembre 1952 dans le golfe du Mexique (Appendice 1, RO-10).

On entend souvent dire que les radars ne détectent pas les O.V.N.I. Il est vrai que, en s'en tenant aux seules sources officielles, la puissante couverture radar du pays ne semble pas avoir fourni une moisson d'observations d'O.V.N.I. Les dispositifs de la Défense Radar Nord-Américaine (N.O.R.A.D.) captent bien des U.C.T. (Uncorrelated Targets — Cibles non confirmées), mais les U.C.T., ne correspondant pas à des trajectoires balistiques, sont rejetés automatiquement sans examen. Il aurait été facile d'introduire dans l'ordinateur de la

N.O.R.A.D. un sous-programme de routine qui aurait isolé les U.C.T. sans interférer pour autant avec la mission essentielle de la N.O.R.A.D.; mais bien que je l'aie suggéré, le Livre Bleu n'a jamais adopté cette idée. En conséquence, il n'est pas possible de préjuger de la rareté intrinsèque des rapports de captation radar. Ils peuvent très bien abonder mais n'être jamais signalés officiellement.

En tout cas, des détections radar *ont fait l'objet* de notifications. Or, lorsque des observations visuelles accompagnent des captations radar d'O.V.N.I., et lorsque, bien sûr, il peut être déterminé que les unes et les autres s'appliquent au même objet ou au même événement, il y a de grandes chances, si l'enquête est conduite scientifiquement, de tomber sur un « filon ».

Comme précédemment, j'ai choisi une douzaine de cas représentatifs (l'Appendice 1 en donne la liste) qui, tout à la fois, illustrent cette catégorie et permettent d'élaborer un prototype caractéristique des observations; ici encore, je citerai les déclarations des témoins. Mais cette fois l' « expérience instrumentale » vient s'ajouter à l' « expérience humaine » et lui apporter une solide confirmation.

Les auteurs des notifications

Nous commençons — le lecteur est maintenant familier avec notre façon de faire — par décrire les types d'observateurs qui sont à l'origine des notifications dans cette catégorie ([2]). Chaque cas comporte au minimum deux observateurs. La moyenne du nombre d'observateurs pour chaque cas est de 5, la médiane de 4,5. Dix de ces cas sont extraits des fiches du Livre Bleu, qui n'en a catalogué que deux comme « Non-Identifiés ».

Un cas dont le Livre Bleu a décidé qu'il s'agissait d'une « Anomalie de Propagation » a été inclus par le Rapport Condon dans les « Non-Identifiés ». Les sept autres cas ont été évalués ainsi par le Livre Bleu : 4 seraient probablement des avions; 1 pourrait être un avion; 1 serait un avion, un mirage et une inversion radar; 1 serait probablement un avion ou un ballon. Aucune preuve positive ne vient soutenir ces identifications du Livre Bleu, peut-être surtout parce qu'aucun des cas n'a été convenablement étudié.

Les réactions des différents observateurs ne manquent pas d'intérêt. Un pilote et son élève avaient été informés par la tour que le radar montrait qu'ils étaient suivis depuis cinq minutes par un O.V.N.I. Le pilote confirma la réception du message, disant que l'objet n'était pas un avion ordinaire. Il déclara : « Nous ne savions pas ce que c'était et cela nous pétrifiait. Nous risquions tout aussi bien qu'il nous descende (Appendice 1, RO-12). »

Les notifications

Voici des extraits de la transcription d'une conversation entre un pilote d'avion à réaction Lear, la tour de contrôle d'Albuquerque et un pilote de la National Airlines (Appendice 1, RO-1). Ils sont révélateurs quant aux réactions et aux attitudes respectives des protagonistes.

Avant que n'ait lieu l'échange dont je donne des extraits, une conversation s'était engagée entre la tour de contrôle d'Albuquerque et le pilote d'un avion à réaction Lear se trouvant à proximité de Winslow, Arizona. Celui-ci avait indiqué qu'il voyait une lumière rouge, d'abord à sa position 10 heures, qui s'allumait et s'éteignait puis qui se transformait en quatre lumières disposées verticalement. Le radar d'Albuquerque, lorsque la lumière s'allumait, « peignait » un objet, et demeurait muet lorsqu'elle s'éteignait. La lumière a engendré à plusieurs reprises quatre autres lumières, paraissant « réingurgiter les lumières qui se trouvaient en dessous d'elle »; puis, comme la tour avertissait l'avion que l'objet se rapprochait de lui, ce dernier a semblé jouer avec lui au chat et à la souris, au moyen notamment de très rapides accélérations.

Après quelque 25 minutes et avec une accélération prodigieuse, selon le pilote de l'avion à réaction, que j'ai longuement interrogé mais qui a insisté pour conserver l'anonymat, l'objet remonta selon un angle de 30° et disparut en moins de 10 secondes. D'après le pilote, le radar d'Albuquerque « peignit » l'objet jusqu'à son accélération finale et sa disparition. Un fragment de la conversation radio entre le pilote du Lear (L), la tour d'Albuquerque (A) et un pilote de la National Airlines (N) est très révélateur :

A à N. — Voyez-vous quelque chose à votre position 11 heures?

N à A. — Nous ne voyons rien.

A à N. — Etes-vous sûr qu'il n'y a rien à votre position 11 heures?

A à N. — Avez-vous entendu notre conversation avec le pilote du Lear?

N à A. — Oui, maintenant nous voyons l'objet — nous le surveillons.

A à N. — Que semble faire l'objet?

N à A. — Exactement ce qu'a décrit le pilote du Lear.

A à N. — Voulez-vous le signaler en tant qu'O.V.N.I.?

N à A. — Non.
A à L. — Voulez-vous le signaler en tant qu'O.V.N.I.?
L à A. — Non, nous ne voulons pas.

Un autre cas Radar-Optique représentatif, qui tout à la fois illustre bien ce genre d'expériences et montre également comment on appliquait le « Théorème du Livre Bleu », eut pour protagonistes deux pilotes de l'aviation commerciale et un opérateur d'un centre de contrôle du trafic aérien (Appendice 1, RO-2). Pour le Livre Bleu, qui fonda sa décision sur les déclarations réticentes d'un pilote de l'American Airlines qui de toute évidence ne voulait pas être entraîné dans l'affaire, il s'est agi tout bonnement de « phares d'atterrissage ». Ayant demandé des renseignements complémentaires au contrôleur du trafic aérien, je reçus la lettre suivante :

J'ai beaucoup balancé à vous répondre... Cependant, plus je pense à l'explication que l'Air Force a donnée de l'incident, plus je suis troublé... Cela fait treize ans que je suis contrôleur du trafic aérien, soit trois ans de service à ce poste dans l'U.S. Air Force et dix ans auprès de la Federal Aviation Administration. Voici ce qui est arrivé le 4 mai 1966 : j'étais chargé, en équipe de nuit, du secteur du radar de haute altitude de Charleston, en Virginie de l'Ouest... A environ 4 h 30 un vol 42 de la Braniff Airlines m'appela sur une VHF * de 134,75 et me demanda si j'avais un trafic prévu pour son vol. J'avais été momentanément distrait par un contact avec le sol et lorsque j'en eus terminé (10 à 15 secondes),

* Very High Frequency = Très Haute Fréquence. (N.d.T.)

je regardai l'écran radar et j'observai une cible à gauche du Braniff 42, laquelle suivait un cap est dans le couloir aérien des avions à réaction n° 6, à environ 8 kilomètres de distance de sa position 11 heures.

J'informai le Braniff 42 que je n'avais pas de trafic prévu dans son voisinage mais que le radar peignait une cible brute à sa position 10 heures; cependant, l'engin ne réagissait pas au transpondeur *, et il se trouvait sûrement dans le secteur de basse altitude (7 200 mètres et au-dessous). Le Braniff 42 m'informa que l'objet ne pouvait pas être à une basse altitude puisque ce dernier se trouvait au-dessus de lui et descendait jusqu'à son altitude qui était de 10 000 mètres... Je n'y comprenais absolument rien; je l'informai que je n'avais sous contrôle que deux vols, le sien et un de l'American Airlines à environ 32 kilomètres derrière lui. Je demandai au Braniff 42 de me donner une description de l'objet, pensant que ce pouvait être un aéronef expérimental de l'Air Force ou peut-être un appareil du type des U-2. Le Braniff 42 me répondit que, quoi que cela puisse être, ce n'était pas un avion, que l'objet émettait une lumière très intense de couleur alternativement blanche, verte et rouge, et qu'à ce moment précis il s'éloignait de lui. Au même moment le vol de l'American Airlines qui suivait le Braniff et qui recevait sur la même fréquence demanda au Braniff s'il avait allumé ses phares d'atterrissage. Le Braniff répondit négativement. Même si le Braniff 42 avait allumé ses phares d'atterrissage, l'avion de l'American Airlines ne les aurait perçus que comme une faible lueur

* Système automatique de réponse aux impulsions radar. (N.d.T.).

puisqu'ils étaient distants l'un de l'autre de 32 kilomètres et allaient dans la même direction! Ce qui pour moi signifie que l'avion de l'American Airlines a vu le même objet brillant. Lorsque j'ai demandé à ce dernier s'il pouvait me donner des détails supplémentaires, il s'est courtoisement dérobé. Les pilotes savent qu'en cas d'observation officielle d'O.V.N.I. ils doivent (ou sont censés devoir), une fois au sol, établir à ce sujet un rapport complet — et la longueur de ces rapports rebute souvent les bonnes volontés.

Je contactai le Braniff 42 et lui dis que je voyais la cible en question, qui se trouvait entre 13 et 16 kilomètres à sa position 10 heures, venir dans sa direction, et qu'arrivée à environ 5 kilomètres de lui elle virait à gauche et repartait vers le nord-ouest d'où elle était venue. Le Braniff 42 me confirma les faits et ajouta qu'elle opérait une descente, à environ 20° de l'horizon.

Comme je l'ai dit, je crois que mon expérience passée parle d'elle-même, et je sais ce que j'ai vu; et je suis sûr que le pilote du Braniff 42 n'avait pas d'hallucinations. La cible que j'ai observée se déplaçait à environ 1 600 km/h et a viré à 180° dans une aire de 9 kilomètres, ce qu'aucun avion que j'aie jamais suivi au radar ne serait capable de faire, et pourtant j'ai suivi des B-58 annonçant qu'ils dépassaient la vitesse du son, tous les types d'avions civils (avions à réaction) volant à leur puissance maximum, et même un SR-71 dont l'allure normale est de l'ordre de 2 400 km/h. J'ai terminé ma déclaration. Je vous joins un diagramme indiquant la localisation géographique des deux avions et celle de l'objet.

Le capitaine de l'American Airlines, dans une lettre adressée au Livre Bleu, donnait une version bien différente :

> Je n'ai attaché aucune importance à l'incident; pour moi, il y avait un avion à une certaine distance, disons 10 à 13 kilomètres, qui avait mis ses phares d'atterrissage et ne les a coupés qu'au bout de trois ou quatre minutes. J'ai demandé à l'opérateur radar s'il avait un obstacle à ma position 9 ou 10 heures, et comme il répondait qu'il n'avait rien, je lui ai dit : « Eh bien, il y en a pourtant un. » Je ne pouvais pas imaginer qu'il allait signaler un O.V.N.I. Je n'ai même plus repensé à la question. Je suppose que c'était une mission de ravitaillement en vol de l'Air Force. Je continue à croire que ce n'était qu'un avion avec ses phares d'atterrissage allumés.

Le témoignage du contrôleur du trafic aérien, combiné avec celui du capitaine du Braniff, *se tient*, alors que la déclaration sommaire du pilote de l'American Airlines ne résiste pas à l'examen. Il est incroyable qu'une mission de ravitaillement en vol de l'Air Force, opération qui nécessite les manœuvres coordonnées de deux engins au minimum, soit entreprise à une dizaine de kilomètres d'un long-courrier volant dans un couloir aérien réservé aux avions à réaction commerciaux. Au cours d'une mission de ravitaillement, les appareils se reconnaissent à leurs nombreuses lumières. Pourquoi le pilote de l'American Airlines aurait-il dû demander à celui du Braniff 42 s'il avait allumé ses phares d'atterrissage, spécialement alors que ce dernier le précédait d'assez loin et était tourné dans la direction opposée? De plus, à la fois le pilote du Braniff 42 et le contrôleur ont situé l'objet à la position 10 heures du Braniff 42 et donc *en avant* de celui-ci, lequel précédait lui-même l'avion de l'American Airlines d'une trentaine de kilomètres.

Et cependant, le pilote de l'American Airlines a bien déclaré qu'il avait vu quelque chose à sa position 10 heures, et si la luminosité l'a empêché d'apprécier correctement la distance et lui a fait estimer ce qu'il voyait beaucoup plus proche de lui que ce ne l'était en réalité, donc apparemment derrière le Braniff 42, rien de tout ceci n'expliquerait la position 10 heures. Et une fois de plus, s'il était à une vingtaine de kilomètres *derrière* le Braniff, comment pouvait-il lui demander s'il avait mis ses phares d'atterrissage?

Etant donné que le Livre Bleu se fonda sur la déposition du Pilote de l'American Airlines, sans poursuivre l'enquête en interrogeant le contrôleur du trafic aérien, le pilote du Braniff et celui de l'American Airlines, ce cas, comme beaucoup d'autres du même genre, ne constitue pas des données scientifiques, et il y a fort peu de chose à en tirer.

En vérité tout ce que l'on peut dire des cas Radar-Optiques c'est que, fréquemment, des hommes exerçant un contrôle radar ou visuel (contrôleur de trafic aérien, pilotes, etc.) — postes qui exigent une haute maîtrise de leurs facultés — ont reconnu avoir détecté simultanément des événements extrêmement bizarres. Mais quels ont été exactement l'ordre et la durée des événements, les trajectoires, les accélérations, la nature précise des taches lumineuses sur l'écran radar, et dans quelle mesure les divers observateurs s'accordent-ils sur les détails? Tous ces facteurs demeurent inconnus, et il en sera malheureusement toujours ainsi pour les cas Radar-Optiques (comme d'ailleurs pour les autres catégories) si le phénomène O.V.N.I. n'accède pas à la respectabilité scientifique et s'il n'est pas procédé à des investigations rigoureuses et minutieuses.

En ce qui concerne la définition du cas Radar-Optique, on peut dire que l'opérateur radar observe une tache lumineuse sur son écran dont il déclare qu'elle est définie, qu'elle ressemble à celle qu'engendre caractéristiquement un avion de grande taille, qu'elle ne résulte pas d'un mauvais fonctionnement de l'appareil et qu'elle ne s'apparente pas à un « phénomène météorologique ». Quant à l'observation visuelle, elle se ramène, spécifiquement, à la perception d'une lumière, ou éventuellement d'un groupe de lumières, avec, parfois, le contour d'un objet — si objet il y a — faiblement entrevu dans la luminosité. Les vitesses sont toujours élevées, mais il n'est pas rare d'observer tantôt une allure vertigineuse et tantôt un vol stationnaire. Un autre signe caractéristique réside dans les tête-à-queue, les demi-tours et les brusques virages.

Virtuellement tous les cas Radar-Optiques se produisent la nuit, ce qui concourt à faire douter au plus haut point de la réalité des cibles. Mais nous étudions en ce moment les informations et les preuves fournies par les observateurs, et il ne nous appartient pas de préjuger de ce qu'ils auraient *dû* voir. Au demeurant, les observations diurnes ne manquent pas dans la catégorie des Rencontres Rapprochées.

Un cas Radar-Optique intéressant, qui sert à composer le prototype et qui illustre avec quelle désinvolture le Livre Bleu fait bon marché de la recherche scientifique, se produisit au Nouveau-Mexique le 4 novembre 1957 (Appendice 1, RO-3), juste après la fameuse Rencontre Rapprochée (Chapitre 9) de Levelland, Texas. L'officier qui prépara le rapport, lieutenant-colonel de l'Air Force, devait commenter ainsi cette observation :

> L'opinion de l'officier qui prépara ce rapport est que cet objet peut avoir été un avion non identifié, trompé par les pistes de la base aérienne de Kirtland. Cette opinion repose sur les raisons suivantes :
> 1) Les observateurs sont considérés comme compétents et sûrs et l'enquêteur estime qu'ils ont réellement vu un objet qu'ils n'ont pas pu identifier.
> 2) L'objet a été repéré sur un écran radar par un opérateur compétent.
> 3) L'objet ne répond pas aux critères d'identification valables pour tout autre phénomène.

Autrement dit, les observateurs étaient sûrs, l'opérateur radar était compétent, et l'objet ne pouvait pas être identifié : donc c'était un *avion.* Devant un tel raisonnement, on pourrait douter qu'il soit jamais possible de découvrir de nouveaux phénomènes empiriques dans n'importe quel domaine de l'expérience humaine.

Le Livre Bleu consacre à cet incident la fiche suivante :

> DESCRIPTION DE L'OBSERVATION : Le 4 novembre, à 10 h 45 [heure locale] les deux témoins se trouvaient en service, seuls, dans la tour de contrôle de la base aéronautique de Kirtland, Nouveau-Mexique; cette tour a un peu plus de 30 mètres de haut. Un des contrôleurs regarda le ciel pour surveiller les formations nuageuses et remarqua une lumière blanche suivant une

route vers l'est, entre 240 et 320 km/h, à une altitude approximative de 450 mètres sur Victor 12 (une voie aérienne de basse altitude). Le témoin appela alors la station radar et lui demanda d'identifier l'objet. L'opérateur radar déclara qu'un objet se trouvait sur un azimut approximatif de 90° par rapport à l'observateur; il disparut sur un azimut de 180° par rapport à l'observateur de la tour. L'objet passa obliquement au-dessus de l'extrémité est de la piste 26, se dirigea vers le sud-ouest et amorça une chute rapide. Un des témoins essaya d'entrer en contact radio avec ce qu'il croyait être un avion inconnu ne sachant sur quelle piste se poser. Un Logair-46 venait juste d'appeler pour demander des instructions d'atterrissage. L'objet, qui fut alors observé au moyen de jumelles, paraissait avoir la forme d' « une automobile posée de chant ». Sa hauteur fut estimée entre 4,5 et 5,5 mètres. On remarquait une lumière blanche à la base de l'objet. Celui-ci ralentit jusqu'à environ 90 km/h et disparut derrière une clôture au-dessus de « Drumhead », zone interdite très brillamment éclairée qui se trouve à environ 800 mètres de la tour de contrôle. L'objet réapparut, se dirigeant vers l'est, et l'un des témoins lui envoya depuis la tour un signal vert, pensant que ce pouvait être un hélicoptère en difficulté. A ce moment l'objet était à une altitude approximative de 60 à 90 mètres; puis il vira vers le sud-est, monta en flèche à une vitesse estimée à 1350 mètres à la minute, et disparut. Le témoin déclara que l'objet grimpait « comme un avion à réaction », plus vite que n'importe quel hélicoptère. (La vitesse ascensionnelle n'est qu'une estimation du témoin.)

Bien qu'il y ait eu des nuages dispersés, avec

une couverture assez haute, la visibilité était bonne. Les vents de surface variaient entre 10 et 30 nœuds. Les témoins ont observé l'objet pendant cinq à six minutes, en se servant de jumelles pendant à peu près la moitié de ce temps.

L'officier de l'Air Force qui prépara le rapport déclarait :

Les deux témoins interrogés simultanément, ont donné à toutes les questions des réponses identiques, et ont fait des récits similaires de leur observation. Tous les deux ont paru solides et posés, d'une intelligence apparemment bien supérieure à la moyenne, et d'un tempérament répondant parfaitement aux exigeantes contraintes du poste d'opérateur de tour de contrôle. Bien qu'ils se soient montrés absolument coopératifs et prêts à répondre à toutes les questions, les deux témoins ont paru un peu gênés de ne pas pouvoir identifier l'objet qu'ils sont fermement convaincus avoir vu ou lui trouver une explication. Le sérieux et la compétence des deux témoins ne font absolument aucun doute pour l'interrogateur.

Pendant ce temps, que disait avoir vu sur son écran radar l'opérateur — qui, matériellement, se trouvait loin des témoins oculaires? Le message télétypé suivant indique qu'il s'accordait entièrement avec les témoins oculaires sur la disparition de l'objet. Ceux-ci l'avaient vu grimper en flèche dans une direction sud-est; selon le radardiste, il suivait une course nord-ouest lorsqu'il a disparu à environ 16 kilomètres de la station radar. Il y a effectivement là un désaccord mais, également, le radar peut avoir tenu l'objet sur son écran beaucoup plus longtemps que les autres témoins ne le conservaient en vue. Voici ce que dit le rapport radar :

L'opérateur de la tour requit l'observateur d'identifier un objet aux abords de l'extrémité de la piste est-ouest. L'objet était à un azimut approximatif de 90° degré (est) par rapport à l'observateur. Il disparut sur un azimut de 180° (sud) par rapport à l'observateur. L'objet avait d'abord été repéré approximativement sur la lisière est de la base aérienne de Kirtland, suivant un cap sud-sud-est; puis, faisant demi-tour, il vira vers l'ouest et se dirigea vers la station des basses fréquences [est-ce la même chose que « Drumhead »?], au-dessus de laquelle il commença à graviter. De là, il prit une course nord-ouest à une vitesse considérable et disparut alors qu'il se trouvait à environ 16 kilomètres de l'observateur.

Le rapport radar ajoute ceci, que n'ont pas noté les témoins oculaires :

Environ 20 minutes après la disparition de l'objet inconnu un C-46 4718N de l'Air Force a décollé en direction de l'ouest, puis a effectué un virage à gauche; à ce moment l'observateur a balayé le sud et a vu l'objet [présumé être le même que l'objet inconnu] au-dessus du repère extérieur à environ 6,5 kilomètres au sud de la piste nord-sud. L'objet s'est dirigé vers le nord à très grande vitesse et, arrivé à moins d'un kilomètre et demi au sud de la piste est-ouest, il a viré brusquement et a commencé à suivre le C-46. L'objet a maintenu une distance approximative de 800 mètres entre lui et le C-46 sur un cap sud pendant une vingtaine de kilomètres. Puis l'objet a repris un cap nord et est demeuré au-dessus du repère extérieur pendant environ une minute et demie; il a ensuite disparu de l'écran. Durée totale de l'observation au radar : 20 minutes [alors que l'observation visuelle n'avait duré que 4 ou 5 minutes].

Que peut-on donc dire d'un cas Radar-Optique comme celui-ci? Selon moi, le fait que les deux types de témoignages s'accordent quant au fond, joint à la compétence des trois observateurs, élimine toute suggestion de mirages, faux retours sur l'écran radar, etc. *Quelque chose* s'est réellement trouvé là. S'il s'agissait simplement d'un avion, on peut se demander comment les deux témoins oculaires, totalisant, comme contrôleurs aériens, 23 ans d'expérience, peuvent *l'un et l'autre* ne pas l'avoir reconnu pour tel alors que la visibilité était bonne. Et même s'il n'y avait pas eu de confirmation radar des évolutions lentes ou précipitées de l'objet, ou même simplement de la présence d'un objet inconnu, la question ne serait toujours pas résolue. Et quant à la description de son aspect, observé à la jumelle — « comme une auto posée de chant » — elle appellerait également une explication.

Le fait que l'enquête ne fut pas poursuivie — les désaccords apparents entre l'observation radar ou visuelle de la disparition auraient dû être vérifiés, il aurait fallu recueillir infiniment plus de détails — conjugué à l'application du Théorème du Livre Bleu conduisit inexorablement à la seule classification possible dans le contexte : avion s'étant trompé de cap.

Bien qu'elles se prêtent mieux à l'examen que les deux premières catégories que nous avons étudiées, les notifications Radar-Optiques présentent une difficulté spéciale pour l'enquêteur. Deux incidents devenus classiques, et que feu le Dr James McDonald avait étudiés de façon aussi poussée qu'il était possible de le faire à plusieurs années de distance, ont été traités respectivement dans la *Flying Saucer Review* (3) et dans *Astronautics and Aeronautics* (4) *. Ils n'ont pas besoin d'être présentés tout au long ici. L'un d'eux se produisit dans la nuit du 13 au 14 août 1956 à Lakenheath, Angleterre (Appendice 1, RO-4).

Il impliquait plusieurs témoins : deux groupes distincts d'opérateurs de radar de surveillance au sol, un pilote de l'armée de l'air, et un opérateur de tour de contrôle aérien. Il fut l'objet d'enquêtes notoirement insuffisantes tant de la part du Livre Bleu que de la Commission Condon, dont les conclusions, cependant, valent d'être citées : « En résumé ceci est le cas le plus bizarre et le plus rare dans la série Radar-Optique. Le comportement de l'O.V.N.I., apparemment logique et intentionnel, fait évoquer, comme l'explication la plus probable de cette observation, une mécanique d'origine inconnue. » Mais c'est alors que le « bon sens » vient à la rescousse : « Cependant, considérant l'inévitable faillibilité des témoins, on ne peut, à son propos, rejeter des explications plus conventionnelles. »

Le rapport n'évoque pas quel genre d'explications conventionnelles pourraient rendre compte

* La sous-commission des O.V.N.I. de l'American Institute of Aeronautics and Astronautics (A.I.A.A.), après avoir publié son *Estimation du problème des O.V.N.I.* (novembre 1970), dans laquelle elle concluait que le phénomène O.V.N.I. méritait d'être étudié scientifiquement, annonça que seraient publiés de temps en temps dans son journal des cas d'O.V.N.I. dont les lecteurs pourraient ainsi juger par eux-mêmes. Le cas de Lakenheath, étudié par le Dr McDonald, fut l'un de ceux-ci.

de la situation. Dans une autre section du Rapport Condon ce cas figure à nouveau, avec cette indication laconique : « En conclusion, bien que l'on ne puisse rejeter avec une certitude totale des explications conventionnelles ou naturelles, leur probabilité en l'occurrence semble faible, et la probabilité qu'il se soit agi d'au moins un véritable O.V.N.I. semble assez élevée. » Le Rapport Condon n'ajoute rien et n'émet aucune hypothèse quant à ce que pourrait être ce « véritable O.V.N.I. ».

Probabilité n'est pas preuve, bien entendu. Cependant lorsque, en enquêtant sur les O.V.N.I., on rencontre de *nombreux cas*, chacun affecté d'un assez haut indice de probabilité quant à sa nature d'observation empirique véritablement nouvelle, la probabilité qu'un nouveau problème n'a *pas* été observé devient très faible, et elle décroît encore au fur et à mesure qu'augmente le nombre des cas. Les chances, donc, qu'il y ait là quelque chose d'authentiquement nouveau, sont très grandes, et aucun joueur n'hésiterait, devant une telle cote, à « risquer le paquet ».

La chose vaut d'être soulignée. Si l'on prend un cas d'O.V.N.I. en soi, sans tenir compte de toutes les informations recueillies partout dans le monde (à condition que ces dernières aient déjà franchi victorieusement le « filtrage »), on peut presque toujours les rejeter en arguant qu'en l'occurrence ont joué de façon peu banale un certain nombre de circonstances au demeurant improbables (bien qu'il se produise parfois des événements ou des coïncidences extrêmement improbables). Mais lorsqu'on se trouve en présence d'une masse de cas, le raisonnement applicable à l'événement isolé n'est plus de mise dans une analyse scientifique correcte. Pour être faible, la possibilité qu'une apparition d'O.V.N.I., constatée par d'excellents témoins et minutieusement investiguée, puisse cependant n'être qu'une erreur d'interprétation, n'en existe pas moins. Par contre, appliquer la même argumentation à un nombre respectable de cas apparentés entre eux est parfaitement illogique; en effet, la probabilité cumulative qu'ils procèdent *tous* d'erreurs d'interprétation est comparable à la probabilité qu'une pièce de monnaie jetée en l'air retombera toujours sur la tranche parce que la chose s'est produite une fois *.

Le second cas classique (Appendice 1, RO-8) est résumé dans l'introduction de l'article paru dans *Astronautics and Aeronautics* :

> Un RB-47 de l'Air Force, muni d'un appareillage électronique de contre-mesures (E.C.M.), ayant un équipage de 6 officiers, fut suivi par un objet non identifié sur plus de 1 200 kilomètres pendant une heure et demie, tandis qu'il survolait le Mississippi, la Louisiane, le Texas et atteignait l'Oklahoma. L'objet fut, à plusieurs reprises, vu directement par l'équipe du poste de pilotage comme une très vive lumière, il fut suivi par un radar au sol et détecté sur les appareils de contrôle E.C.M. que portait l'avion. L'intérêt particulier de ce cas tient aux apparitions et disparitions constatées simultanément par trois « canaux » distincts, et à la rapidité des manœuvres qui dépassait tout ce dont l'équipage avait eu jusque-là l'expérience.

Un cas Radar-Optique qui ne fut pas examiné par

* On peut ici objecter à bon droit que cette argumentation est spécieuse dans la mesure où on ne peut quantifier une probabilité négative. L'analogie ne vaut que dans la mesure où l'on se sent justifié à dire, comme le fit le Rapport Condon pour un cas en particulier, et comme il l'impliqua pour plusieurs autres, qu'il y avait une forte probabilité qu'au moins un authentique O.V.N.I. ait été constaté et donc que la probabilité que cette observation ait été due à une méprise était numériquement très faible.

la Commission Condon et dont elle n'eut probablement même pas connaissance — le Livre Bleu l'écarta comme « assorti de renseignements insuffisants », sans d'ailleurs se préoccuper de les compléter, et en fit un « avion » — fut notifié par un navire de guerre croisant aux Philippines (Appendice 1, RO-5). Je cite à partir du rapport officiel :

> A 9 h 10, par 20° 22' nord et 135° 50' est, route 265, vitesse 15 nœuds, le timonier d'avant a signalé ce qu'il croyait être un avion, relèvement 000, position angulaire 21. L'observation à la jumelle montra trois objets en formation serrée; l'un était de première grandeur, les deux autres de seconde grandeur. Les objets se déplaçaient à une vitesse extrêmement élevée, venant vers le bateau à une altitude indéterminée. A 9 h 14 quatre cibles mobiles furent vues sur l'écran de détection aérienne jusqu'à des distances de 35 kilomètres et suivies pendant 6 minutes. Arrivés à la verticale du bateau, les objets se sont déployés en formation circulaire au-dessus de lui et y sont demeurés pendant environ 3 minutes. Cette manœuvre fut observée à la fois directement et sur l'écran radar. L'objet brillant qui restait suspendu au-dessus du poste de tribord déterminait un plus grand écho dans le champ de l'écran radar. Les objets ont modifié plusieurs fois leur cap durant le temps de l'observation, ce que confirment pareillement les témoins oculaires et la détection radar, et ont pu être suivis jusqu'à des vitesses dépassant 3 000 nœuds. L'I.F.F. les interrogea plusieurs fois mais sans obtenir de réponse *. Après s'être immobilisés pendant 3 minutes, les objets partirent en direction

* *Identification Friend or Foe :* dispositif radar interrogateur-répondeur d'identification de l'ami ou de l'ennemi (Nd.T.).

sud-est à une vitesse extrêmement élevée. Les évolutions décrites ci-avant ont été observées par l'officier commandant de bord, par tout l'équipage de la passerelle et par une grande partie du personnel du pont supérieur.

Le bateau des Philippines a ajouté ce qui suit à son rapport, pour avérer les capacités d'observation de son équipage :

> Au cours de la période du 5 au 7 mai, entre 18 et 20 heures, plusieurs autres objets furent observés. Tous offraient les caractéristiques des satellites par leur vitesse et leur aspect. Ces observations sont rapportées pour indiquer qu'il y avait une notable différence entre les vitesses et les manœuvres des satellites avérés et celles des objets décrits ci-avant.

Ce rapport est gâché par son imprécision. On aimerait savoir ce qu'étaient ces « vitesses extrêmement élevées » et comment, malgré celles-ci, le radar a pu « tenir » les objets pendant 6 longues minutes. Les 3 minutes de vol stationnaire sont-elles ou non comprises dans cette durée? Quelle sorte d'échos a montrés l'écran radar? Quels furent les changements de cap et avec quelle accélération angulaire? Et lorsque les objets « se sont déployés en formation circulaire au-dessus du bateau », sont-ils alors demeurés stationnaires? Faisaient-ils un mouvement de va-et-vient, tanguaient-ils? Le Livre Bleu aurait dû fouiller ces questions.

Les témoins d'apparitions Radar-Optiques comptent parmi les observateurs possédant la plus haute formation technique, et cependant ils se révèlent tout aussi troublés et déconcertés que les moins expérimentés. Dans le cas de Lakenheath, l'opérateur radar demanda au pilote de l'intercepteur Venom d'indiquer si l'O.V.N.I. avait bien entamé sa « poursuite », comme s'il cherchait une confirmation de ses ahurissantes constatations. Le pilote répondit affirmativement et précisa qu'il « ne parvenait pas à semer la cible », demanda de l'aide et remarqua : « C'est la cible la plus nette que j'aie jamais vue sur un écran radar. »

Un récit dû au capitaine d'un avion de ligne de la Trans-Texas (Appendice 1, RO-6) donne une bonne illustration du prototype Radar-Optique et démontre au surplus, s'il en était encore besoin, combien les observateurs d'O.V.N.I., et surtout lorsqu'il s'agit de techniciens, répugnent à se faire connaître. Ce fut un membre du 4602e escadron du renseignement de l'Air Force qui interrogea le pilote et prépara le rapport destiné au Livre Bleu. Il écrivit :

> Le témoin se montrait réticent à parler de l'objet, et les questions le mettaient mal à l'aise. Il considérait n'avoir en rien contribué à la notification préliminaire si ce n'est en demandant à la station A.C. & W. [radar] s'il était escorté dans son vol. L'enquêteur l'ayant rassuré, il devint plus coopératif, et l'on peut se fier à son témoignage.

Vient ensuite le rapport proprement dit :

> Description de l'observation par le témoin : un objet a été repéré au décollage de l'aéroport de Shreveport, Louisiane, vers 20 h 30 CST * le 3 juin 1957. Lorsqu'il a été vu pour la première fois l'objet était à une altitude d'environ 120 mètres. Le témoin a déclaré que la tour de contrôle a attiré son attention sur l'objet, qui avait l'apparence

* Central Standard Time.

d'une petite lumière. Le témoin alluma et éteignit ses phares d'atterrissage auxquels répondit l'objet en dirigeant pendant un instant une très vive lumière vers l'appareil. Puis, alors que jusque-là il paraissait en vol stationnaire, il se mit à grimper à très haute vitesse. A ce moment un autre objet fut remarqué à peu près à la même altitude et de même aspect que le premier. Le témoin a déclaré qu'il avait contacté la tour pour savoir si elle repérait bien les deux objets. La tour repérait bien les deux objets à l'aide de jumelles. Les objets ont alors adopté une course parallèle à celle de l'avion, se déplaçant à peu près à la même vitesse, soit environ 110 nœuds, mais à une altitude plus élevée. A Converse, Louisiane, les objets étaient toujours là, aussi le témoin décida-t-il d'appeler Goatee [la station radar] pour voir s'ils avaient l'objet sur leur arme [sic]. Il reçut une réponse affirmative. Le témoin a comparé la taille et l'aspect des objets à ceux d'une étoile; il a mentionné qu'à un certain moment il avait pu apercevoir la silhouette des objets mais ne pouvait donner d'indications précises à ce propos.

Lorsqu'il fut interrogé, le copilote confirma entièrement les dires du pilote mais il ajouta que, lorsqu'il était apparu à leurs yeux, l'objet, qui se trouvait à 800 mètres d'eux, était à une altitude d'environ 300 mètres. Selon lui, la lumière a suivi une course de 170° en montant jusqu'à environ 3 000 mètres à une vitesse considérable, après quoi, pendant l'heure qui a suivi, elle a semblé maintenir la même position par rapport à l'avion du témoin. Il a aussi déclaré que la station radar avait indiqué qu'elle tenait deux objets à 2 900 mètres d'altitude.

Les brèves dépositions des deux pilotes et la réponse de la station radar sont imprécises, incomplètes et donc décevantes. Suivant ses bonnes habitudes, le Livre Bleu catalogua le cas parmi les « Non-Identifiés », n'éprouvant pas le besoin d'investiguer sérieusement un incident dont la cause, pourtant, demeurait inconnue. L'O.V.N.I. a été identifié de façon satisfaisante — c'est un *Non-Identifié.* L'observation ayant duré une heure aux dires du rapport, une enquête minutieuse et approfondie aurait sûrement pu déterminer si cette cause inconnue procédait d'une vision d'objets naturels mal interprétée par le pilote et le copilote, par les observateurs de la tour, et aussi d'une erreur de l'opérateur radar, bien qu'il n'ait jamais été établi précisément si le radar « peignait » bien les objets qui étaient par ailleurs repérés visuellement. Bien entendu, si le radar ne peignait pas les objets en question, on peut se demander ce qui apparaissait alors sur son écran.

Les cas décrits jusqu'à présent permettent de construire le prototype de la catégorie Radar-Optique. Les *bons* cas Radar-Optiques, ayant fait l'objet d'une étude sérieuse, sont rares. Ceux qui existent, cependant, ne peuvent être facilement rejetés. Celui auquel j'ai déjà fait allusion, qui fut longuement décrit dans *Astronautics and Aeronautics* de juillet 1971 et qui mettait en cause un RB-47 compte sans aucun doute au nombre des phénomènes indiscutablement étranges (Appendice 1, RO-8). Il est impossible de penser qu'il résulte d'une méprise ou du mauvais fonctionnement d'un radar ou d'un effet de propagation aberrante. Cette rencontre Radar-Optique s'est produite le 17 juillet 1957, alors qu'un avion contenant un appareillage électronique spécial survolait le Mississippi, la Louisiane, le Texas et l'Oklahoma. Ce ne fut pas, et de loin, un événement localisé et de courte durée; il a mis en jeu des équipages au sol et en vol ainsi que plusieurs installations radar.

Un peu plus tôt en cette même année 1957, le 13 février, un surprenant cas Radar-Optique se produisit à la base aéronautique de Lincoln, Nebraska (Appendice 1, RO-7). Voici le résumé que lui consacre le Livre Bleu :

> Les objets ont été observés visuellement par trois contrôleurs aériens et par le Directeur des Opérations, qui se trouvait dans la ville pour surveiller une mission aérienne. Les objets furent également suivis au radar par N.C.O.I.C. et par G.C.A. [deux stations radar distinctes]. Les objets furent observés pendant une durée de trois à cinq minutes... Les objets se trouvaient à environ une dizaine de kilomètres derrière un avion de ligne et se déplaçaient deux fois plus vite... L'un des objets s'est scindé en deux et un autre a viré à 180°. L'identification demandée par I.F.F. n'obtint pas de réponse. L'estimation visuelle de la taille des objets était impossible, mais l'opérateur radar a déclaré que la tache lumineuse sur son écran avait à peu près la même dimension que celle qu'il reçoit d'un B-47. Les objets semblaient demeurer stationnaires puis prendre brusquement de la vitesse et partir en flèche.

Le Livre Bleu appliquant son théorème standard, évalua l'observation comme « ballon probable » et « avion probable ».

8

LES RENCONTRES RAPPROCHÉES DU PREMIER TYPE

> Et puis soudain je me suis aperçu que la lumière tombait d'en haut. En levant les yeux, j'ai distingué le contour d'un objet qui passait au-dessus de mon faîtage, à une altitude entre 75 et 150 mètres. La lueur rouge venait du dessous de l'objet, vers le centre.
>
> Voir Appendice 1, RR1-3.

Les rapports d'observation d'O.V.N.I. faisant état d'objets ou de lumières vus d'assez près — en général à moins de 150 mètres — entrent par définition dans la deuxième grande division, celle des *Rencontres Rapprochées.* En fait, il ne s'agit pas là d'une variété différente d'observations : les stimuli qui ont suscité les rapports sont les mêmes que ceux des trois premières catégories, la différence résidant uniquement dans le fait qu'ils ont été, par hasard ou intentionnellement, appréhendés de plus près. On ne peut douter, en effet, qu'un O.V.N.I. vu de loin peut également se rencontrer à courte distance; aussi n'avons-nous établi cette distinction que pour faciliter la description et l'étude.

Cette grande catégorie se divise à son tour de façon logique en trois groupes distincts d'événements et d'observations : la Rencontre Rapprochée en soi, qui, aux dires des observateurs, n'a pas eu d'effets physiques mesurables sur la matière, vivante ou inerte (et notamment sur le sol); enfin la Rencontre Rapprochée mettant en jeu des êtres animés (souvent appelés « humanoïdes », « occupants » ou parfois « Ovnautes »). Nous avons déjà fait la distinction entre cette dernière catégorie et celle des « contacts ».

La Rencontre Rapprochée se définit à partir des descriptions « opérationnelles » des observateurs. De quel ordre sont les distances les plus fréquemment indiquées lorsque l'objet était assez proche pour offrir à l'œil nu un champ de vision appréciable et détaillé, et pour faire naître la crainte d'un contact physique direct? Elles ne dépassent pas 200 mètres et sont souvent bien inférieures — descendant parfois jusqu'à 6 mètres et même au-dessous. En tout état de cause, les distances qu'indiquent les témoins sont telles que le stimulus ne peut avoir été très éloigné, surtout lorsque l'objet ou la lumière sont passés entre l'observateur et une position fixe (arbre, maison, colline, etc.).

C'est dans les cas de Rencontres Rapprochées que nous achoppons sur l'hypothèse des « méprises », des « erreurs des sens ». Alors que, dans la première grande division des O.V.N.I. — celle des observations à distance — on peut, d'une certaine manière, soutenir cette possibilité, la chose devient virtuellement indéfendable lorsqu'il s'agit des Rencontres Rapprochées. Les notifications d'O.V.N.I. qui vont maintenant être décrites, et dont chacune émane au minimum de deux observateurs valables, soulèvent la question de savoir où se situent les « limites de la méprise » lorsqu'il s'agit de personnes solides et responsables.

Pour moi, — et le lecteur, je pense, me suivra sur ce point — les « limites de la méprise » logiquement acceptées sont en l'occurrence franchies de si loin qu'il n'existe que deux hypothèses : ou bien les observateurs rapportent une expérience authentique, ou bien ils ont perdu l'esprit. Cependant rien, dans les occupations, la formation et le comportement antérieur des observateurs dont les cas « filtrés » seront présentés dans ce chapitre, ne permet d'avancer cette dernière supposition.

Nous trouvons-nous donc en présence d'un phénomène d'insanité temporaire chez des personnes qui, avant comme après, ont toujours eu un comportement parfaitement normal? Nous aurions, dans ce cas, à considérer une nouvelle dimension du problème des O.V.N.I., mais ses données proprement dites — qui font l'objet de notre livre — n'en demeureraient pas moins inchangées. Simplement, il nous faudrait attaquer par un autre biais la question de leur naissance.

Nous procéderons ici comme nous l'avons fait précédemment. Dans chaque subdivision seront indiqués en premier lieu le nombre et la nature des observateurs; viendront, en second lieu, leurs réactions « à chaud »; enfin, en un troisième temps, sera élaboré le prototype de chaque catégorie à partir des éléments communs à la plupart des observations. On trouvera dans l'Appendice 1 la liste de ces différents cas.

Je tiens à souligner que les cas sur lesquels je me fonde ici répondent tous aux critères d'admission en tant que véritables notifications d'O.V.N.I., c'est-à-dire qu'ils émanent de personnes sérieuses et qu'ils résistent à une explication « normale ».

★

On peut appeler Rencontres Rapprochées du Premier Type celles où n'ont pas été signalées d'interactions entre l'O.V.N.I. et l'environnement ou l'observateur. Les cas que j'ai choisi d'examiner, et qui serviront à construire le prototype, ont presque tous été répertoriés par le Livre Bleu.

Contrairement aux cas Radar-Optiques, où il était naturel de rencontrer des spécialistes (opérateurs radar, pilotes, contrôleurs de la navigation aérienne), les observateurs ici, constituent plutôt un éventail représentatif de la population.

J'ai sélectionné, pour élaborer le prototype, une douzaine d'événements ayant tous eu plusieurs témoins. J'ai interrogé personnellement la plupart des observateurs, soit par téléphone — en enregistrant notre conversation — soit par lettre. Je me suis chaque fois assuré que j'avais affaire à des gens normaux et tout à fait sains d'esprit, et efforcé de vérifier la concordance des témoignages. A vrai dire, bon nombre de notifications dues à un témoin unique se révèlent solides et convaincantes, et il y a quelque injustice à les éliminer lorsque, outre leur intérêt intrinsèque, elles répondent en tous points au prototype. Toutefois, l'approche unitaire de cette étude impose de ne pas les retenir.

Les cas dont nous allons parler ont eu au total 41 témoins [1], chacun en ayant eu deux au minimum (nombre moyen : 3,5; médiane : 3).

D'une façon générale, les observateurs étaient indépendants les uns des autres, non pas pour s'être trouvés dans des lieux différents mais en raison de leur équation personnelle : origine sociale, expérience et, sans doute aussi, de leur tempérament. Ils différaient également quant à leur connaissance préalable du phénomène O.V.N.I. Pour quatre des événements rapportés, les témoins étaient séparés, et ne communiquèrent ensemble que par la suite. La plupart du temps la position sociale des observateurs (président d'une petite compagnie aérienne, directeur d'école, et sept policiers, par exemple) laisse supposer qu'ils possédaient le maniement de base de la pensée critique et qu'ils savaient faire face à leurs responsabilités.

Il est difficile, dans les Rencontres Rapprochées, de distinguer entre la réaction des observateurs et leur description de l'événement, car les deux vont de pair.

J'ai eu coutume, durant toutes ces années, de poser une question standard : « Si vous pouviez substituer à l'objet que vous avez vu une chose familière — un objet de votre vie quotidienne ou professionnelle par exemple — qu'est-ce qui lui ressemblerait le plus, surtout par la forme? »

La réponse était souvent instructive. Un des témoins indiqua : « Un ballon pour la plage. Juste comme un de ces jolis ballons de plage. » Un agent de police qui avait assisté au même événement mais d'un tout autre endroit, et donc sous un angle différent, dit de son côté : « C'était comme un yo-yo et ça s'éloignait vers le nord-est. Je le voyais au-dessus de la cime des arbres. On aurait dit une boule éclairée — une boule lumineuse. »

Cette observation prit place à 3 heures du matin. Selon le policier, l'objet, après avoir plané, s'enfuit à vive allure (Appendice 1, RR1-1). Pour aucune de ces deux observations distinctes l'hypothèse d'un ballon éclairé ne peut se soutenir, outre l'éventualité discutable qu'un farceur ait lâché un ballon à 3 heures du matin au-dessus d'une bourgade de province (Dakota du Nord). Elle ne tient d'ailleurs pas plus si l'on considère le déplacement horizontal,

le vol stationnaire et la brusque montée finale.
L'agent de police poursuivit :

> Tandis que je demeurais assis là, j'éprouvais une sorte de crainte; je n'avais pas peur pour moi mais pour ce que cela risquait de signifier. J'ai dû rester assis pendant cinq bonnes minutes. Il rebondissait, comme une balle qui tressauterait sur un rythme musical, mais quand il est parti — *bang* — il a disparu en moins de cinq secondes. Il a grimpé tout droit, sans dévier... Je pensais qu'il était guidé par quelqu'un ou par quelque chose, parce qu'un ballon flottant dans les airs n'évoluerait pas de cette façon.

De quel genre de phénomène s'agit-il donc?

Au sujet d'une autre apparition (Appendice 1, RR1-2), constatée par plusieurs personnes qui se trouvaient dans la même voiture, le principal témoin, une ancienne infirmière, fit la comparaison suivante :

> Ecoutez, vous connaissez ces soucoupes sur lesquelles les gosses dévalent les pentes, vous voyez ce que je veux dire? On les ajuste l'une contre l'autre sans que les bords se touchent — franchement, je ne peux pas mieux le décrire... Je ne dirai pas qu'il renvoyait la lumière, mais plutôt qu'il était lumineux — vous savez, comme le cadran lumineux du réveil, la nuit.

Parlant d'elle-même, l'ancienne infirmière ajouta :

> Je n'ai pas été infirmière aux armées, mais dans le domaine hospitalier les urgences ne manquent pas, et il faut apprendre à se dominer, à garder son sang-froid; c'est une pratique qui m'a été utile

au cours de cette rencontre. Cela fait vingt-cinq ans que j'exerce mon métier, et j'essaie toujours de me discipliner, de rester calme, de ne pas m'affoler. Je crois que cela m'a aidée d'une certaine façon.

Puis elle poursuivit sa description de l'objet :

Je sais que c'était quelque chose de matériel, et je n'en démordrai pas... Je ne peux pas croire que c'était du gaz ou quelque chose de ce genre. Le contour était très net. A aucun moment il n'a été flou... Il y avait peut-être cinq minutes que nous observions la chose lorsqu'elle est partie en flèche, à une vitesse vertigineuse. Et pourtant, sans que l'on entende le moindre bruit. On avait l'impression qu'il s'agissait d'un corps solide, comme lorsqu'on regarde un avion... C'était exactement comme si, d'en bas, j'avais vu un avion juste au-dessus de moi... Parfaitement immobile...

Encore quelques citations, et le prototype commencera à se dégager. Sans doute cette opération serait-elle infiniment facilitée si toutes les observations à l'intérieur d'une même catégorie présentaient des constantes — quatre roues, un pare-brise, des phares, des ailes d'avion, etc. Malheureusement leur seul commun dénominateur semble plutôt résider dans l'ahurissement des témoins et dans leur impuissance à trouver les mots justes.

En regardant par la fenêtre, j'ai réalisé qu'une lueur rouge éclairait tout le voisinage. J'ai d'abord pensé que cela provenait d'une voiture de police garée à côté d'une voiture de pompiers. J'ai appelé ma femme en lui disant de venir voir, qu'il devait être arrivé quelque chose pas loin. Et puis sou-

> dain je me suis aperçu que la lumière tombait d'en haut. En levant les yeux, j'ai distingué le contour d'un objet qui passait au-dessus de mon faîtage, à une altitude entre 75 et 150 mètres. La lueur rouge venait du dessous de l'objet, vers le centre. Cela ressemblait à un flot de lumière sortant par un orifice... La camionnette verte de mon voisin paraissait marron (Appendice 1, RR1-3).

Ce témoin, qui pour autant que je le sache ignorait à peu près tout de la « geste » des O.V.N.I., a ensuite décrit une conséquence que l'on m'a souvent signalée par ailleurs :

> Un avion a décollé de l'aérodrome et est passé au-dessus de l'objet. Toutes les lumières se sont éteintes jusqu'à ce que l'avion l'ait largement dépassé. Puis, après avoir clignoté vivement trois ou quatre fois, il abandonna son cap ouest pour une route sud-ouest, et entra dans les nuages... Pour moi, cet objet était en train de reconnaître une route ou d'étudier ce qui se trouvait au sol car les lumières s'arrêtaient au-dessus de certaines choses : voitures, camions, haies, bosquets, lignes électriques, poteaux téléphoniques.

On en viendrait à comprendre les officiers du Livre Bleu qui, pour cette observation, se sont abrités derrière une identification de « Non-Identifié » et sont passés à autre chose. Et c'est « Non-Identifié » qu'il demeura dans les fiches du Livre Bleu; on ne tenta même pas de s'en débarrasser en l'étiquetant « Hélicoptère possible » (comme on le fit pour d'autres), sans doute parce que ç'aurait été là forcer un peu trop la dose, même pour le Livre Bleu, la chose s'étant passée à 6 heures du matin, un samedi, en plein hiver, moment assez peu vraisemblable pour une sortie d'hélicoptère — au demeurant l'absence de tout bruit aurait suffi à proscrire cette interprétation.

Nous allons maintenant examiner un autre cas (Appendice 1, RR1-4) qui eut pour théâtre une ferme de l'Oklahoma et pour témoins deux ouvriers agricoles qui, au petit matin, mettaient le foin en meule. L'apparition soudaine et rapprochée d'un engin circulaire brillamment éclairé mais dépourvu d'ailes les prit totalement au dépourvu. Ces extraits de leur longue interview enregistrée pourront aider le lecteur à se former sa propre image des Rencontres Rapprochées du Premier Type.

QUESTION. — Aviez-vous jamais rien vu de semblable?
RÉPONSE. — Non, jamais.
Q. — Qu'est-ce qui vous a le plus impressionné?
R. — Son éclat.
Q. — Qu'était-ce, selon vous?
R. — Je ne sais pas ce que c'était. Ça m'a tout d'abord effrayé.
Q. — Pensez-vous que cela pouvait être un ballon ou quelque chose de ce genre?
R. — Non, ce n'était pas un ballon ni quelque chose de ce genre... Nous avons d'abord pensé que c'étaient des hélicoptères de la base aérienne Quentin, alors nous leur avons téléphoné mais ils ont dit qu'aucun hélicoptère n'était sorti.
Q. — Ont-ils dit s'ils avaient quelque chose au radar?
R. — Non, ils ont dit qu'il n'y avait ni avions ni quoi que ce soit d'autre en l'air cette nuit-là.
Q. — Est-ce que cela a eu un effet sur les animaux?
R. — Eh bien, les chiens se sont mis à aboyer.

Je n'ai rien remarqué de particulier du côté des vaches, mais les chiens se sont mis à aboyer.

Q. — Pensez-vous qu'ils aboyaient contre la lumière ou contre quelque chose d'autre?

R. — Je ne sais pas, mais il n'y avait rien d'autre contre quoi ils auraient pu aboyer.

Q. — Savez-vous si d'autres personnes l'ont vue cette nuit-là?

R. — Non, mais je pense qu'il ne devait pas y avoir grand monde dehors à 4 heures du matin.

Q. — Pourquoi étiez-vous debout si tôt tous les deux?

R. — Nous relevions le fourrage.

Q. — Comment l'avez-vous vue tout d'abord?

[A partir de ce moment les questions s'adressent, par téléphone, à l'autre témoin, qui se trouvait alors dans un endroit différent.]

R. — C'est lui qui l'a vue le premier, et il est revenu tout effrayé. Je ne savais pas ce qui se passait.

Q. — Avait-il l'air effrayé?

R. — Oh, ça oui. Il avait vraiment peur. C'est pour ça que je suis sorti, pour voir ce qui lui faisait peur.

Q. — Comment se fait-il que vous ne l'ayez pas vue partir?

R. — Eh bien, j'ai pensé qu'elle allait s'écraser, et moi aussi j'ai filé dans la grange.

Q. — Ah bon! Alors vous êtes rentrés tous les deux dans la grange?

R. — Oui, monsieur, c'est ça.

Q. — Ce n'est pas moi qui vous blâmerai. Je n'aurais probablement pas été rassuré moi-même. De quelle couleur était-elle?

R. — Simplement d'un blanc lumineux.

Q. — Qu'est-ce qui vous a le plus impressionné dans toute l'affaire?
R. — Eh bien, je crois que c'est le fait qu'il ne s'agissait pas d'un avion. C'était une autre sorte de chose.
Q. — Aviez-vous jamais rien vu de semblable?
R. — Non, jamais.
Q. — Que voudriez-vous?
R. — Maintenant que c'est arrivé, j'aurais bien aimé en avoir une photographie pour prouver que je l'ai vue. Il y a des tas de gens qui ne me croient pas.
Q. — Pendant combien de temps avez-vous encore été effrayé par cette chose?
R. — Eh bien, j'en ai été secoué pendant deux bonnes semaines. J'avais du mal à m'emdormir. Avant, je n'y croyais pas; il a fallu que j'en voie une pour y croire.
Q. — Avez-vous lu beaucoup de choses sur les O.V.N.I.?
R. — Depuis ce temps, oui. Et je vais suivre quelques cours d'astronomie ici au collège.
Q. — Nous nous efforçons de découvrir ce que cela peut être.
R. — Laissez-moi vous dire qu'en voyant comment ces types agissaient, j'ai pensé qu'ils en savaient peut-être plus qu'ils n'en disaient.
Q. — Vous voulez parler des gars de l'Air Force? [Des enquêteurs de l'Air Force avaient été envoyés par la base locale.]
R. — Oui.

Les garçons m'adressèrent une lettre contenant des croquis décrivant l'engin et sa trajectoire. La lumière était descendue, à un angle de 45°, jusqu'à la hauteur de fils téléphoniques proches, avait survolé horizontalement la cour de la ferme et avait disparu de leur vue au-dessus d'un petit silo. Elle paraissait aussi large ou plus large que la pleine lune. Le dessin représentait un engin circulaire sans protubérances notables ni appareillage mécanique; selon les jeunes gens, « il était ceinturé par de nombreuses lumières ».

L'apparition se produisit vers 4 heures du matin. Le soleil se levait ce jour-là à 4 h 44; il ne faisait donc pas encore vraiment clair. L'un des garçons déclara : « Ce qui m'a le plus intrigué c'est le centre de l'engin, parce que soit lui, soit l'aéronef tout entier, pivotait dans le sens opposé aux aiguilles d'une montre. Et puis, au milieu, il était très brillant et très, très lumineux. » Ni la durée de l'incident (moins de trois minutes) ni la trajectoire décrite ne peuvent correspondre à ceux d'un météore particulièrement lumineux. Les jeunes gens ont beaucoup peiné à décrire en termes familiers ce qui pour eux avait pourtant été une expérience bien réelle — c'est là, nous l'avons vu, un écueil courant.

Faisant pour une fois exception à la règle que je me suis moi-même fixée dans cet ouvrage, je vais maintenant emprunter mon matériel à un autre enquêteur, Raymond Fowler.

Ces données sont extraites du rapport de 68 pages que cet homme expérimenté et avisé a établi à propos d'une observation faite à Beverly, Massachusetts (2). Fowler, qui avait entrepris une investigation de la question infiniment plus poussée que celles de la Commission Condon ou du Livre Bleu, soumit à ce dernier son rapport de synthèse. Le Livre Bleu se déchargea de toute obligation à ce sujet en arguant que la notification originale ne lui avait pas été transmise par les canaux officiels. Ainsi non seulement le Livre Bleu n'étudia pas ce cas extrêmement intéressant, et qui mit en échec le groupe d'études Condon, mais il refusa même de le répertorier.

L'événement consiste en l'observation, relativement longue, d'une « soucoupe lumineuse » planant silencieusement au-dessus de bâtiments scolaires et se rapprochant parfois si près des témoins que ceux-ci ont craint qu'elle ne s'écrase sur eux (Appendice 1, RR1-5).

Quelques fragments du rapport Fowler suffiront ici pour enrichir le prototype de cette catégorie. Ayons recours, une fois de plus, aux interviews enregistrées, car ce sont peut-être elles qui nous font sentir le plus intimement le caractère profondément humain d'une telle expérience.

> L'objet, en se rapprochant, paraissait de plus en plus grand... Au-dessus de ma tête, je ne voyais rien d'autre, dans le flou de l'atmosphère, que des lumières émettant à intervalles des signaux très brillants (ce n'étaient pas des clignotements). J'étais très excité — mais pas effrayé — et très curieux. Si l'objet ne s'était pas rapproché, je ne me serais pas enfui, mais j'ai pensé qu'il allait s'écraser sur moi.

Un autre témoin du même événement le décrit en ces termes :

> J'ai commencé à courir. Alors un ami m'a crié : « Regarde, c'est au-dessus de nous » — j'ai levé les yeux et je suis resté figé sur place. J'ai vu un grand objet rond juste au niveau des faîtages. C'était exactement comme le dessous d'une assiette [comparaison fréquente]. C'était solide... Je n'ai pas entendu de bruit, mais j'ai cru que cette chose allait me tomber dessus. [C'était comme] un champignon géant. J'étais fasciné, ahuri, incapable de réfléchir, et je me suis retrouvé en train de courir pour lui échapper.

Un des agents de police qui avaient été dépêchés sur les lieux devait dire :

> A 21 h 45, sur ordre du commissariat, je me suis rendu avec l'agent B. à la Beverly High School, dans Salem Road, où l'on signalait un O.V.N.I. A mon arrivée, j'ai observé ce qui me parut ressembler à une grande assiette planant au-dessus des bâtiments scolaires. Il y avait trois lumières — rouge, verte et blanche — mais aucun bruit qui aurait pu indiquer qu'il s'agissait d'un avion. [La durée de l'observation — 45 minutes — élimine forcément cette dernière hypothèse.] Cet objet planait au-dessus de l'école et a paru quasiment s'immobiliser. Les lumières brillaient par éclairs. L'objet survola l'école à deux reprises, puis s'éloigna.

Ainsi donc le Livre Bleu ne daigna pas s'intéresser à un événement qui avait eu plusieurs témoins, dont deux policiers, car il n'était pas venu à sa connaissance par des canaux officiels. La Commission Condon, de son côté, ne tenta même pas d'identifier l'apparition à un phénomène naturel; et quant à l'hypothèse qu'il s'agirait d'une observation mal interprétée de Jupiter, Fowler en fait raison de façon convaincante, en indiquant entre autres qu'il y avait visuellement 50° d'écart entre la position de Jupiter et le champ d'action moyen de l'objet. (Bien sûr, il demeure toujours possible qu'un des multiples témoins, n'ayant pas remarqué Jupiter dans la chaleur de l'action, l'ait ensuite confondu avec l'objet qui s'éloignait.)

En ce qui concerne le prototype des Rencontres Rapprochées du Premier Type, nous pouvons dire que celles-ci se caractérisent, en premier lieu, par l'observation d'un objet éclairé, parfois très lumineux — aussi intense qu'un chalumeau oxhydrique, par exemple — et parfois simplement luminescent comme un tube au néon ou un cadran lumineux. En second lieu seulement vient la perception de la forme de l'engin; celle-ci est à peu près constamment décrite comme ovoïde, « en forme de ballon de rugby », et fréquemment surmontée d'un dôme. Il est souvent question d'un mouvement de rotation des lumières et donc, vraisemblablement, de l'engin lui-même, dans le sens contraire aux aiguilles d'une montre. Les autres traits communs sont le vol stationnaire, l'absence de son, et le départ en trombe sans accompagnement de bang sonique.

Alors que ces observations sont, en soi, extrêmement insolites, la gamme de leurs composantes est singulièrement restreinte. S'agissant d'hallucinations, par exemple, l'éventail est très vaste — or, on observe, tout au contraire, que celui des Rencontres Rapprochées d'O.V.N.I. ne l'est pas. Celles-ci n'échappent même pas à une certaine monotonie et l'on a l'impression que lorsqu'elles diffèrent c'est, en bonne partie, parce que les observateurs eux-mêmes diffèrent dans leur maîtrise verbale à décrire un événement insolite.

Notre prototype s'enrichit encore grâce à la description d'une Rencontre Rapprochée du Premier Type due à un ancien officier de marine (Appendice 1, RR1-6). L'observation débuta dans la voiture de son père, qui était allé le chercher à la gare, un peu avant minuit, et qui vit devant eux un objet qui planait, presque directement au-dessus du véhicule. La chose s'étant produite à trois reprises, il dit à son fils : « As-tu vu quelque chose qui planait au-dessus de la voiture? »

« Oui, répondit le fils, on aurait dit une sorte de gros oiseau préhistorique. » Lorsque, plus tard, je lui posais ma question standard quant à la forme familière qu'il pourrait substituer à celle de l'objet

— et, dans ce cas précis, quant aux dimensions qu'elle aurait — il répondit :

C'est bien difficile à dire... Je n'ai jamais rien vu de semblable... Eh bien, un sous-marin, mais évidemment ce n'était pas tout à fait pareil... J'ai pensé que si je lui lançais une pierre je pourrais l'atteindre... Il était si près de nous... Très net... avec un contour aussi net, par exemple, que celui d'une chaudière, s'il y en avait eu une à cet endroit.

L'apparition, que le père et le fils contemplèrent ensemble, dura entre cinq et huit minutes. Le père poursuivit la description :

J'ai baissé la tête pour regarder à travers le pare-brise, et je l'ai vu tout entier — il était juste devant. J'ai dit à John, « Mon Dieu, c'est une soucoupe volante ». C'était presque comme les films de science-fiction à la télévision... Il restait suspendu là, absolument silencieux, comme un clocher d'église éclairé la nuit. Ou encore, il ressemblait à ces avions-suicide japonais qui se jetaient la nuit dans le faisceau des projecteurs — cela me les a rappelés. Il a viré sur une centaine de mètres — absolument comme s'il était dépité.

Lorsque arrivèrent deux autres voitures sur la route jusque-là déserte, les témoins rapportent qu' « il » s'éteignit, « exactement comme un thermostat dans un appareil ménager, ne laissant plus alors qu'une ombre », puis il fusa vers le ciel suivi par une traînée de lumière bleue. Le père continua :

Lorsque nous sommes rentrés à la maison, John m'a dit : « Papa, il y a quelque chose que tu ne sais pas — quand tu étais penché sur ton appareil photographique dans le coffre arrière, cette chose est venue juste au-dessus de toi et est descendue à moins de cinq mètres de ta tête... mais je n'ai entendu aucun son. »

Si John n'avait pas été avec moi, je serais allé consulter un psychiatre.

Sous-marins, chaudières, oiseaux préhistoriques, ballons de rugby, champignons, soupières, sandwiches, et combien d'autres analogies encore — tout ceci pour forcer une description que les observateurs ne parviennent pas à préciser au moyen du langage quotidien. Voilà le matériel dont l'enquêteur est bien forcé de s'accommoder.

Mais poursuivons, cette fois avec un autre « Non-Identifié » du Livre Bleu, dont furent témoins un directeur d'école et ses compagnons (qui se trouvaient dans une autre voiture) (Appendice 1, RR1-7).

Je rentrais chez moi après une réunion de l'Association Parents-Enseignants; il faisait nuit, et je roulais dans la campagne, sur une petite route, en pensant au tableau noir dont l'Association avait promis de doter l'école. J'ai soudain remarqué une lueur au-dessus de la colline — et j'ai pensé, tiens, c'est un de ces vieux coucous (un C-47) qui a dévié de sa route et qui va atterrir dans ce champ de maïs. C'est la première chose qui m'est venue à l'esprit. Et puis cet objet incroyable — ayant un peu la forme d'un casque de la Première Guerre — est passé au-dessus de la colline... Alors j'ai ralenti... Je n'arrivais pas à comprendre comment un avion pouvait suivre une trajectoire de plané lorsque cet énorme objet, dont j'estime qu'il dépassait 90 mètres, s'est détaché de la colline et est demeuré au-dessus de moi pendant une fraction de seconde comme un appareil qui change de cap;

puis il s'est dirigé vers l'aérodrome... C'était une lumière terriblement forte. Le toit de la voiture ne semblait même plus faire écran. C'est incroyable, une lumière aussi intense. Quand je regardais mes mains, c'était comme une photo aux rayons X.

Le directeur de l'école rejoignit ses compagnons, qui l'avaient suivi à peu de distance dans l'autre voiture, et ils regardèrent ensemble l'objet qui demeura pendant une dizaine de minutes en vol stationnaire au-dessus d'une ligne à haute tension.

Je me suis alors dit qu'à l'aérodrome ils devaient être au courant, et j'y suis allé. Oh, je n'ai rien eu à dire aux gens qui étaient sur le terrain. Ils l'avaient vu. Deux avocats de Kansas City étaient encore figés sur place, la bouche béante d'étonnement. Il avait pratiquement survolé l'aérodrome, mais personne n'en avait encore informé la tour de contrôle. C'est un petit aérodrome, et ils n'ont pas de tour de surveillance vitrée. Dans la tour ils s'activaient parce que le vol de l'Ozark allait arriver... A propos, si je me souviens bien de ce qu'émettait la radio... le pilote de l'Ozark a dit, en amorçant son atterrissage : « Je le vois — il est en-dessous de moi — il est énorme »... Lorsque l'Air Force est venue... son attitude [celle du lieutenant chargé de l'enquête] n'était pas « l'avez-vous vu? », mais « qu'est-ce que vous en avez vu? ».

Aujourd'hui encore cette observation n'a pas été élucidée. Je ne sache pas que le Livre Bleu — on le reconnaît bien là — ait pris l'initiative d'une investigation d'ensemble. Deux des observateurs, qui sont enseignants, ont préféré garder le silence, et seul le directeur de l'école se prêta à une interview enregistrée.

Dans une autre notification d'observation, effectuée au Canada (Appendice 1, RR1-8), le président d'une petite compagnie aérienne canadienne et son veilleur de nuit rapportèrent :

> Sa forme ressemblait à deux soucoupes posées l'une sur l'autre, bord à bord... Tout l'objet était d'une belle couleur blanc argenté et l'on aurait dit qu'il rayonnait, comme un phare dans une nuit de brouillard.

Le patron était allé à l'appontement pour vérifier l'amarrage de ses hydravions et c'est le veilleur de nuit qui attira son attention sur :

> ... un objet zébrant le ciel qui, venant de l'ouest, se dirigeait vers nous. Il était en forme de soucoupe. Il vira et plongea pour contourner un nuage bas. Il ne s'aventura pas dans les basses formations nuageuses qui dérivaient dans le ciel mais demeura dans les zones dégagées. Arrivé à environ 180 m de nous, il s'inclina puis reprit sa position initiale, parallèlement au sol... Il s'immobilisa à une douzaine de mètres au-dessus de la surface du lac, et à environ 75 m de nous. Mais, la nuit, il est difficile d'évaluer la distance qui vous sépare d'un objet lumineux. Nous n'avons détecté ni bruit ni odeur... La chose me paraissait large tout au plus de 1,20 m à 1,50 m avec une épaisseur de 20 à 25 cm.

Cet objet semble avoir été d'une taille nettement inférieure à celles dont il est généralement fait état, toutefois cette évaluation peut avoir été faussée par la distance. Pour aussi étonnant qu'il soit, ce cas n'est cependant pas unique, et des dimensions non moins réduites ont déjà été signalées. Ce dont, en tout cas, on ne peut douter, c'est que les deux hommes ont vu, chacun de leur côté, un objet « étrange », et que cet événement constitua pour eux une expérience bien réelle. J'ai correspondu assez longuement avec le principal témoin, tandis que Brian Cannon, un excellent enquêteur du Winnipeg, mettait à ma disposition ses interviews des deux hommes. Par une nuit couverte, dans une région forestière de l'Ontario semée de lacs, quelle « vision mal interprétée » peut avoir suscité la description que nous venons de citer?

Le Canadien poursuivit la relation de son expérience :

> Il semblait lancer des étincelles comme si toutes ses surfaces irradiaient un flux électrique ou de l'air surchauffé... Après un premier arrêt, la machine parut glisser latéralement sur une quinzaine de mètres, puis s'immobilisa de nouveau. Son allure ne dépassait pas 6 à 7 km à l'heure. Au bout d'une ou deux minutes, elle accéléra si violemment qu'elle disparut en 3 secondes, comme une étoile qui s'amenuiserait. Elle repartit dans la direction d'où elle était venue, de l'ouest. Elle montait selon un angle d'environ 40°. J'ai signalé cette observation au gouvernement canadien... Elle était de couleur blanc argenté. Je ne puis mieux décrire cette teinte, je n'en ai jamais vu de semblable... Elle était lumineuse mais sans éclat, plutôt comme une lueur fluorescente... Elle ne cessait d'étinceler, comme les feux d'un diamant. C'était une belle chose lumineuse.

Le lecteur doit maintenant commencer à se faire une idée de ce que rapportent les témoins de Rencontres Rapprochées. Mais quelle peut être l'origine de ces choses étonnantes?

La sincérité évidente des observateurs d'O.V.N.I.

(pris au sens strict où nous entendons ici cette désignation) attestant de la réalité spatiale et temporelle de ces événements, contraste avec le nombre relativement minime de personnes qui signalent un O.V.N.I. *donné*. Pourquoi sont-elles si peu nombreuses à notifier une observation spécifique, et même, si l'on tient compte de leur répugnance bien compréhensible à se faire connaître, pourquoi semble-t-il toujours y avoir si peu de personnes présentes lorsque apparaît un « véritable » O.V.N.I.? Ce phénomène pourrait être lié au fait que les apparitions se produisent généralement, à de rares exceptions près, dans des lieux peu peuplés. Au demeurant, il est impossible d'estimer le nombre de gens qui, ayant observé un O.V.N.I., ne l'ont pas signalé, pas plus que celui des stations d'observation aérienne, tels les réseaux de repérage des satellites, qui ont observé la même « discrétion » (3).

Sans doute nous trouvons-nous confrontés à beaucoup d'inconnues. Il nous faut accepter la rareté des observateurs d'O.V.N.I. comme une donnée d'un phénomène, tout comme nous acceptons les résultats de l'expérience de Michelson-Morley sur la vitesse de la lumière ou l'existence du quantum d'action. Il convient de rechercher l'explication de cette rareté au même titre que l'explication du phénomène lui-même, et non d'arguer de celle-ci que ce dernier n'existe pas.

★

Il est un cas qui non seulement met en lumière la nature de la Rencontre Rapprochée mais également « exemplifie » le caractère grotesque de certaines enquêtes du Livre Bleu. On trouverait difficilement un exemple plus achevé de mépris des preuves lorsque celles-ci vont à l'encontre d'une opinion préconçue. Si un tribunal agissait de la sorte, son jugement serait considéré comme une odieuse parodie de justice. De tels procédés : rejet ou déformation des faits rapportés, absence d'audition des témoins, irréductible étroitesse d'esprit, ne peuvent s'expliquer que par la plus crasse incompétence, à moins que l'on ait voulu, à des fins ultérieures, accréditer de propos délibéré cette incapacité.

L'histoire, qui se déroula comme une véritable comédie — incompréhension mutuelle, mépris flagrant des témoignages, menées en sous-main, suspense (y compris une poursuite en voiture à 170 km/h) — devait malheureusement déboucher sur la tragédie. Elle mérite d'être relatée en détail et devrait un jour être publiée *in extenso*. Sans y avoir été mêlé dès l'origine, n'ayant été appelé en consultation que dans son ultime phase, je n'en suivis pas moins son développement avec le plus grand intérêt. Le mérite de ce rapport revient à William Weitzel, maître enseignant de philosophie à la Bradford Branch University de Pittsburgh, qui, par un travail minutieux, à force de tact et de persévérance, est parvenu à réunir une foule de détails sur cette Rencontre Rapprochée. M. Weitzel m'a autorisé à reproduire ici des fragments de sa volumineuse étude sur cet incident, dont la correspondance qu'il a échangée avec les observateurs ainsi qu'avec des organismes gouvernementaux concernés n'est pas le moindre intérêt.

La Commission Condon n'examina pas ce cas, et il se peut même qu'elle n'en ait pas eu connaissance bien que le rapport ait précédé de six mois ses premiers travaux. Eût-elle mené l'enquête qu'un nouvel « Inconnu » se serait ajouté au nombre respectable des incidents qu'elle n'élucida pas — de cela, je demeure persuadé. Mais je pense aussi que si le groupe de l'Université du Colorado l'avait étudié objectivement, des données très intéressantes auraient été mises à jour.

Si ce n'était le fait douloureux que le témoin initial dut faire face aux plus féroces railleries, fut virtuellement mis au ban de la société, vit se briser son foyer et subit les pires vexations, on pourrait regarder toute l'histoire comme une véritable comédie. Les caprices de l'information et la carence de l'Air Force à interroger les trois autres témoins — dont deux s'étaient trouvés en un tout autre lieu que le principal observateur et son compagnon — firent que ceux-ci échappèrent à l'accusation implicite d'incompétence caractérisée, de « visions » et même de folie, alors que chacun d'eux avait décrit l'O.V.N.I. à peu près dans les mêmes termes que le témoin « sur la sellette ».

Les choses ne pouvaient pas commencer de façon plus banale. Le soir du 16 avril 1966 le shérif-adjoint Dale F. Spaur, attaché au bureau du shérif du Portage County, Ohio, ayant dîné d'un steak et d'œufs, dormi deux heures et bu deux tasses de café, prit son poste à minuit (Appendice 1, RR1-9). Il fut immédiatement envoyé sur les lieux d'un appel à propos d'un rôdeur (il ne trouva rien). Il lui fut demandé par radio de prendre au passage Barney Neff, un mécanicien qui, à l'occasion, l'accompagnait en tant qu' « adjoint monté ». Les deux hommes furent alors dirigés vers un accident de la route : une voiture avait cisaillé un poteau téléphonique près d'Atwater Center, Ohio. Ils firent conduire le blessé à l'hôpital et remorquer sa voiture. Puis un monteur de l'Edison Ohio vint remettre le poteau en état.

Les deux hommes roulèrent ensuite jusqu'à la ville voisine de Deerfield pour y boire du café et en rapporter pour le réparateur. À Deerfield ils s'occupèrent d'un automobiliste dont la voiture était en panne et le firent remorquer. Puis ils revinrent sur les lieux de l'accident. Il était environ 4 h 45 du matin.

Pendant qu'ils discutaient avec le monteur de l'Ohio Edison, la radio de bord les informa qu'une habitante du Summit County, lequel se trouve à l'ouest du Portage County, venait de signaler qu'un objet brillamment éclairé et « aussi gros qu'une maison » survolait le voisinage. L'objet, disait-elle, était trop bas pour qu'il s'agisse d'un avion et trop haut pour que ce soit l'éclairage municipal. Aussitôt les plaisanteries fusèrent avec la radio de la police et avec le réparateur. Ni Spaur ni Neff ne prirent la chose au sérieux.

Ils s'engagèrent ensuite sur la Nationale 224 en direction ouest, pour aller à l'hôpital afin de remplir le rapport sur l'accident. En chemin, ils croisèrent une voiture garée en sens inverse sur l'accotement. Faisant demi-tour, ils revinrent vers le véhicule abandonné. Spaur a raconté ce qui arriva alors :

> Il (Neff) sort par le côté droit, je sors par le côté gauche; il s'avance jusqu'à la hauteur de notre aile gauche de l'autre véhicule. Je me tourne pour inspecter les alentours, pour m'assurer qu'il n'y avait pas quelqu'un dans les bois qui serait allé se soulager ou quelque chose comme ça. Et d'ailleurs j'ai l'habitude de toujours regarder derrière moi afin de ne pas être pris par surprise. Et quand mes yeux se sont posés sur la zone boisée derrière nous, j'ai vu cette chose. A ce moment-là, elle montait. Et à cet endroit, il y a là une légère éminence; elle a grimpé jusqu'au niveau de la cime des arbres, soit à une trentaine de mètres de hauteur. Elle a commencé à se déplacer dans notre direction — elle est passée au-dessus des arbres qui se dressent sur l'éminence en question, au bord de la route...

Et pendant tout ce temps, je ne l'ai pas quittée de l'œil. Elle était si bas qu'on ne pouvait la voir que si elle arrivait sur nous. J'ai regardé dans la direction de Barney [Neff], et il était encore en train de surveiller la voiture arrêtée devant la nôtre; la chose devenait de plus en plus lumineuse et tout le coin commençait à s'éclairer; cette fois je me suis tourné vers Barney et je lui ai dit de regarder par-dessus son épaule. C'est ce qu'il a fait. Il n'a rien dit, il est simplement resté pendant une minute la bouche ouverte, et il a dû baisser les yeux parce que l'éclat était trop fort. J'en ai fait autant, je regardais mes mains. Quand elle s'est immobilisée juste au-dessus de nous rien n'a pris feu, ni mes vêtements ni autre chose. La seule chose, le seul bruit que nous ayons entendu était un ronflement. Mais il n'était ni fort ni perçant. Et puis de temps en temps il se modifiait légèrement — c'était un bruit ressemblant à celui d'un transformateur en charge, et, quand il se modifiait, à un transformateur survolté.

Pendant deux minutes j'ai eu si peur que je suis resté pétrifié; et puis j'ai bougé mon pied droit, et tout semblait en ordre. Barney avait dû se décider comme moi à mettre quelque chose entre la machine et lui, car nous nous sommes précipités ensemble vers la voiture, nous y sommes montés et nous n'en avons plus bougé. Je ne m'aventurerai pas à dire si ça a duré 10 secondes, 30 secondes ou 3 minutes — elle restait suspendue là, à planer; nous, nous ne faisions aucun mouvement, rien du tout; elle est passée sur notre côté droit, elle s'est arrêtée une seconde, et il ne m'arrivait toujours rien, et Barney avait l'air d'aller bien. J'ai pressé le bouton d'appel radio, le voyant s'est allumé et j'ai pris le micro. Je voulais d'abord leur dire que cette chose était là. Et puis je me suis dit qu'ils allaient penser que — alors je me suis contenté de dire à Bob qui était en ligne : « Cet objet lumineux, celui dont tout le monde dit qu'il circule par ici, eh bien, il est là. » Et il me répond : « Descendez-le! » Il faut dire que cette chose, ce n'était pas un jouet; bon Dieu, c'était grand comme une maison! Et si lumineuse qu'on en avait les yeux qui pleuraient.

On leur enjoignit de prendre l'apparition en chasse, et ainsi démarra la plus folle poursuite connue d'un O.V.N.I. Pendant plus de 110 km ils talonnèrent l'objet, dépassant parfois les 170 km/h.

Au même moment, l'agent Wayne Huston patrouillait à bord d'une voiture de police, près de East Palestine, Ohio, soit à environ 65 km à l'est du point de départ de la chasse; il écoutait la conversation radio entre Spaur et son bureau, à Ravenna.

Il remit plus tard un témoignage signé à Weitzel, dans lequel il reconnaissait :

> J'ai parlé avec Spaur par radio. Je l'ai rejoint à la lisière nord de la ville, sur la Nationale 14. Il était encore à environ 8 km de moi lorsque j'ai vu la chose. Quand elle est passée, elle suivait la Nationale 14 en volant à environ 250 m du sol. Je ne l'ai pas vue descendre plus bas.
>
> J'étais debout à côté de ma voiture, et je l'ai regardée passer droit au-dessus de moi. Elle avait un peu la forme d'un cornet de glace quand la glace a partiellement fondu. La pointe du cornet était dirigée vers le bas; le sommet ressemblait à un dôme. Spaur et Neff débouchèrent immédiatement derrière elle. Je les suivis. Nous faisions du 130-135 km/h, avec des pointes de 170. Une fois au moins nous avons été pare-chocs contre pare-chocs, et nous en avons profité pour nous

assurer que nous voyions bien la même chose. Elle nous précédait de 800 à 1 000 m.

Je connais assez bien Rochester [ils étaient maintenant entrés en Pennsylvanie, à environ 25 km à l'est de sa limite avec l'Ohio] et je l'ai [Spaur] guidé par radio. Nous n'avons pas cessé d'essayer d'entrer en contact avec une voiture [de police] de Pennsylvanie. J'ai demandé à ma base d'appeler le commissariat de Chippewa State pour savoir s'ils avaient une ronde de surveillance sur la Nationale 51; ils n'en avaient pas. Ce n'est qu'à Conway [à quelques kilomètres à l'est de Rochester] que nous avons vu la première patrouille pennsylvanienne. Dale avait besoin d'essence et nous nous sommes arrêtés là où Frank Panzanella était garé.

Le quatrième observateur fait alors son entrée : c'est Frank Panzanella, membre des forces de police de Conway. Sa déposition signée relate ce qui suit :

A 5 h 20 du matin, je me suis arrêté au Conway Hotel pour boire un café. Ensuite, comme je descendais la Seconde Avenue, j'ai vu un objet lumineux sur ma droite. J'ai pensé que c'était le reflet d'un avion. Je suis alors sorti de voiture et j'ai de nouveau contemplé l'objet. J'ai vu s'arrêter deux autres voitures de police; les agents qui en sont sortis m'ont demandé si je le voyais. Ils désignaient l'objet du doigt, et j'ai répondu que je le regardais depuis dix minutes. Très lumineux, d'un diamètre de 8 à 11 m, il avait la forme d'un ballon de rugby coupé en deux. Se déplaçant à environ 300 m d'altitude, il est parti vers l'Harmony Township; là il a stoppé puis est monté à toute allure jusque vers 1 100 m [et, selon un autre témoignage, s'est immobilisé]. J'ai alors appelé ma base et j'ai dit à l'opérateur radio de notifier l'aérodrome de Pittsburgh. Il m'a demandé si je n'étais pas un peu malade et je lui ai répondu que si j'étais malade alors mes trois autres collègues l'étaient aussi. L'objet, qui grimpait toujours, n'était plus qu'un tout petit point lumineux. En prenant la lune comme point de repère, il se situait à sa gauche et paraissait en être relativement éloigné [Vénus était à droite de la lune]. D'où j'étais, je n'apercevais pas la lune. L'objet a été vu à l'est, s'encadrant entre deux antennes, au-dessus d'une arrière-cour de l'autre côté de la rue. Tous les quatre nous avons vu l'objet grimper en flèche et disparaître.

Ces témoins s'accordent sur le fait que l'engin, en vol stationnaire au moment où un avion qui venait de décoller de l'aérodrome est passé au-dessous de lui, a aussitôt pris son essor.

Le Major Quintanilla, alors chef du programme Livre Bleu, a tenté d'accréditer une interprétation selon laquelle les quatre policiers, qui avaient effectué leurs observations indépendamment les uns des autres, dans le temps comme dans l'espace, avaient d'abord vu un satellite — bien qu'en cette période aucun satellite n'ait pu être visible depuis l'Ohio ([4]) — et qu'ils avaient ensuite reporté leur attention sur Vénus (alors que les observateurs remarquèrent celle-ci en même temps qu'ils continuaient à surveiller l'objet). La première « investigation » se ramena à une simple formalité; on se contenta d'interroger un seul témoin, Spaur, par téléphone, et la conversation, qui dura deux minutes et demie, débuta, selon Spaur, par ces mots : « Parlez-moi donc de votre mirage. » Le second interrogatoire, toujours par téléphone, ne dépassa pas une minute et demie. Selon Spaur, qui remit une déclaration signée à ce sujet, Quintanilla visait apparemment à lui faire dire qu'il avait vu l'objet pendant quelques minutes seulement; le major mit rapidement un terme à la conversation lorsqu'il s'entendit préciser que l'observation avait été quasi continue durant la poursuite qui, d'Ohio en Pennsylvanie, les amena à couvrir une centaine de kilomètres.

La méthode de Quintanilla était la simplicité même, puisqu'elle consistait à méconnaître toute preuve allant à l'encontre de sa propre hypothèse. Moins de cinq minutes de conversation téléphonique suffirent au Livre Bleu pour « solutionner » l'affaire; et n'eussent été les pressions du Congrès, jamais le major ne se serait rendu à Ravenna, Ohio, pour y entendre Spaur et Barney Neff, dans le bureau du shérif de Portage County.

A la demande de Spaur, Weitzel enregistra l'entretien, et celui-ci projette de curieuses lueurs sur le programme Livre Bleu. L'entretien, cette fois, fut long et relativement exhaustif. S'ajoutèrent, à l'audition de Spaur et de Neff, une déposition du shérif adjoint Robert Wilson, de l'opérateur radio qui avait gardé le contact avec Spaur et Neff, et du shérif Ross Dustman, à qui il était surtout demandé de se porter garant de ses auxiliaires. Deux témoins capitaux cependant furent exclus : l'agent Huston, d'East Palestine, Ohio, qui s'était joint à la poursuite de Spaur et de Neff après que leur voiture eut atteint cette localité, et Frank Panzanella, qui patrouillait dans les rues de Conway, Pennsylvanie, et participa à l'observation des trois autres qui prit fin dans sa ville.

Je ne puis donner ici que des extraits de ce très long entretien enregistré, et ceux-ci s'écartent nécessairement du contexte ([5]), mais leur intérêt, j'en suis sûr, n'échappera pas au lecteur.

SPAUR. — En second lieu, j'ai l'impression que Vénus se lève à l'est puisqu'elle est l'étoile du matin. Et là encore j'ai probablement tort.
QUINTANILLA. — Ça dépend, ça dépend.
S. — Comment ça?
Q. — Quelquefois elle se lève juste au-dessus de nous.
S. — Ah! Bon, en tout cas...
Q. — Vénus, Vénus — Vénus aujourd'hui [bruits de papier] se lève à 2 h 49 du matin. Et elle a un azimut de 150° avec une hauteur de 25°. Elle ne se lève pas toujours en bas de l'horizon, elle peut se lever en haut. Mais elle est bien sur l'écliptique.
S. — Bon, donc elle est sur l'écliptique. Admettons. Maintenant ça, cette chose, elle est grande comme ça, grosse comme ça, et aussi bas que ça, et des gens dans la région de Mogadore l'ont vue; ils la signalent, et je la prends en chasse, et Barney est avec moi. On roule; et vous, vous allez laisser tomber, parce qu'on est deux dingues; on court après Vénus. Mais Vénus....
Q. — Eh là, une minute...
S. — Attendez, laissez-moi parler...
Q. — Ne dites pas...
S. — Bon, d'accord. Mais...
Q. — Je suis officier de l'armée de l'air des Etats-Unis...
S. — D'accord, vous l'êtes...
Q. — Et je ne traite personne de dingue.
S. — Bon, d'accord. Alors, j'ai des hallucinations! Mais ce que j'étais en train de dire...
Q. — Je n'ai pas dit que vous aviez des hallucinations.
S. — Ce que j'essaie de dire, c'est que je suis sur

la route; et cette chose que je poursuis...

Q. — Et montrez-moi le même respect que je vous montre.

S. — *J'y veillerai,* monsieur; j'y veille. Je vous traite plus respectueusement que je ne l'ai été ces vingt...

Q. — Je ne vous traite pas de dingue. Je ne dis pas que vous avez eu des hallucinations.

S. — D'accord... Ces vingt derniers jours! Enfin cette chose passe au-dessus d'une autre voiture de police. Lui, il la regarde passer; bon, il l'a repérée. Donc il y a *deux* voitures qui s'attachent à Vénus. Nous roulons sur la nationale. Et nous arrivons à Conway, Pennsylvanie, et puis cette chose passe au-dessus de la *troisième* voiture qui est arrêtée là. Nous ne sommes même pas sur la même fréquence [allusion au fait que lui et l'agent en patrouille n'ont pu communiquer avant l'événement]. Je n'ai jamais rencontré, vu, parlé, ni avant ni après, avec cet *autre* policier. Il regarde cette même chose, qui est en train de passer au-dessus de *lui* et se dirige vers Pittsburgh, tandis que nous, on arrive en criant. Et maintenant : nous sommes quatre à l'observer, quatre hommes, qui se tiennent là, quatre policiers. Vous direz ce que vous voulez, nous étions bien là, nous l'avons bien observée, nous avons bien vu l'avion qui passait dessous [allusion à un avion qui venait de décoller de l'aérodrome de Pittsburgh], et nous l'avons vu grimper en chandelle. Et cette chose, monsieur...

Q. — Disparu.

S. — Aussi vrai que Dieu existe, je dis la vérité. Oui, monsieur, la seule chose que l'on pouvait encore voir, après que nous sommes allés au commissariat pour appeler le type [l'opérateur radio avait relayé le message d'appeler « un colonel machin truc »], c'était la tache lumineuse. Le soleil était presque levé et la lune disparaissait. C'était un quartier de lune [en fait, quatre jours exactement avant la pleine lune], et juste au large de cette lune, au sud si on était tourné vers l'ouest [vers l'est?] il y avait une tache lumineuse. Je dirai qu'elle était grosse comme un petit pois, très brillante. [C'était évidemment Vénus, et pourtant Quintanilla ne démordit pas de son hypothèse d'une confusion avec Vénus.]

WILSON [C'était l'opérateur radio qui avait suivi les conversations mais n'avait pas vu l'O.V.N.I.] — C'était le vaisseau mère.

S. — Quoi? Le vaisseau pair?

W. — C'était le vaisseau mère!

S. — Ah, le vaisseau mère. Vous allez bientôt arriver à *m'y* faire croire. Dites donc, vous n'auriez pas un tranquillisant et un peu de café... [rire]. Cette chose était, aurait été au nord de la lune — nous l'avons regardée, elle a grimpé, elle s'est immobilisée, le long-courrier est passé dessous, et puis elle est montée en flèche. Aussi droit que... enfin, tout droit. Et puis... l'imagination... je sais bien qu'il y a des gens qui se braquent sur un truc ou sur un autre; mais je ne crois pas — je ne vois pas *comment* moi-même et un autre agent et encore un autre type et tout le reste, ça aurait pu passer. Courir après Vénus. Eh bien, non, là, je ne marche pas. Je sais qu'il y a — je sais que ça pourrait être un moyen pour laisser tomber, mais je sais que c'était là. Je l'ai vu, de mes yeux vu.

Q. — Dale, il ne s'agit pas de laisser tomber; nous essayons d'avancer dans [un mot brouillé]. Nous essayons de parvenir à déterminer ce que c'était.

S. — Monsieur, si je pouvais vous dire ce que c'était, croyez-moi Major, je serais le premier — et comme je l'ai déjà fait remarquer, si je vous racontais que j'ai vu une Ford sur l'autoroute, vous sauriez de quoi je parle. Et si vous disiez : « Tiens, il y a une Chevrolet qui passe », vous seriez sûr de l'avoir identifiée correctement, et moi je saurais de quoi vous parlez. C'est pareil avec les avions. Vous dites : « Tiens, voilà un B-29 », et je réponds : « Eh bien, oui, c'est un vieux cheval de retour », ou quelque chose comme ça, et on sait de quoi on parle. Cette chose, je n'ai jamais rien vu de semblable ni avant, ni après, ni même en imagination ou dans mes rêves les plus fous! Je sais qu'il y a des illusions d'optique ou que si l'on regarde à travers un morceau de verre ou un truc comme ça on voit bouger les choses...

Q. — Oui, ce sont des distorsions.

S. — Tout à fait d'accord. Mais rien qui ait cette taille. Je ne crois pas que j'aurais jamais pu imaginer une chose comme ça, ni même la voir en rêve. Seulement, elle était bel et bien là. Je l'ai vue, de mes yeux vue. Je l'ai vue quand j'étais sorti de la voiture, je l'ai vue quand j'étais dans la voiture, et je l'ai vue une fois que j'en étais de nouveau sorti, à Conway. Et je ne peux vraiment admettre que j'aurais risqué la vie d'un homme [Neff] et celle de beaucoup d'autres personnes rien que pour poursuivre Vénus. Je ne sais pas comment on peut expliquer cette chose. Je n'en ai pas la moindre idée. Mais, monsieur, elle était aussi réelle que [un mot indistinct]...

Q. — Vous savez, Dale, je vais vous dire quelque chose, et vous le prendrez comme vous voudrez : vous n'êtes pas le premier à qui ça arrive.

W. [opérateur radio].—D'après l'Air Force, qu'est-ce que ce serait, Major?

Q. — Fausse interprétation d'objets connus et de phénomènes naturels. L'année dernière nous avons eu 245 cas astronomiques.

W. — Et ce que Dale a vu, ça entre dans quelle catégorie?

Q. — Dans la catégorie des satellites et observations astronomiques.

Ce cas est donc inclus, dans les statistiques du Livre Bleu, parmi les observations de Vénus, bien qu'il ait été signalé par les témoins qu'ils avaient vu à la fois Vénus *et* l'objet.

Quatre paires d'yeux constatant un phénomène l'ont signalé à quatre cerveaux, quatre cerveaux accoutumés à évaluer ce qu'observaient les yeux. Deux témoins étaient dans la même voiture; chacun des deux autres se trouvait dans une ville différente. On ne chercha pas à recueillir la déposition de ces derniers.

Quintanilla se flattait manifestement d'avoir satisfait aux exigences de la méthode scientifique. A vrai dire, il se serait même contenté d'un témoignage de quatre minutes obtenu par téléphone si le membre du Congrès Stanton, qui avait pris un intérêt personnel à l'affaire, ne lui avait pas forcé la main.

Si j'ai consacré tant de place à cet incident c'est parce qu'il est bien représentatif de ce que j'ai connu, durant les années où je fus conseiller auprès du programme Livre Bleu. Les cas dont j'estimais qu'ils procédaient manifestement d'une méprise ou qu'ils émanaient d'une source douteuse étaient justement ceux que le Livre Bleu prenait la peine d'étudier; ceux qui, tel celui que je viens de relater, laissaient au contraire place au doute et risquaient de contenir quelque chose de « véritablement nouveau et empirique », étaient traités on ne peut plus sommairement quand même ils n'étaient pas ignorés.

Si, dans l'affaire qui nous intéresse, les observateurs n'avaient pas été membres des forces de police, je suis certain qu'ils auraient été jugés comme des « témoins sujets à caution » — catégorie évidemment sans appel. Il aurait cependant été assez maladroit de dire d'un policier qu'il pouvait être un témoin sujet à caution, aussi, en dépit de l'avis contraire du spécialiste de l'astronomie, prévalut la catégorie virtuellement indéfendable d' « observation astronomique ».

Le lecteur attentif aura sûrement remarqué que, dans cette affaire, deux questions s'entremêlent : l'une touche à la réalité des phénomènes O.V.N.I. signalés; l'autre est du domaine de la méthodologie et de l'honnêteté scientifiques. Peu importe si la première question trouve un jour sa solution, la preuve n'en demeurera pas moins qu'une fois de plus, dans la longue histoire de l'aveuglement scientifique, les réactions personnelles et un certain « provincialisme temporel » ont faussé la recherche sur les O.V.N.I.

Le cas du Portage County me mit dans une position particulièrement délicate, étant donné qu'il avait été précisé à plusieurs reprises que le Livre Bleu ne préconisait jamais d'explication astronomique sans avoir pris l'avis de son conseiller en cette matière. Au demeurant, les violations patentes de cette règle ne se comptaient plus, et, dans l'affaire en question, je ne fus même pas consulté au sujet de l'identification « satellite et Vénus ».

Trois mois plus tard je reçus la fiche qu'avait établie le Livre Bleu; ma propre estimation fut un énergique « Non-Identifié » — puisqu'il ressortait à l'évidence, des entretiens enregistrés et des dépositions, que les observateurs avaient vu *à la fois* Vénus et O.V.N.I. Les agents de police ne connaissaient pas la dénomination correcte de Vénus, mais ils confirmèrent qu'il y avait une « tache lumineuse près de la lune ». Ce matin-là, Vénus n'était qu'à quelques degrés à droite et au-dessus de la lune. Les observateurs ont indiqué que la silhouette de l'O.V.N.I. devenait plus distincte au fur et à mesure que le jour commençait à poindre; or, à l'aurore, Vénus commence au contraire à devenir indistincte. L'observation s'était terminée peu avant 5 h 42, heure à laquelle le soleil se levait ce jour-là. Quelle importance? On ne sollicita pas mon avis.

Si je me suis autant étendu à propos de ce cas, c'est parce que, bien qu'il en existe une foule d'autres semblables, il est excellemment représentatif, dans la catégorie des Rencontres Rapprochées du Premier Type, tant de l'attitude bornée de l' « establishment » que de la « réalité » de l'expérience pour l'observateur.

Cette affaire eut de pénibles suites, en grande partie parce que la presse et le Livre Bleu, négligeant quasiment les autres témoins, ne se préoccupèrent pratiquement que de Dale Spaur. L'opinion publique en conclut qu'il s'agissait d'un policier frappé de déséquilibre mental et victime d'une hallucination. L'entretien Quintanilla-Spaur le laisse d'ailleurs clairement entendre. Spaur devint alors un objet de risée et la publicité qui lui fut faite se révéla désastreuse. La combinaison de tous ces événements détruisit son foyer — sa femme le quitta —, démolit sa carrière et sa santé. Il n'appartient plus aux forces de police et subsiste de petits travaux.

Un dénouement aussi tragique est trop exceptionnel pour être pris en compte dans le prototype des Rencontres Rapprochées du Premier Type. Mais les cas que j'ai sélectionnés pour ce chapitre, et particulièrement celui du Portage County, dépeignent bien la nature d'un O.V.N.I. observé à courte distance.

Une vive luminescence, une taille relativement petite (plutôt au-dessous qu'au-dessus de 20 mètres), une forme généralement ovale — quelquefois coiffée d'un dôme —, pas de roues, d'ailes ou de protubérances quelconques, le vol stationnaire et les accélérations brusques à très haute vitesse — voilà tout ce qui caractérise un O.V.N.I. vu de près. Très typique également se révèle le lieu de son apparition. Quant aux trajectoires, elles sont pour la plupart verticales lorsque les vitesses sont très élevées — les essors à 45° ou plus semblent la règle. Sauf sur de courtes distances, l'O.V.N.I. ne se livre guère à des « reconnaissances » de la région.

Dans cette catégorie de Rencontres Rapprochées, les O.V.N.I. ne laissent pas de traces, si ce n'est dans l'esprit des témoins. Nous allons maintenant nous préoccuper des Rencontres Rapprochées qui, au contraire, déposent des marques — sur la matière vivante ou inerte. Elles présentent un intérêt particulier pour l'étude scientifique, puisque les traces, étant matérielles, peuvent être mesurées, scrutées et analysées.

9

LES RENCONTRES RAPPROCHÉES DU SECOND TYPE

> J'ai pensé aussitôt que c'était une toute nouvelle invention et j'ai souhaité de tout mon cœur que nous en soyons les inventeurs.
>
> Extrait d'un récit transmis directement à l'auteur par un capitaine stationné à Okinawa. L'observation avait eu lieu en août 1945.

Lorsqu'un O.V.N.I., généralement un « engin » brillamment éclairé, laisse une trace visible de son passage ou de sa rencontre avec les observateurs, ceci constitue une Rencontre Rapprochée du Second Type. Cette catégorie diffère assez peu de la précédente si ce n'est que le souvenir en demeure sous une forme matérielle quelconque. La question demeure ouverte de savoir pourquoi, dans un cas, la rencontre n'a aucune incidence physique sur la matière vivante ou inerte, et pourquoi, dans l'autre, elle en a une.

On constate une diversité d'effets : marques sur le sol, qui peuvent perdurer pendant des jours et même des mois et résultent manifestement d'un contact de l'engin avec le sol, roussissements ou calcinations sur les plantes et les arbres, comportement de malaise chez les animaux, et, pour l'observateur lui-même, paralysie temporaire, engourdissement, sensation de chaleur et autres incommodités. Il est parfois signalé une « interférence » avec le champ local de gravitation, comme en témoignent les dépositions des témoins faisant état de sensations d'apesanteur ou d'autres effets d'inertie, comme si la célèbre Loi de l'inertie avait été temporairement supprimée.

Un autre effet notable est constaté sur les circuits électriques des automobiles : l'approche de l'O.V.N.I. coupe momentanément l'allumage des moteurs, rend les radios muettes ou inopérantes en raison de l'électricité statique, éteint les phares ou les affaiblit, et, parfois, provoque une surchauffe des batteries qui se détériorent rapidement.

L'intérêt de ces interactions est évident, puisqu'elles peuvent donner lieu à des mesures et donc laisser espérer la réunion de données incontestables. Malheureusement, les notifications de ce genre étant généralement tenues pour des « contes de bonne femme », des inventions de cerveaux fêlés ou des mystifications, elles ont rarement donné lieu à des enquêtes sérieuses, et en conséquence les renseignements de base sur lesquels nous pourrions travailler nous font douloureusement défaut.

En dépit du caractère bizarre des rapports, de leur apparente invraisemblance, la question fondamentale demeure toujours non pas de savoir *s'il est possible* que ces choses se soient produites mais si elles se *sont* produites plus ou moins comme il est relaté.

Je n'aurais pas entrepris de définir ce sujet dans le présent ouvrage si les preuves que j'ai examinées durant toutes ces années n'avaient, de façon accablante, fourni une réponse affirmative à la dernière question. Les événements bizarres se sont réellement produits, aussi impensable que puisse paraître le chose à un physicien.

L'étude s'enrichit d'une nouvelle dimension avec l'introduction d'effets matériels tangibles, qui contredisent l'hypothèse de l'hystérie collective, des hallucinations, et même des activités psychiques ou occultes (à moins que nous ne soyons en présence d'un phénomène d' « esprits »). Mon opinion, en l'occurrence, peut n'être d'aucun poids auprès de mes pairs, mais c'est justement pour cela qu'il convient de sonder plus profondément ces événements, afin d'établir de façon satisfaisante pour tous, et plus particulièrement pour le physicien, qu'ils se sont réellement produits.

Pour l'instant le physicien moyen, considérant le phénomène comme impossible, le rejette en bloc. A l'intérieur de son propre schéma de référence son attitude est parfaitement fondée puisque, dans l'état actuel de notre connaissance des processus de la nature, « de telles choses ne peuvent se produire ». Pourtant, il fut pareillement un temps où « les pierres ne pouvait pas tomber du ciel » et où « les éclairs en boule étaient une pure absurdité ». Cette attitude évoque l'histoire de cet homme inculte qui, visitant pour la première fois un zoo, contemple la girafe et s'en va en murmurant : « Un animal comme ça, ça n'existe pas. » Ainsi, contrairement à ce qui se passe pour les girafes, il n'existerait pas de preuves tangibles des effets physiques des O.V.N.I. Mais les Rencontres Rapprochées du Second Type vont-elles nous en fournir?

Sans doute le lecteur est-il ici en droit de rétorquer : « Mais si ces effets physiques se produisent, où sont les rapports circonstanciés et assortis de preuves au sujet de la mise hors service des voitures », etc.? Eh bien, nous touchons justement là au cœur du problème. Lorsqu'une question est soumise à un tel ostracisme, obtenir ce genre d'informations présente d'incommensurables difficultés. Il est virtuellement impossible de réunir la documentation qu'il conviendrait de produire devant le tribunal de la science si l'on ne dispose pas d'argent et de temps et si les témoins, craignant le ridicule, refusent de coopérer. Il faut en effet voyager, téléphoner, agir au plus vite. Sans doute est-ce le temps qui manque le plus mais, pour n'être pas absolument nécessaire, la compréhension de ses collègues serait à tout le moins utile pour celui qui se dédie à une telle tâche.

A propos du crédit que l'on peut apporter aux observations du Second Type, il est intéressant de noter que si nous nous référons à *tous* les cas où des traces d'atterrissage ont été constatées, sans tenir compte du nombre des témoins, le catalogue établi par Ted Phillips recense des événements survenus dans 24 pays différents, les six principaux étant les Etats-Unis, le Canada, la France, l'Australie, l'Espagne et l'Argentine. Etant donné que cette distribution se trouve coïncider essentiellement (à l'exception de l'Angleterre) avec celle des pays où les investigations sur les O.V.N.I. sont menées le plus activement, on doit en déduire que le phénomène est réellement mondial.

Mon expérience en ce domaine m'a convaincu que là encore, comme dans toutes les autres catégories, le sentiment de la « réalité » du phénomène est indiscutable. L'observateur ne doute aucunement de cette « réalité » — qui parfois même le traumatise. Et il vient s'ajouter à cela des traces matérielles — des empreintes sur le sol, par exemple — qui peuvent être relevées, notamment par la photographie, et donc persister ailleurs que dans son souvenir.

Pour toutes ces raisons les Rencontres Rapprochées du Second Type revêtent une importance spéciale car on peut fonder les plus grands espoirs sur l'exploration de ce « filon ». L'enquête scientifique trouve véritablement matière à s'exercer dans cette catégorie.

Les Rencontres Rapprochées du Second Type utilisées dans ce chapitre ont été sélectionnées selon les critères qui sont maintenant familiers au lecteur. N'ont été retenus que des événements ayant eu plusieurs témoins en dépit de l'intérêt certain de plusieurs observations isolées (nombre moyen des observateurs : 4; médiane : 3). J'ai retenu environ deux fois plus de cas que dans les précédentes catégories en raison de la diversité des types d'effets physiques et afin que nous puissions examiner plusieurs exemples à l'intérieur de chaque type principal (coupures d'allumage des automobiles, marques sur le sol, etc.).

Alors qu'il se trouvait, précédemment, une forte proportion de pilotes, d'officiers et de personnes possédant une bonne formation technique, les observateurs, cette fois, ont des occupations bien différentes (1). Mères de famille, adolescents et hommes d'affaires prédominent dans les Rencontres Rapprochées du Second Type. Toutefois, avant d'aller plus loin, examinons d'abord les *combinaisons* d'observateurs. La table I récapitule la désignation de l'événement, la combinaison de ses observateurs et énonce brièvement ses circonstances.

TABLE I

Combinaisons des observateurs dans les cas sélectionnés de Rencontres Rapprochées du Second Type

RR2-1. Dix hommes, occupations diverses, et deux

adolescents (l'un en première année d'université). Tous ont eu, indépendamment les uns des autres, la même expérience dans un laps de temps de deux heures et sur une portion du territoire texan couvrant approximativement 50 sur 30 km. Une route déserte et dégagée par une nuit brumeuse.

RR2-2. Une institutrice et son fils de dix ans. Route déserte près d'une petite ville du Wisconsin. De nuit.

RR2-3. Directeur d'un service technique d'Air France; trois pilotes et trois ingénieurs. Tananarive, Madagascar. Début de soirée.

RR2-4. Directeur d'une maison de vente par correspondance et directeur des recouvrements dans une compagnie financière. Près d'un pont sur une route déserte. De nuit.

RR2-5. Mari et femme, respectivement peintre et coiffeuse. Circulaient en voiture, à 1 heure du matin, pour voir le paysage après une grosse chute de neige. En longeant un cimetière.

RR2-6. Deux hommes d'affaires, chacun dans sa propre voiture. Une route au voisinage d'une ville de Virginie, 8 h 40 du matin.

RR2-7. Un couvreur de 19 ans, son père (46 ans) et son grand-père (72 ans), fermiers. A la ferme, 4 heures du matin.

RR2-8. Trois adolescentes, élèves de lycée. L'une, rédactrice en chef de l'annuaire de sa promotion et membre du bureau de plusieurs clubs scolaires. La seconde (qui conduisait la voiture), membre de la National Honor Society *, rédactrice en chef du journal de l'école, membre des clubs scolaires de

* Association d'étudiants « émérites ».

Français, de Mathématiques et de Physique. La troisième, membre de la National Honor Society et de plusieurs organisations scolaires. Aux environs de la ville, dans une région déserte bornée par des arbres.

RR2-9. Trois adolescents, une adolescente. Au crépuscule. Les adolescents trayaient les vaches dans une ferme.

RR2-10. Un ingénieur, sa femme et leur jeune fils. Roulaient sur une route déserte de l'Oklahoma. Temps brumeux, nuages bas. Au crépuscule.

RR2-11. Deux agents de police. 23 heures. Route dégagée, au Texas.

RR2-12. Un fermier et deux adolescentes : sa fille et sa nièce. Tard dans la nuit. Une ferme en Iowa.

RR2-13. Deux hommes d'affaires et leurs femmes. Tard dans la nuit sur une route de campagne dégagée.

RR2-14. Une artiste professionnelle et son mari. De nuit. Une petite ville du Kentucky.

RR2-15. Un couple marié. Une route de Floride. Après-midi.

RR2-16. Deux femmes âgées et, indépendamment d'elles, un apiculteur. En France.

RR2-17. Un homme d'affaires, sa femme et leurs trois filles, adolescentes. Une petite ville du Wisconsin. De nuit.

RR2-18. Deux hommes, employés d'une station touristique pour les pêcheurs, leurs femmes et des membres de leurs familles. Au Canada, sur un lac, tard dans la nuit.

RR2-19. Neuf adolescents (cinq filles, quatre garçons), quatre mères de famille et un homme. Au bord du lac Michigan, sur la presqu'île septentrionale.

RR2-20. Ingénieur en chef des ponts et chaussées, sa femme et sa belle-mère. Route nationale dans une région découverte. 22 h 30.

RR2-21. Une femme et ses trois filles, adolescentes, et, indépendamment d'elles, un patrouilleur. Une petite ville de l'Etat de Washington. De nuit.

RR2-22. Le propriétaire d'une ferme dans la province de Québec. 2 heures du matin.

RR2-23. Un vacher et son camarade. Province d'Alberta, Canada. Fin de soirée.

On peut dégager de cette récapitulation deux traits caractéristiques : les observations ont toutes été effectuées dans des lieux isolés, et, sauf dans trois ou quatre cas, il ne se trouvait pas parmi les témoins de personnes ayant un haut degré de culture ou de formation technique. Les événements rapportés en sont-ils moins crédibles pour autant, ou serait-ce que plus les gens sont sophistiqués et moins ils tiennent à faire connaître qu'ils ont assisté à une apparition « incroyable »? Nos critères nous imposent d'affecter ces cas d'un Indice de Probabilité peu élevé. Et pourtant, les interrogatoires montrent que ces observateurs moins policés ont eu une expérience non moins « réelle » que celle des techniciens supérieurs des catégories précédentes.

Je pourrais multiplier les exemples de témoins au bord de l'hystérie venant raconter leur aventure à la police ou à d'autres représentants officiels (au nombre desquels je ne comptais généralement pas, car lorsque j'investiguais pour le Livre Bleu c'était toujours plusieurs jours après l'événement); remplir des pages avec des descriptions des répercussions ultérieures, physiologiques et psychologiques (les choses se passant bien dans cet ordre : l'hystérie et les troubles psychologiques ne précédaient pas l'événement mais lui succédaient); les troubles du sommeil, parfois pendant de longues semaines, et même, chez certains, une révision de leur façon de voir la vie, de leur philosophie. L'aventure, pour quelques-uns, peut se comparer à l'expérience religieuse, à cette différence près qu'elle ne fut pas intérieure mais partagée avec plusieurs autres témoins.

Le fait que l'événement se soit produit à une distance rapprochée tend à le rendre vivant et inoubliable. Dans l'un des cas, la voiture où se trouvaient quatre personnes s'arrêta mystérieusement, les phares et la radio s'éteignirent durant le court interlude du vol stationnaire d'un objet brillamment éclairé juste devant le véhicule. Le policier (Appendice 1, RR2-13) à qui fut fait ensuite le récit de cette rencontre devait dire : « Tous les quatre semblaient avoir éprouvé une grande frayeur. C'est le conducteur qui prit presque toujours la parole. Les deux hommes occupaient les sièges avant, les femmes étaient à l'arrière. L'autre homme était, paraît-il, dans un état tel qu'il « ne parvenait pas à sortir ses mots », sa voix tremblait et il était secoué de frissons.

Dans le cas classique de Loch Raven, Delaware, deux hommes roulaient dans une voiture qui fut stoppée au moment où ils atteignaient un pont au-dessus duquel planait un O.V.N.I. extrêmement lumineux (Appendice 1, RR2-4). Interrogés par l'Air Force, ils déclarèrent : « Nous avons alors décidé de mettre entre nous et l'objet l'obstacle de la voiture. C'était une route très étroite, bordée d'un côté par le lac et de l'autre par une falaise. Nous ne pouvions nous enfuir nulle part. Sans doute l'aurions-nous fait si nous l'avions pu, mais cette vision nous terrifiait. »

Les témoins essaient habituellement de trouver une raison logique à l'événement et sont amèrement déçus de ne pas y parvenir, aussi suis-je personnellement convaincu que beaucoup d'entre eux ne le relatent que parce qu'ils veulent désespérément savoir si d'autres qu'eux sont passés par là. Beaucoup m'ont avoué que si la chose leur arrivait de nouveau ils ne la rapporteraient *en aucun cas.*

De nombreux pilotes de ligne m'ont également précisé qu'il n'était pas question pour eux de mentionner officiellement de telles apparitions. Ils s'en gardent bien. Certains même souhaitent purement et simplement oublier qu'elles ont pu se produire. Il m'a fallu, devant une telle détermination, déployer des trésors de persuasion et donner ma parole d'honneur que leurs récits et leurs noms ne seraient jamais dévoilés publiquement, avant qu'ils acceptent de me confier leur histoire ([2]).

Si l'on considère maintenant les effets matériels signalés dans cette catégorie d'observations, l'un des plus troublants — et certainement l'un des plus difficiles à expliquer à la lumière de nos connaissances actuelles en physique — est l'omniprésence des interférences sur les automobiles en mouvement : coupure de l'allumage, extinction des phares, etc.

Pourquoi *cela* précisément? Il apparaît que les O.V.N.I. pourraient s'immiscer dans les affaires humaines de maintes autres façons, infiniment plus significatives! Et pourtant, les choses se passent ainsi : des voitures circulant sur des routes désertes sont accostées, et souvent le moteur arrête de tourner, les phares et la radio s'éteignent. On croirait presque que les O.V.N.I. considèrent les voitures comme des créatures qu'il leur faut étudier. C'est en tout cas l'impression qui ressort de tous les témoignages. Mais nous sommes convenus de ne pas nous préoccuper du *pourquoi* (en tout cas pas avant d'avoir fait beaucoup plus amplement moisson de faits); nous allons donc, pour l'instant nous en tenir à l'examen des événements rapportés, en choisissant les notifications fournies par les témoins les plus valables.

La première contribution au prototype est le récit d'un événement survenu sur une route déserte, près d'une petite ville du Wisconsin, par une nuit des premiers jours du printemps (Appendice 1, RR2-2). Si je choisis d'ouvrir cette étude avec lui, c'est qu'au cours de l'entretien que j'eus avec le principal témoin (une institutrice, ancienne hôtesse de l'air), celle-ci me fournit par hasard un témoignage physique — la description d'une sensation momentanée d'apesanteur — qui pourrait éclairer la nature du phénomène.

Voici ce qu'elle décrivit :

> ... cette chose est montée du bas de la colline, très, très vite, et de façon très uniforme, comme si elle glissait, mais elle était plus bas qu'un avion, et elle est venue en planant s'immobiliser au-dessus de cette auto [une voiture qui venait juste de dépasser celle du témoin]. Alors ses feux se sont éteints [ceux de l'autre auto] et j'ai stoppé, pensant qu'il y avait un jeune au volant. Comme il avait tout éteint, je ne voulais pas l'emboutir — et pendant ce temps-là mes phares faiblissaient un peu, mais je n'y ai pas fait attention avant que tout s'éteigne dans ma voiture : le moteur, les phares et la radio. Cela m'est arrivé lorsqu'il [l'O.V.N.I.] a lâché cette voiture pour remonter la route... jusqu'au-dessus de nous. Il avait opéré un mouvement de descente depuis l'autre voiture, et il était très bas. Quand j'ai voulu le regarder par le pare-brise j'ai dû me pencher sur le volant et me tourner; j'ai regardé en l'air et il était là, au-dessus de nous — et la voiture qui était complètement immobilisée. J'avais ouvert la glace de la portière lorsque les feux de l'autre voiture s'étaient

éteints et elle était toujours ouverte — mais je n'entendais absolument rien.

QUESTION. — Vous êtes-vous rendu compte si c'est vous qui avez arrêté votre voiture ou si elle a stoppé d'elle-même?

RÉPONSE. — Non, c'est moi qui ai stoppé.

Q. — Vous avez stoppé la voiture?

R. — Oui, mais elle tournait toujours.

Q. — Je veux dire le moteur.

R. — Oui, le moteur tournait toujours.

Q. — Et qu'est-il arrivé alors?

R. — ... eh bien, cet objet s'est approché, il a plané, il est arrivé au-dessus de nous. Et brusquement tout est devenu très calme...

Q. — Et maintenant, dites-moi : si vous aviez le pouvoir magique de remplacer ce que vous avez vu dans le ciel par quelque chose qui lui ressemble de très près, quel objet plus ou moins familier choisiriez-vous comme ayant la forme la plus voisine?

R. — Eh bien, vous connaissez ces petits rouleaux de pâte surgelée qu'on achète dans les épiceries, et puis on en détache des petits triangles de pâte que l'on roule sur eux-mêmes en forme de croissants? Voilà à quoi ça ressemblerait.

Q. — Ah oui? Je ne suis pas expert en cuisine mais je vois à peu près. Dites-moi, savez-vous ce que c'est qu'un boomerang australien?

R. — Australien?

Q. — Oui, un boomerang. Vous savez à quoi ressemble un boomerang?

R. — Je n'en ai jamais eu. Oui, ce serait comme ça, mais c'était plutôt rond que plat.

Q. — Vous avez toujours parlé d'une couleur rouge. Quel rouge?

R. — En peinture à l'huile. Le mieux que je puisse dire c'est orangé-rouge... Et c'était comme la lumière par un bel été de la Saint-Martin, très coloré.

Q. — Cela paraissait-il être un objet solide ou plutôt léger?

R. — Eh bien, lorsqu'il est venu au-dessus de nous, on le voyait nettement. Je veux dire qu'il avait un aspect nettement défini, mais il semblait plutôt avoir un volume plein et puis vers les bords il était plus comme [un mot brouillé].

Q. — S'est-il immobilisé à un moment quelconque?

R. — Eh bien, oui, quand il était en l'air. Bien sûr, il était toujours en l'air, mais quand il se tenait juste au-dessus de nous [il était immobile], et j'ai essayé de faire démarrer la voiture, et j'ai essayé, et j'ai essayé, et tant que cette chose est demeurée au-dessus de nous je n'ai pas pu la faire partir. Elle ne voulait pas marcher — il n'y avait rien à en tirer. Elle ne voulait même pas faire un quart de tour, elle avait un ou deux ratés [et là le témoin a décrit de façon très vivante, en faisant le bruitage, les crachotements ridicules du starter tandis qu'elle essayait désespérément de démarrer]. C'est tout, je tournais la clé et ça faisait ouah, et puis plus rien du tout. On aurait dit que la batterie était morte.

Q. — Bon, et puis quand il est parti [l'objet] a-t-il grimpé à la verticale ou s'est-il déplacé latéralement ou comment?

R. — Non, il n'a pas grimpé à la verticale. Il est descendu derrière nous, de mon côté, et il est allé survoler un champ près d'une ferme qui se trouve là... Il se déplaçait en douceur, sans hésitations, sans saccades.

Q. — En combien de temps a-t-il disparu?

R. — Il n'a pas disparu tout de suite. Finalement quand il a lâché la voiture [il] est parti avec une secousse. J'ai tourné la clé, et le moteur a commencé à faire rr, rr, rr, et puis finalement il s'est mis à tourner vraiment, et j'ai pu faire démarrer la voiture... J'ai gardé le pied au plancher et je suis arrivée à Cochrane, près du moulin... Et je l'ai vu [l'objet] qui passait au-dessus de la voie de chemin de fer et qui s'éloignait lentement.

Du long entretien avec l'institutrice, je détache un autre fragment qui non seulement éclaire bien les sensations de l'observatrice mais également décrit un phénomène, signalé en d'autres occasions, qui laisse à présumer de la physique des O.V.N.I. :

... vous savez, si vous êtes dans une maison la nuit, et que tout est calme, il y a encore des bruits vivants, mais lorsque cette chose était là, il n'y avait même pas de bruit vivant. On n'entendait absolument rien. C'était un calme étrangement inquiétant... Et puis je me rappelle autre chose... comme si j'étais devenue légère, aérienne. Un peu comme la première fois où l'on monte en avion, lorsqu'il décolle ou qu'il descend dans un trou d'air. Je me sentais légère comme l'air et tout était léger, sans pesanteur.

Je me souviens d'une chose — un bon moment après, les pieds me brûlaient encore. Quand je suis sortie de la voiture, il m'a semblé qu'ils baignaient dans une source de chaleur sèche. Je m'étais toujours dit que si un jour je voyais une de ces choses, j'irais tout droit vers elle, mais rien ne laissait pressentir que c'était une chose terrestre, aussi je suis restée dans la voiture qui était absolument morte, sans pouvoir bouger de là. Je crois que j'attendais quelque chose, mais je ne sais quoi.

Et voici à présent le bref résumé d'un autre rapport qui n'aurait jamais existé si le hasard n'avait fait surprendre, par un homme s'intéressant aux O.V.N.I., quelques mots échangés entre des spectatrices alors qu'il assistait à un match de basket-ball. Bien que ne les connaissant pas, il prit sur lui de leur parler de la question, et c'est lui qui prépara le rapport de leur observation. Par la suite, elles acceptèrent d'être interrogées par Raymond Fowler et ses collègues de Nouvelle-Angleterre. C'était une Rencontre Rapprochée typique — commençant avec l'engin lumineux vu à une certaine distance, et qu'elles prirent d'abord pour un hélicoptère. L'engin et la voiture convergeant l'un vers l'autre, la rencontre ne tarda pas à survenir; et le circuit électrique de l'auto cessa de fonctionner.

Des extraits de l'entretien enregistré nous restitueront l'aventure telle qu'elles l'ont elles-mêmes relatée (Appendice 1, RR2-8).

Janice remarqua l'objet, et Kim stoppa. Elles voulaient sortir de l'auto, mais pas moi. Brusquement le moteur a calé, la radio et les phares se sont éteints. Plus personne alors ne voulut sortir. A dire vrai, j'ai eu bien trop peur pour observer soigneusement l'objet. J'ai seulement remarqué les quatre lumières lorsqu'elles sont passées. Finalement Kim a réussi à démarrer.

L'autre témoin du même incident déclara :

Janice a dit : « Qu'est-ce que c'est? » J'ai jeté un coup d'œil par la vitre et j'ai répondu : « Ce doit être un hélicoptère. » Mais Janice n'était pas d'accord, et puis Kim est devenue très nerveuse. D'abord elle [Kim] a dit en riant : « C'est peut-être un O.V.N.I. ou une soucoupe volante. » Et puis brusquement, ce n'était plus drôle du tout... J'avais peur, et je n'ai pas voulu sortir de la voiture. Nous avions stoppé, et soudain le moteur a calé, la radio et les phares se sont éteints. L'objet est passé et la voiture a redémarré.

Kim, la conductrice, raconta pour sa part :

Quand nous sommes arrivées près de l'objet, la voiture a calé, les phares et la radio se sont éteints au même moment. Ensuite, j'ai essayé deux fois de faire démarrer la voiture tandis que l'objet paraissait demeurer stationnaire. Pensant que les phares et la radio tiraient trop sur la batterie... j'ai baissé la manette des phares et tourné le bouton de la radio. Et puis j'ai encore essayé à deux reprises de faire partir la voiture, mais elle ne démarrait pas. Ensuite, l'objet dans le ciel a semblé commencer à s'éloigner. J'ai encore essayé de faire partir le moteur et aussitôt il s'est mis à tourner, donc il n'était pas noyé... Comme nous avions changé la batterie trois semaines plus tôt, je ne pense pas qu'il s'agissait d'un mauvais fonctionnement. Et je n'avais pas lâché l'embrayage puisque j'étais en train de me ranger sur le bas-côté.

... J'ai vu un objet dans le ciel, à notre gauche; à première vue on aurait dit un avion et puis, comme nous nous rapprochions, j'ai vu qu'il était trop grand et trop bas pour que ce soit un avion et je l'ai montré aux autres... D'abord, il se déplaçait dans la même direction que nous, puis il s'est immobilisé pendant environ une minute et ensuite il a pris son essor; alors la voiture est repartie. L'objet ne faisait aucun bruit, et il n'a pas affecté les lampadaires qui éclairaient la chaussée ([3]).

Intelligentes et cultivées, les trois jeunes filles n'en butaient pas moins fâcheusement sur l'obstacle des mots, se révélant incapables de donner une description claire de leur rencontre. Ainsi, lorsqu'il lui fut demandé de désigner ce qu'elle pourrait substituer à l'objet, Kim répondit : « Une pièce de jeu de construction sur laquelle se reflètent des lumières blanches et surmontée de lumières rouges. » Ellen, pour sa part, proposa : « Quatre phares. » Et pour Janice : « L'objet était un trapézoïde régulier, mais je ne distinguais pas nettement ses contours. Il semblait surmonté d'une lumière peu brillante, et peut-être d'une petite structure. »

« Des lumières d'un rouge incandescent, comme une cuisinière électrique allumée »; « Il y avait un halo lumineux autour des lumières blanches. Cela renvoyait la lumière, comme le fait le métal »; « Je n'ai encore jamais rien vu de semblable »; « L'objet était trop grand pour que ce puisse être un avion. Il avait une forme bizarre, qui n'avait rien à voir avec celle d'un ballon ou d'un hélicoptère »; « L'objet est demeuré en vol stationnaire puis il a viré et a disparu vers l'ouest. Il a grimpé puis il a disparu dans le lointain. » On voit mal comment des étudiantes brillantes, responsables du journal ou de l'annuaire de l'école, auraient pu façonner des descriptions de ce genre si elles avaient simplement observé un avion, même dans des circonstances insolites.

A propos de la réaction des témoins, lors d'un incident auquel j'ai déjà fait allusion (Appendice 1, RR2-13), l'agent de police qui fut le premier à les interroger devait dire :

> Selon le conducteur, l'accélérateur n'a plus répondu lorsque l'objet s'est rapproché — le moteur a ralenti et s'est mis à toussoter « comme s'il n'y avait plus assez de jus ». Au moment où la distance entre eux et l'objet leur a paru la plus courte, ce dernier ne brillait plus mais paraissait « clairement et nettement défini, de forme lenticulaire et d'une couleur ambrée assourdie — comme le jaune des feux clignotants mais plus atténué ». Je ne crois pas que ces gens aient pu simuler l'étonnement et la peur que reflétaient leurs visages.

Le conducteur dessina ensuite un croquis de l'objet qui, hélas, ne nous édifie guère, puisqu'il montre simplement un objet ovoïde avec, sur toute sa surface, des objets encastrés comme des phares d'auto. « Chacun de ceux-ci, relate le rapport, envoyait un pinceau de lumière blanche, si bien que l'appareil semblait hérissé de rayons lumineux diffusant dans toutes les directions. Par la suite il a eu l'aspect d'un objet ovoïde de couleur ambrée. »

Le prototype de la Rencontre Rapprochée du Second Type se perfectionne grâce au récit de l'apparition d'un O.V.N.I. dans un cimetière, passé minuit (Appendice 1, RR2-5). Les deux témoins circulaient de nuit dans la campagne pour admirer le paysage après une grosse chute de neige.

Tandis qu'ils longeaient le cimetière qui, bien que la nuit ait été particulièrement limpide, semblait revêtu d'une chape de brouillard, ils remarquèrent soudain une lumière. Pensant qu'un feu brûlait dans le cimetière et que le brouillard n'était autre que la fumée qui s'en dégageait, ils firent demi-tour (car ils avaient poursuivi leur route) et revinrent jusque-là. Voici ce qu'énonce le compte rendu de l'enquêteur :

Ayant fait demi-tour il descendit ses vitres et, quittant la route, il roula le long du cimetière, vers la lumière qui était juste au-dessus... Il descendit de voiture, ferma la portière [la vitre demeurant baissée] et leva le bras pour désigner l'objet. Plusieurs événements se produisirent alors simultanément : tous les feux, la radio et le moteur cessèrent de fonctionner; il ressentit une secousse électrique, se sentit saisi d'engourdissement et incapable de se mouvoir; le bras qu'il avait levé se rabattit brutalement en arrière, contre le toit de la voiture, avec une telle force qu'il s'imprima dans la glace qui le recouvrait... M. W. ne pouvait plus bouger un muscle; pourtant il entendait parfaitement et son cerveau semblait fonctionner normalement. Puis la radio et les feux de la voiture se sont rallumés tandis que l'objet, qui n'avait pas cessé de tanguer, grimpa brusquement en émettant une sorte de bourdonnement et se perdit au-dessus de la nappe de brouillard.

Nous avons déjà parlé du cas de la digue de Loch Raven à propos des réactions des témoins (Appendice 1, RR2-4). Nous présentons maintenant un fragment de la transcription de l'interview d'un des témoins par un représentant de l'Air Force. Ce passage concerne cette fois l'objet lui-même et les effets physiques résultant de son apparition :

Peu après avoir franchi la digue... le pont se dresse, à 200 ou 250 m de là... Nous avons donc vu, à cette distance, ce qui nous paraissait être un grand objet oblong et aplati suspendu entre 30 et 45 mètres au-dessus de la superstructure du pont qui franchit le lac. Nous avons ralenti puis nous avons décidé de nous rapprocher et d'examiner l'objet... Lorsque nous sommes arrivés à 25 m du pont, la voiture nous a lâchés complètement. On aurait dit que cela venait des circuits électriques; les lumières du tableau de bord et les phares se sont éteints, le moteur s'est tu. M. S., qui conduisait, a serré les freins [le moteur ne tournant plus] et a manœuvré une ou deux fois la clé de contact. Le moulin demeurait muet; alors là, nous avons vraiment commencé à avoir peur... Nous l'avons contemplé... pendant peut-être 30 ou 45 secondes et puis, bien que je ne sois pas sûr de l'ordre des événements, il a semblé émettre un très brillant faisceau de lumière blanche, et tous les deux nous avons senti la chaleur sur notre visage... En même temps, nous avons entendu un bruit assez fort, que j'ai pris pour une explosion sourde... Et puis, très vite... l'objet a démarré en montant verticalement. Pour autant que nous ayons pu en juger, il n'a pas changé de position [d'aspect] durant son ascension. La seule différence c'est qu'il était très lumineux et que ses bords devenaient imprécis si bien que, au fur et à mesure qu'il grimpait, on ne distinguait plus sa forme. Il a disparu en 5 à 10 secondes. Nous avons vraiment eu peur... Il nous a fallu peut-être un quart d'heure pour retourner jusqu'à un poste téléphonique. Nous avons appelé le Ground Observer Corps * mais sans aucun succès. Ils n'ont pas cru un mot de notre histoire.

* Organisme civil d'observation aérienne, opérant en liaison avec l'Air Force. (N.d.T.)

Tant que le phénomène O.V.N.I. ne recevra pas droit de cité dans le domaine scientifique, ce qui permettrait à des jeunes chercheurs déterminés et imaginatifs d'entreprendre des investigations sérieuses, il nous faudra bien nous satisfaire de descriptions approximatives, faisant état d'objets ovoïdes brillamment éclairés aux évolutions incroyables. Contentons-nous donc de dire que, dans la Rencontre Rapprochée du Second Type, l'O.V.N.I. semble avoir la propriété bizarre et inexplicable d'agir sur l'allumage des automobiles.

L'origine de cette action — puisque, à moins que tous les témoins valables soient des menteurs pathologiques, elle *existe* — est tout aussi étrangère à la physique de 1972 que l'était l'origine de l'énergie solaire pour la physique de 1912. L'on savait alors que le soleil recélait des sources d'énergie totalement inconnues; il était là, et il brillait depuis des centaines de millions d'années, comme en témoignaient les ossements fossiles d'animaux qui avaient vécu des centaines de millions d'années plus tôt. Mais comment parvenait-il à fabriquer de l'énergie apparemment à partir de rien, cela on ne le savait pas. Mais on savait, à tout le moins, *que cela se produisait*; et lorsque notre physique, que l'on nous passe l'expression, rattrapa le soleil, on apprit *comment* cela se produisait. En ce qui concerne les Rencontres Rapprochées entre des O.V.N.I. et des voitures, nous ne pouvons même pas encore prouver de façon irréfutable que ce que rapportent les observateurs s'est véritablement produit. Nous n'en sommes encore qu'à recueillir les informations.

Pour le moment, occupons-nous de la probabilité que, dans une auto, l'allumage, la radio et les phares s'éteignent lorsque le conducteur est témoin d'une apparition rapprochée d'O.V.N.I.

Nous avons tous vu des voitures arrêtées sur le bord de la route, le capot levé, attendant d'être remorquées par le dépanneur. S'il est extrêmement improbable qu'une voiture totalement immobilisée « se dépanne toute seule » peu après, la chose n'est pourtant pas impossible. Ainsi, un fil qui s'est déconnecté peut, à la suite d'une secousse, se reconnecter momentanément. Mais qu'un événement aussi peu probable se combine avec l'apparition simultanée d'une lumière bizarre descendant du ciel et planant au-dessus de la voiture, celle-ci demeurant « éteinte » aussi longtemps que la lumière est présente, voilà qui est tout à fait douteux.

Le plus simple, évidemment, est de considérer toute l'affaire comme « psychologique » (peu importe ce que cela signifie dans le contexte) et d'en revenir ainsi au rassurant domaine du connu. Ce serait là cependant rejeter l'idéal de la science, qui consiste à être curieux de tout ce qui se produit autour de l'homme, à étudier, à évaluer, et à considérer les faits d'un œil impartial.

Si, dans un cas pris isolément, la probabilité que les événements se soient réellement produits est très faible, considérons maintenant la probabilité que les coïncidences aient eu lieu dans la chaîne d'événements qui va suivre — s'ils se sont produits tels qu'ils ont été rapportés.

Dans la nuit du 2 novembre 1957, vers 23 heures, soit juste une heure après le lancement, par les Russes, de leur second satellite artificiel habité par un chien (pure coïncidence, certes) mais avant que les Américains ne l'apprennent, l'agent A.J. Fowler, de la police de Levelland, Texas (10 000 habitants), qui avait pris la garde de nuit, reçut le premier d'une série d'appels téléphoniques étrangement semblables (Appendice 1, RR2-1).

Le premier émanait de Pedro Saucedo qui, en

compagnie de Joe Salaz, circulait à environ 6 kilomètres de Levelland lorsqu'un objet très lumineux, en forme de torpille (ainsi le décrivit Saucedo) se rapprocha à grande vitesse de leur véhicule. Fowler entendit Saucedo, terrifié, lui raconter une histoire incroyable : lorsque l'objet était passé tout près du camion, les phares s'étaient éteints et le moteur s'était arrêté de tourner. Une copie légalisée de la déclaration de Saucedo relate l'incident en ces termes :

> Le 2 novembre 1957, j'étais sur la Nationale 116, au volant de mon camion, roulant vers le nord-ouest. A environ 6 kilomètres de Levelland, j'ai vu devant moi une grande flamme, un peu à droite... J'ai cru que c'était un éclair. Mais quand cet objet est arrivé à ma hauteur ce n'était plus pareil, parce qu'il a éteint le moteur et les phares de mon camion. Alors j'arrête, je descends et je regarde, mais c'était si rapide et pas mal chaud que je me jette au sol. Il avait aussi des couleurs — jaune, blanc — et il ressemblait à une torpille, longue d'environ 60 mètres, faisant de 1 000 à 1 300 kilomètres à l'heure.

Comme l'O.V.N.I. s'éloignait, les phares se sont rallumés spontanément et, selon Saucedo, il n'a pas eu de difficultés à faire démarrer son camion. Les deux hommes ont roulé jusqu'à Whiteface, à 16 kilomètres à l'ouest de Levelland, et ils ont appelé l'agent de police Fowler depuis une cabine téléphonique. Celui-ci, apparemment persuadé que son interlocuteur avait trop bu, oublia aussitôt l'affaire.

Considéré en soi, le témoignage d'un camionneur fruste et alarmé, aussi sincère qu'il ait pu être, ne pouvait être affecté que d'un faible Indice de Crédibilité. Mais une heure plus tard, l'agent Fowler reçut un nouvel appel téléphonique, cette fois d'un M.W., de Whitharral. Il apprit alors que celui-ci, circulant à 6 kilomètres à l'est de Levelland (c'était la direction dans laquelle l'engin de Saucedo avait disparu), s'était trouvé nez à nez avec un objet ovoïde brillamment éclairé, long d'environ 60 mètres, posé en plein milieu de la route. Comme M. W. s'en rapprochait — le lecteur pourrait terminer la phrase — le moteur de sa voiture s'était arrêté de tourner et les phares s'étaient éteints.

Selon cet observateur, l'objet brillait comme une grande enseigne au néon et jetait une vive clarté tout autour de lui. L'observateur s'était résolu à descendre de sa voiture mais, tandis qu'il s'en extrayait, l'O.V.N.I. s'était élevé jusqu'à 60 mètres environ du sol, et son éclat ou son rayonnement s'était totalement obscurci. Mais lorsque, peu après, l'objet était parti, tout brillait de nouveau.

Les choses ne devaient pas s'arrêter là. Selon une déclaration signée conservée dans les dossiers du Livre Bleu, au cours de cette même nuit d'un samedi de novembre, cinq minutes après minuit, un jeune homme de 19 ans, élève de première année à la Texas Tech University, circulant à environ 15 kilomètres de Levelland, entendit soudain son moteur toussoter; l'ampèremètre du tableau de bord bondit jusqu'à la décharge puis revint à la normale, et le moteur se mit à « cogner comme s'il y avait eu panne sèche ». La voiture s'immobilisa; puis les phares déclinèrent et, quelques secondes après, s'éteignirent.

Ahuri par la tournure des événements, il descendit de voiture et regarda sous le capot sans rien trouver d'anormal. L'ayant refermé il se retourna et c'est alors, dit-il, qu'il remarqua pour la première fois un objet oblong, à fond plat, reposant sur le ventre au milieu de la route et entouré d'une lueur bleu-vert. Il estima sa longueur à une quarantaine de mètres. L'objet semblait fait d'une matière semblable à de l'aluminium; il n'offrait ni signe distinctif ni détails particuliers. Effrayé, il remonta dans sa voiture et essaya en vain de la faire démarrer.

Résigné il demeura assis pendant plusieurs minutes, contemplant l'objet planté devant lui sur la route (il n'a pas indiqué quelle distance, selon lui, les séparait), et espérant la venue d'une autre automobile. Mais la route demeura déserte. Finalement l'O.V.N.I. s'éleva « presque à la verticale » et disparut « en une fraction de seconde ». Après quoi son véhicule répondit parfaitement.

Le témoin poursuit : « Je suis ensuite retourné tout doucement à la maison, et je n'ai parlé de cette observation à personne avant que mes parents reviennent de week-end... j'avais peur qu'on se moque de moi. Mes parents m'ont convaincu que je devais signaler cette apparition, et j'en ai informé le shérif vers 13 h 30 le dimanche 3 novembre. »

A minuit quinze, l'agent Fowler reçut encore un autre appel, cette fois d'un homme téléphonant depuis une cabine publique près de Whitharral. Cet observateur relatait sa rencontre avec le bizarre engin à une quinzaine de kilomètres au nord de Levelland. Une fois de plus l'objet était posé sur un chemin de terre, et alors que sa voiture s'en rapprochait les phares s'éteignirent et le moteur cessa de tourner. Peu après l'objet s'éleva à la verticale, très rapidement, et lorsqu'il eut atteint une altitude d'environ 90 mètres ses propres lumières s'éteignirent et il disparut. Comme le lecteur peut maintenant s'y attendre, les phares se rallumèrent et la voiture partit sans difficulté.

Arrivé à ce point, l'agent Fowler avait réalisé qu'il se passait quelque chose de bizarre, aussi en informa-t-il le shérif et ses collègues de service, dont certains partirent enquêter sur les routes. Deux d'entre eux signalèrent de vives lumières entrevues, mais ne rencontrèrent rien qui stoppât leurs voitures.

A 0 h 45, un autre témoin isolé — si j'ai cette fois enfreint ma propre règle de ne présenter que des cas ayant eu plusieurs témoins, c'est parce qu'ici les témoins isolés ont observé depuis des lieux différents, essentiellement le même événement et le même objet et constaté les mêmes effets matériels — roulant juste à l'ouest de Levelland, et donc tout près de l'endroit où, deux heures plus tôt, Saucedo avait fait sa rencontre, repéra ce qui lui sembla être une grosse boule de feu orange, distante de près de 2 kilomètres. La boule se rapprocha et atterrit doucement sur la route nationale à environ 400 mètres de l'observateur. Elle recouvrait toute la chaussée goudronnée.

Le témoin rapporta que le moteur de son camion cala et que les phares s'éteignirent. Pendant ce temps, l'objet demeurait posé sur la route devant lui, rayonnant suffisamment pour éclairer le bouchon de radiateur du camion. En une minute, relata le témoin, il grimpa tout droit — et, bien sûr, tout reprit alors son cours normal. L'agent Fowler ne fut pas informé de cette rencontre, qui ne fut signalée que le lendemain. L'indication du témoin selon laquelle, en atterrissant, l'O.V.N.I. a modifié sa couleur initiale, passant du rouge orangé à un vert bleuâtre, mais qu'il est revenu au rouge orangé lorsqu'il a pris son essor, constitue peut-être un indice significatif à l'égard d'un processus dont nous ignorons tout. Et il est peut-être également intéressant de noter que l'objet ou les objets ont toujours atterri en plein milieu d'une voie : chaussée goudronnée ou chemin de terre.

L'agent Fowler n'était pourtant pas au bout de

ses peines. A 1 h 15 il fut appelé cette fois par un homme terrorisé, un camionneur de Waco, Texas, qui se trouvait à ce moment juste au nord-est de Levelland, sur « la Chaussée de l'Oklahoma ». L'homme dit à Fowler que le moteur de son véhicule et les phares avaient soudain flanché alors qu'il se trouvait à moins de 60 mètres d'un objet lumineux ovoïde. Il indiqua que celui-ci brillait par intervalles, comme une enseigne au néon, et qu'il avait environ 60 mètres de long. Il précisa aussi que, comme il descendait de son véhicule l'O.V.N.I. était parti en flèche avec un grondement et qu'il avait disparu comme un éclair.

L'agent Fowler devait déclarer que le camionneur lui avait paru extrêmement nerveux, et bouleversé par sa rencontre. Après le départ de l'engin, le moteur et les phares du camion fonctionnaient parfaitement.

A ce moment-là, plusieurs voitures de police patrouillaient déjà dans toute la région à la recherche de l'objet. Le shérif Clem et son adjoint Pat McCulloch, qui circulaient eux-mêmes, étaient tenus informés du développement des opérations par l'agent Fowler. A 1 h 30, alors qu'ils roulaient sur la Chaussée de l'Oklahoma, à 6 ou 8 kilomètres de Levelland, les deux hommes repérèrent une lumière de forme ovale, « ressemblant à un soleil couchant rouge et lumineux de l'autre côté de la route », à quelque 300 ou 400 mètres d'eux. « Pendant peut-être deux secondes cela a éclairé toute la chaussée devant nous », raconta Clem.

Les patrouilleurs Lee Hargrove et Floyd Gavin suivaient derrière, à une douzaine de kilomètres. Hargrove relata, dans une déposition signée :

> Nous roulions vers le sud sur la route non balisée appelée la Chaussée de l'Oklahoma, et nous

nous efforcions de retrouver un objet non identifié signalé aux services de police de Levelland... Je vis un éclair de lumière bizarre, qui semblait être au loin sur la route, à 1 500 ou 2 000 mètres. Il se dirigeait d'est en ouest et paraissait se trouver près du sol.

Le constable Lloyd Ballen d'Anton, Texas, signala aussi avoir vu l'objet, bien que sa déclaration se borne à ceci : « Cela allait si vite que j'ai simplement vu comme un éclair qui se déplaçait d'est en ouest. »

Aucun des véhicules de police ne fut affecté, mais le capitaine des pompiers Ray Jones, qui lui aussi recherchait l'O.V.N.I., signala que juste au moment où il remarquait un « rayon lumineux » au nord de la Chaussée de l'Oklahoma, ses phares diminuèrent et son moteur toussa mais sans caler.

L'agent Fowler rapporta un total de 15 appels téléphoniques en rapport direct avec l'O.V.N.I., et il ajouta : « Tous ceux qui appelaient le commissariat étaient particulièrement nerveux. »

Au point de vue des probabilités, qu'en moins de deux heures se soient produits sept cas distincts d'immobilisation de voitures et de retour automatique à la normale après le passage d'un engin lumineux bizarre, et que cette coïncidence soit purement fortuite, est statistiquement impossible — et impensable — si les notifications de ces incidents sont vraiment indépendantes les unes des autres (et notre système de filtrage permet de penser qu'elles le sont).

Essayons par exemple d'attribuer toute l'affaire à l'hystérie collective — dont on voit mal d'ailleurs comment elle pourrait couper l'allumage des voitures et éteindre les phares et les radios. Les observateurs n'avaient aucun lien entre eux sauf si, par exemple, ils écoutaient tous une station de radio locale relatant les événements ([4]). (Aucun enquêteur n'a vérifié cette question importante de savoir si les stations de radio locales en avaient été informées et si elles avaient émis des informations à ce sujet.) Nous savons cependant qu'au début l'agent Fowler n'a tenu aucun compte des notifications, et il est donc improbable qu'il en ait aussitôt informé une station radiophonique. Supposons cependant que lui ou quelqu'un d'autre l'ait fait, et que les radios à bord de toutes les voitures aient été réglées précisément sur cette même station. Il nous resterait encore à expliquer les effets matériels rapportés, à moins qu'on ne les attribue en bloc à une mauvaise foi caractérisée plutôt qu'à l'hystérie.

Ce qu'il aurait fallu alors, c'est que le Livre Bleu réagisse immédiatement et entreprenne une enquête sérieuse et approfondie. Le capitaine Gregory, qui dirigeait à cette époque le Livre Bleu, m'informa cependant de l'affaire par téléphone, mais comme, en tant que responsable direct du repérage du nouveau satellite russe, j'étais à ce moment-là en service pratiquement vingt-quatre heures sur vingt-quatre, il me fut absolument impossible de m'en occuper d'une façon quelconque. Je ne reconnais pas sans honte aujourd'hui que je m'empressai de souscrire à l'évaluation du capitaine Gregory : « éclair en boule », sur la base d'informations indiquant qu'un orage se déployait au moment de l'observation dans la région de Levelland. Il se révéla en effet que tel n'avait pas été le cas. La météo indiqua qu'il y avait eu un temps couvert et du crachin, mais pas d'éclairs. Au surplus, si j'y avais seulement un peu réfléchi, j'aurais vite réalisé que les éclairs en boule n'ont pas la réputation d'arrêter les moteurs de voitures et d'éteindre les phares.

J'ai appris que l'enquête du Livre Bleu s'était ramenée à la venue, le 5 novembre, d'un homme en civil, qui rendit visite au shérif vers 11 h 45, fit deux excursions en voiture au cours de la journée, puis informa le shérif Clem qu'il en avait terminé.

Un journaliste devait indiquer par la suite qu'il avait reconnu l'enquêteur et qu'il s'agissait d'un sergent de l'Air Force ([5]).

Cependant diverses pressions s'exercèrent à ce sujet sur le Livre Bleu. Dans un mémo du 4 décembre 1957, le capitaine Gregory se plaignait que « ... à la suite des pressions des journaux et aussi du public... le Secrétaire-Adjoint à la Défense a demandé que l'A.T.I.C. fournisse immédiatement une analyse préliminaire à la presse... tâche extrêmement difficile considérant les informations restreintes dont nous disposons ([6]) ».

Cette action des O.V.N.I. sur les voitures qui circulent sur les routes n'est cependant qu'un des effets matériels rapportés dans la catégorie des Rencontres Rapprochées du Second Type. D'autres effets sont constatables — et photographiables — sur des choses vivantes, notamment les plantes et les arbres ([7]). Beaucoup de témoins également ont indiqué qu'ils avaient éprouvé une paralysie temporaire lorsqu'ils s'étaient trouvés à proximité immédiate de l'O.V.N.I.

Il a été catalogué plus de 300 cas de « cercles roussis, dénudés » et de « traces d'atterrissage » fréquemment associées aux observations à très courte distance. Ceux-ci, comme tous les autres cas d'apparitions d'O.V.N.I., sont signalés dans toutes les parties du monde, et répondent au même schéma. Même si l'on n'examine que quelques incidents, le prototype se dégage nettement. De façon typique il est indiqué ici que l'O.V.N.I., relativement semblable, à tous égards, à ceux que nous avons décrits au chapitre précédent et au début du présent chapitre, a été vu tandis qu'il atterrissait ou qu'il planait au voisinage du sol. Après son départ, le témoin découvre sur le sol une trace circulaire — quelquefois un cercle presque parfait — dont invariablement il soutient qu'il ne s'y trouvait pas auparavant. Selon le catalogue de ces cas dressé par Phillips, 65 % se sont produits de nuit. Et si l'on choisit, selon notre politique, de n'examiner parmi ceux-ci que ceux qui ont eu plusieurs témoins, il faut en rejeter les 2/3. Parmi la centaine de cas qui nous reste, pour les trois quarts les témoins ont vu l'O.V.N.I. posé au sol, et, pour un cinquième, se tenant au niveau de la cime des arbres. Dans la plupart des cas mettant en jeu plusieurs témoins, l'O.V.N.I. est vu sur ou près du site où plus tard seront découvertes les traces.

Les témoins en question comprennent des personnes ayant une formation technique poussée — docteur en médecine, pilote de ligne, ingénieur, capitaine de vaisseau, surveillant de mine — aussi bien qu'un fermier, un ouvrier d'usine, un prêtre, un policier, etc.

Lorsque les apparitions se produisent de jour, les marques sur le sol sont aussitôt décelées, et lorsqu'elles surviennent de nuit c'est au matin qu'on les découvre. Naturellement curieux, les témoins vont jusqu'à l'aire d'atterrissage et ils y relèvent généralement une trace qui s'insère dans un schéma général : soit une aire circulaire uniformément déprimée, brûlée ou déshydratée, ou un anneau d'un diamètre extérieur pouvant atteindre 9 mètres ou plus et d'une épaisseur de 30 centimètres à 1 mètre. Les diamètres les plus fréquemment indiqués varient entre 6 et 9 mètres. De manière quasi constante, l'anneau persiste pendant des semaines, des mois, et parfois même des années, tandis que l'intérieur du cercle demeure aride pendant une ou deux saisons.

La principale question en ce qui concerne les cercles laissés par les O.V.N.I. est de parvenir à déterminer s'il y avait réellement un rapport entre l'aspect de l'engin et les marques laissées au sol, ou encore avec les cimes des arbres brûlées ou roussies. Comme on pouvait s'y attendre, les « scientifiques » ont, dans leur majorité, refusé de considérer les cercles et les traces d'atterrissage, les attribuant à des mystifications ou à des causes naturelles, si bien que tout le fardeau des enquêtes est retombé sur des enquêteurs privés, tel Ted Phillips.

Sans doute faut-il avoir grand soin de ne pas confondre ces « Anneaux de Rencontres Rapprochées » avec ce qu'on appelle les cercles des fées, qui ne sont rien d'autre qu'une aire circulaire où poussent des champignons. Mais il n'existe pas à ma connaissance de champignons qui puissent brûler, noircir ou roussir les feuilles ou leur donner l'apparence d'avoir été soumises à une intense source de chaleur émanant des airs.

En revenant à notre méthode habituelle, qui consiste à illustrer le prototype au moyen de résumés de cas individuels, nous présentons pour débuter un événement sur lequel Ted Phillips et moi-même avons personnellement enquêté. Il se produisit dans l'Iowa, en juillet 1969. Deux adolescentes déclarèrent avoir éprouvé ce soir-là une très grande frayeur lorsque, regardant par la fenêtre de leur chambre, elles surprirent un engin éclairé « traditionnel » s'éloignant de la ferme en un vol plané accompagné d'un son proche de celui d'un avion à réaction (Appendice 1, RR2-12). Le fermier, père d'une des jeunes filles, avait précisément inspecté ce jour-là son champ de soja sans rien y remarquer d'anormal.

Peu après l'apparition de l'O.V.N.I. survint une légère ondée, et tôt le lendemain matin le fermier retourna au champ de soja pour voir si la pluie n'y avait pas occassionné de dégâts. A sa grande surprise il constata la présence, en plein milieu, d'un cercle dévasté de 12 mètres qui, assurément, n'existait pas la veille au soir. Il ne trouvait aucune explication à la chose. Les adolescentes l'avaient informé de l'apparition d'un O.V.N.I., mais il n'y avait pas prêté attention avant de voir le cercle de plants de soja détruits. L'endroit où elles avaient vu l'objet coïncidait grossièrement avec celui-ci.

Je vins à la ferme plusieurs semaines après l'événement et je contemplai le cercle de mes propres yeux. Sur chaque plant les feuilles pendaient, flétries comme si elles avaient été soumises à une chaleur intense, mais les tiges elles-mêmes n'étaient ni brisées ni courbées, et le sol ne portait aucune marque. Tout se passait comme si la chaleur ou l'agent destructeur avait été dirigé d'en haut et de très près, mais sans qu'il y ait eu de contact direct.

Les jeunes filles racontèrent qu'elles avaient observé l'objet, qui pouvait avoir été en rapport avec le cercle, à une distance assez rapprochée, et qu'ensuite il s'était dirigé vers le nord-ouest (il venait du sud; les jeunes filles regardaient par une fenêtre nord, et le champ se trouvait au sud de la maison, à environ 1 500 mètres), disparaissant en laissant une lueur orange dans le ciel. Elles indiquèrent qu'il tournait sur lui-même dans le sens contraire aux aiguilles d'une montre et qu'il avait la forme d'une écuelle au fond concave.

Il était d'une couleur métallique gris-noir mat et cerclé à peu près aux deux tiers de sa hauteur par un anneau lumineux orange tirant sur le rouge. C'est le rayonnement de la lumière orange qui dessinait la forme de l'objet. On ne remarquait ni protubérances ni lumières isolées — rien que l'anneau lumineux orangé. Quant à sa taille, il avait trois ou quatre fois le diamètre de la lune, et l'une des jeunes filles pensait qu'il leur avait paru aussi grand qu'une automobile qui aurait été vue à la même distance.

En raison des répercussions qu'avait eues localement l'incident, le fermier se refusa à ce que j'interroge les jeunes filles, mais accepta volontiers de répondre lui-même à mes questions et à me montrer le cercle. Il tenait surtout à ce qu'aucune publicité ne soit donnée à l'affaire; il ne tenta en aucune façon d'en tirer un avantage matériel, et il me sembla que, s'il s'était agi d'une « affaire montée », il aurait été difficile d'expliquer pourquoi, en l'absence de toute perspective de profit, moral ou financier, un fermier en serait venu à détruire lui-même une partie de ses cultures (et comment d'ailleurs aurait-il procédé?).

Un détail souvent rapporté à propos des Rencontres Rapprochées d'O.V.N.I., mais rarement étayé par des preuves documentaires, concerne les branches supérieures des arbres qui sont brisées et leurs feuilles flétries. L'enquête, ici encore, pourrait se révéler féconde. J'ai eu connaissance d'un incident de ce type grâce à l'amabilité du Dr Peter Millman, du National Research Council of Canada; il n'avait toutefois pas enquêté personnellement à son sujet. Le rapport d'investigation émanait de la Défense Nationale. L'observation eut lieu près des rives d'un lac dans le nord de l'Ontario, le 18 juin 1967 (Appendice 1, RR2-18). Voici un extrait de sa relation :

> Alors qu'ils revenaient en bateau chez eux après avoir rendu visite à des voisins [les deux témoins] remarquèrent un objet lumineux planant à environ 15 mètres au-dessus de la cime des arbres, à quelque 400 mètres de là. Ils obliquèrent alors et allèrent dans cette direction pour voir la chose de plus près lorsque soudain l'objet fondit sur eux à grande vitesse. M. G. battit précipitamment en retraite en poussant son moteur de 75 chevaux à sa puissance maximum, aborda sur

la rive et quitta le bateau. L'objet revint alors à sa position première, demeurant en vol stationnaire. Les témoins regagnèrent le bateau et tentèrent de retourner chez les voisins qu'ils venaient juste de quitter, mais l'objet de nouveau sembla foncer sur eux. Ils rejoignirent aussitôt la rive, et M. et Mme G... coururent jusqu'à la demeure d'un [autre] M. G. et y réveillèrent toute la maisonnée. L'objet, après être demeuré pendant 10 à 15 minutes en vol stationnaire, disparut vers l'ouest-nord-ouest... Ils ne perçurent de son à aucun moment... Il n'y avait pas de vent, mais M. G. déclara que les cimes des arbres avaient bougé de façon notable les deux fois où l'objet avait effectué une descente.

Le rapport officiel indique :

L'objet fut décrit comme étant de forme ovoïde et surmonté d'une légère éminence comme un baldaquin. Il était de couleur brillante... et d'aspect métallisé mat. Il n'y avait pas de lumières visibles mais le sommet des arbres a paru éclairé par une lueur blanche lorsque, à deux reprises, l'objet a foncé sur le bateau. L'objet, qui avait basculé pour effectuer ses descentes, semblait par contre s'élever horizontalement et, lorsqu'il avait disparu, il se déplaçait latéralement. Comme la lune se reflétait sur lui, l'objet était bien visible à l'œil nu. M. G. [a estimé] sa taille entre 7 m 50 et 9 mètres de large et son épaisseur maximum entre 3 mètres et 4 m 50. En disparaissant, l'objet a pris une teinte orange. Aucun bruit n'a été perçu ni par les observateurs ni par les occupants de deux chalets situés à moins de 400 mètres de distance du lieu où l'objet est dit avoir évolué. Un des occupants... a indiqué qu'à ce moment-là il écoutait sur son poste à transistors la station C.K.R.C. sur 630 kilocycles, et qu'il avait dû l'éteindre tant il y avait d'électricité statique et de parasites. Il avait alors regardé par la fenêtre... pensant qu'il y avait un orage dans la région mais le ciel était dégagé. Son appareil radio fut examiné et trouvé en bon état de marche... Aucun des témoins de l'observation n'avait bu d'alcool ce soir-là. M. G. a une bonne vue et n'a pas besoin de lunettes. Plusieurs échantillons des feuilles flétries ont été transmis à Winnipeg pour analyse.

Cette dernière phrase se rapporte aux dégâts occasionnés au sommet des arbres et dont les témoins pensaient qu'ils avaient pour origine l'apparition de l'O.V.N.I. Le rapport les concernant énonçait ceci :

> Le Département de la Mise en valeur rurale et forestière informe que ses services ne peuvent fournir d'explication quant à la cause de flétrissure observée sur trois types différents d'arbres, à savoir : bouleau, coudrier, merisier, examinés dans la région d'où ont été préalablement prélevés les échantillons. Il n'y a pas de traces de pucerons ou d'insectes. Plusieurs arbres ont été touchés, et principalement à leur sommet, sans que l'on relève une distribution particulière. La cause pourrait en être la chaleur, bien qu'aucune autre preuve [normale] ne suggère une telle origine.

Pour le Dr Millman, il ne fait pratiquement pas de doute que la lumière était celle de Vénus, qui effectivement à l'époque se levait au nord-ouest. Mais justement cette circonstance nous ramène très précisément au cœur du problème des O.V.N.I. En effet, nul n'a pris la peine de vérifier dans quelle direction les observateurs regardaient originellement, et encore moins de leur demander s'ils ont vu à la fois Vénus *et* la lumière. On pourrait bien sûr se demander comment il peut se faire que deux personnes, par ailleurs tout à fait posées, aient pu avoir une hallucination commune au point de croire que Vénus piquait à deux reprises sur leur bateau et de s'enfuir à toute vitesse. Cette question, elle aussi, aurait mérité d'être creusée.

Les cas qui pourraient concourir à construire le prototype ne manquent pas, mais en présenter une accumulation ne servirait pas à grand-chose. Il ne semble pas y avoir de différence fondamentale entre les cas de Rencontres Rapprochées où l'on constate des effets physiques et ceux où l'on n'en constate pas. Au demeurant, des informations infiniment plus détaillées seraient nécessaires pour tenter d'élucider ces deux catégories.

Qu'il nous suffise de présenter encore trois observations :

> Mme J. ... fut attirée vers la fenêtre par ce qui semblait être les phares d'atterrissage d'un avion. La lumière, très vive, semblait tomber directement sur la cour... Craignant qu'il s'agisse d'un avion en détresse qui risquait de s'écraser sur la maison, elle sortit précipitamment avec ses trois fillettes et se réfugia dans la cour; à ce moment, les lumières qui se rapprochaient s'étaient fondues en une seule très grande et très brillante, d'un blanc éclatant. Pleines d'effroi, elles se tinrent toutes les quatre dans la cour... et contemplèrent la lumière qui, à basse altitude, se dirigeait droit sur la maison, puis, reprenant soudain de l'altitude, rasa un bosquet de pins qui bordait la cour, plongea derrière et finalement toucha le sol. La lumière était si vive qu'elle illuminait tout le site,

y compris le flanc de la maison et la cour... L'objet fut également signalé par un officier d'une patrouille frontalière qui avait été alerté par radio. Ce fut apparemment le même objet qui lui vrombit aux oreilles, et qui se trouvait à si basse altitude qu'il stoppa, descendit de voiture et le regarda disparaître. Les quatre témoins [qui se trouvaient ensemble] et le garde-frontière, qui était isolé, ont décrit pareillement l'objet : environ 9 mètres de diamètre, légèrement arrondi au sommet, silencieux et dégageant une intense lumière blanche.

L'objet demeura au sol pendant quelques minutes puis grimpa presque à la verticale à très haute vitesse et disparut en direction du nord-est. Là où l'objet s'était posé, dans la couche de neige qui avait bien 40 centimètres d'épaisseur, on voyait une grande dépression circulaire de 3 mètres à 3 m 50 de diamètre, et le sol, sous le cercle de neige fondue, montrait des traces de calcination. Des marques ovales de 20 centimètres et distantes également de 20 cm, se suivant en ligne droite, furent observées, allant du site de l'atterrissage au bosquet de pins où elles cessaient. Un mois après l'événement, l'aire circulaire montrait encore des traces de l' « atterrissage ».

Je ne me suis pas occupé personnellement du cas que je viens de citer (Appendice 1, RR2-21) mais je l'ai néanmoins retenu car il se conforme bien au schéma et il a été examiné par un enquêteur compétent ([8]).

Un autre cas nous emmène dans la province de Québec, au Canada, où le 11 mai 1969 (Appendice 1, RR2-22) M. Chaput, ouvrier dans une usine de pâte à papier, et propriétaire d'une ferme de 4 hectares, fut réveillé à 2 heures du matin par les aboiements de son chien. Regardant à l'extérieur, indique le rapport de son observation qui fut établi par un enquêteur canadien très compétent, il vit une source lumineuse intense qui illuminait son champ à moins de 200 mètres. La lumière était si vive qu'elle éclairait toute la zone et jusqu'à la maison. Il sortit et put voir son ombre se découper sur le sol. Chaput raconta qu'il pensait que la lumière ne pouvait pas être à plus de 4 m 50 du sol. Puis elle disparut tandis qu'il entendait, décroissant dans le lointain, un ronflement.

Le lendemain matin il se rendit sur les lieux de l'incident avec un de ses fils, un adolescent, et un autre plus jeune, et découvrit non seulement une marque circulaire du type « traditionnel » mais « trois dépressions circulaires espacées de façon régulière comme les trois sommets d'un triangle, et une dépression rectangulaire profonde de 3 à 5 centimètres près du milieu de la base du triangle ». L'enquêteur suppose que les trous ronds peuvent avoir été occasionnés par des béquilles d'atterrissage ou des patins, tandis que la dépression rectangulaire résulterait de l'ouverture d'une trappe ayant pressé très fortement contre le sol.

Sans même s'arrêter à ces conjectures, le fait demeure que nous nous trouvons ici en présence d'un des quelque 300 cas de traces au sol associées par les observateurs avec leurs Rencontres Rapprochées d'O.V.N.I. Ils constituent un problème à la fois passionnant et décevant — décevant parce que pour pouvoir simplement entreprendre de le résoudre il faudrait être en possession d'infiniment plus de renseignements quantitatifs que nous n'en possédons, bien que le schéma résultant de rapports établis aux quatre coins du monde soit cependant assez clairement délimité.

Enfin voici un dernier cas, dont je ne me suis pas

occupé non plus, et qui est classé par les fiches du Livre Bleu comme une « Mystification »; il fut apparemment transmis au Livre Bleu par un attaché de l'air basé à Paris qui, de son côté, réagissait à une lettre qui lui avait été adressée par l'intermédiaire du Chef-Adjoint de l'Etat-Major du Renseignement, Quartier Général de l'U.S. Air Force (Appendice 1, RR2-16). La lettre contenait l'avertissement suivant :

> Bien que nous n'ajoutions pas foi à ce rapport, notre expérience antérieure en ce qui concerne les incidents de cette nature nous enseigne qu'il conviendrait que les dossiers de l'Air Force indiquent qu'une attention officielle a été apportée à cet incident, dans l'éventualité de questions officielles ou publiques à son sujet.

Il s'agit d'une observation effectuée le 14 avril 1957 à Vins-sur-Caramy, en France, dans le département du Var. Prise en soi, et non comme un des nombreux cas de Rencontres Rapprochées, l'affaire paraît extrêmement bizarre et doit être affectée d'un haut Indice d'Etrangeté. On en viendrait même à excuser l'attitude du capitaine de l'Air Force G.T. Gregory, alors chef du Livre Bleu, qui y vit une « mystification ». Seulement, il se trouve que l'on ne peut considérer ce cas hors du contexte général. Si l'on emploie la méthode du « tir forain », qui consiste à abattre un canard de bois découpé chaque fois qu'il en apparaît dans la lucarne, il suffit de rejeter l'une après l'autre les apparitions d'O.V.N.I., sans tenir compte de tout ce qu'elles ont en commun, puisque chacune, prise isolément, apparaît absurde et invraisemblable. Les choses changent par contre si, au lieu d'apercevoir un seul canard à la fois, on en voit partir toute une troupe.

Voici un bref résumé de l'événement. Il semble qu'une curieuse machine métallique en forme de toupie et haute d'environ 1 m 50 ait atterri sur une route à une centaine de mètres de deux vieilles paysannes françaises. Au même moment, un assourdissant bruit de ferraille secouée monta d'un panneau de signalisation métallique planté à 6 ou 7 mètres de l'aire de l'atterrissage. Ce panneau avait été ébranlé par de violentes vibrations.

Un homme qui se trouvait à près de 300 mètres de là entendit les cris des femmes et le fracas du panneau. Pensant qu'il y avait eu un accident, il se précipita sur les lieux. Il arriva à temps pour voir la « toupie » bondir depuis le sol à une hauteur de 6 mètres, virer et atterrir de nouveau, cette fois sur une autre route s'embranchant sur la première.

Pendant qu'elle virait, elle survola un autre panneau de signalisation, et celui-ci vibra tout aussi bruyamment, comme s'il avait été « violemment ébranlé par des coups se succédant à une cadence rapide ». La machine, cependant, était absolument silencieuse. Elle ne passa pas à proximité d'un troisième signe qui se trouvait dans le voisinage (et était sans doute aussi en métal). Ce dernier point se révèle important si l'on accepte le témoignage de la police locale laquelle, en compagnie de l'enquêteur, plaça une boussole près des deux panneaux qui avaient résonné et constata une déviation de quelque 15°. Placée près de la Renault dans laquelle ils étaient venus, la boussole cette fois ne dévia que de 4°, tandis qu'elle demeurait stable au voisinage du panneau qui n'avait pas été ébranlé.

Sans aucune preuve, le Livre Bleu estima qu'il s'agissait d'une « Mystification », peut-être parce que cela lui paraissait la seule explication plausible. Cependant l'adjudant de gendarmerie du lieu garantit la sincérité des témoins — « Il affirma spontanément que non seulement les témoins étaient de bonne foi mais qu'ils ne pouvaient en aucun cas être soupçonnés d'avoir monté un bateau. »

Si l'on cherche une explication « naturelle », il me semble qu'il faudrait plutôt se tourner du côté des conditions météorologiques. Bien que je ne m'associe pas à cette opinion, on peut en effet avancer l'hypothèse d'un tourbillon de poussière ayant la forme d'une toupie, secouant les panneaux de signalisation, ayant un aspect métallique, choisissant à deux reprises de se poser sur des routes et « magnétisant » les panneaux.

Etant donné que je n'ai pas interrogé moi-même les témoins, je ne puis juger que d'après le rapport de l'enquêteur français (qui semble avoir conduit adroitement ses interviews comme il apparaît à la lecture du rapport complet). Un tourbillon de poussière ne « colle » absolument pas aux faits.

C'est là un des rares cas dont, bien que n'y ayant été mêlé d'aucune façon, j'ai tenu compte dans le présent ouvrage. Le lecteur aura peut-être tendance à l'exclure de la masse globale des témoignages, et à ne le considérer que comme une illustration de l'attitude officielle à l'égard du phénomène O.V.N.I. Ce cas n'en cadre pas moins parfaitement avec les autres.

A partir des cas sélectionnés que nous venons de présenter, le prototype de la Rencontre Rapprochée du Second Type se dessine bien, même si le lecteur et moi-même sommes fondés à déplorer la minceur des informations quantitatives. Il se peut que l'Indice d'Etrangeté de ces incidents soit si élevé qu'ils défient littéralement la description en termes de mesures, tels qu'en emploient la physique et l'astronomie. Mais nous allons maintenant être confrontés avec une catégorie bien autrement redoutable — au point de vue de l'étrangeté — celle des Rencontres Rapprochées du Troisième Type.

10

LES RENCONTRES RAPPROCHÉES DU TROISIÈME TYPE

> J'ai... fait un signe de la main. A notre surprise, la silhouette [sur l'O.V.N.I.] en a fait autant... On entendait les garçons de la mission suffoquer d'étonnement...
>
> Le Révérend Gill, au sujet de l'observation de Boainai, Papouasie, Nouvelle-Guinée.

Nous en arrivons maintenant au domaine le plus étrange, le plus incroyable de tout le phénomène O.V.N.I. Disons tout de suite que s'il était possible, sans manquer à l'honnêteté scientifique, de le passer sous silence, je le ferais bien volontiers. Il s'agit en effet des Rencontres Rapprochées du Troisième Type, c'est-à-dire de celles où l'on signale la présence de créatures douées de mouvement. (Si je parle ici de créatures douées de mouvement, plutôt que de créatures vivantes, c'est afin de ménager l'éventualité qu'il s'agisse de robots ou d'entités autres que des êtres « de chair et de sang ».) Diverses appellations leur sont appliquées : « occupants », « humanoïdes », « OVnautes » et même « OVNIsapiens ».

Il n'est malheureusement pas question de négliger une partie des données existantes simplement parce qu'elles ne vous conviennent pas ou qu'elles ne répondent pas à vos préconceptions. Nous achoppons sur les rapports qui font état d'occupants alors que les autres variétés de rencontres nous trouvent réceptifs. Pourquoi donc? Dans ce « festival de l'absurde », selon le mot d'Aimé Michel à propos de cet aspect du phénomène O.V.N.I., où peut bien se situer la différence essentielle, au point de vue de l'étrangeté ou de l'absurdité, entre la voiture stoppée en chemin par la lumière aveuglante émanant d'un engin inconnu et l'appareil d'où descendent deux ou trois petites créatures?

C'est là une prise de position parfaitement illogique, et cependant j'avoue partager ce préjugé assez inexplicable. Est-ce parce que la confrontation se situe cette fois au niveau de la matière animée que nous éprouvons un tel trouble et même une réelle répulsion? Sans doute notre *intelligence* peut-elle envisager les évolutions d'une *machine*, aussi bizarre soit-elle, sans que notre supériorité soit remise en cause pour autant. Mais la rencontre avec des êtres animés, donc éventuellement avec une intelligence d'un autre ordre que la nôtre, réveille la peur atavique de l'inconnu et ranime des craintes profondément ancrées en l'homme — rivalité pour la possession du sol, perte de l'hégémonie planétaire.

Et autre chose aussi nous tracasse : les humanoïdes semblent pouvoir assez aisément respirer le même air que nous et supporter la pression atmosphérique et la pesanteur. Il y a là-dedans quelque chose d'absolument anormal, puisque cela implique qu'il doit exister un milieu — une autre planète? — extrêmement semblable au nôtre. Peut-être s'agit-il simplement de notre planète? Mais comment? Ou peut-être sont-ce des robots, non soumis à la nécessité de s'adapter à l'environnement terrestre?

L'idée même qu'il existerait des humanoïdes offense le sens commun et les sarcasmes qu'elle suscite ne sont pas près de s'éteindre — les petits hommes verts constituent un inépuisable sujet de plaisanterie. N'est-ce pas aussi la raison du discrédit qui s'attache au concept même des O.V.N.I.? Nous voulons bien accepter, en effet, qu'il existe des O.V.N.I. mais des humanoïdes? Mais si ces derniers ne sont que le fruit de l'imagination, alors n'en va-t-il pas de même pour les O.V.N.I. « courants »? Certes, mais on a recueilli trop de témoignages sérieux à ce sujet pour les assimiler tout bonnement à des illusions. A moins bien sûr que tout observateur d'O.V.N.I. soit un malade en puissance. Mais alors à quoi tiendrait son mal? S'agit-il d'un « virus » bizarre épargnant les gens « sensés »? Au demeurant voilà une bien étrange maladie, susceptible d'affecter pendant un bref laps de temps — ce n'est souvent qu'une question de minutes — des gens de tout bord, d'où qu'ils viennent et quoi qu'ils fassent, de les faire agir bizarrement, voir des « choses », alors que tout, dans leur comportement quotidien, dément qu'ils puissent être la proie de telles aberrations.

A moins que les humanoïdes et les O.V.N.I. ne soient que les signaux d'une « réalité » parallèle qui, pour une raison quelconque, ne se manifeste à nos sens que durant de très courts moments? Mais que serait cette réalité? Où est le philosophe qui pourrait nous répondre?

Comment ne pas buter sur ce genre de questions? Il n'en demeure pas moins que l'on ne peut passer sous silence les rencontres où furent signalés des occupants, ne serait-ce qu'en raison de leur nombre.

Dans un catalogue établi par Jacques Vallée * et qui recence 1 247 cas de Rencontres Rapprochées, on relève 750 atterrissages d'engins. Parmi ces derniers, plus de 300 rapports, soit environ 40 %, font état d'humanoïdes vus dans l'engin au sol ou à proximité. Dans l'une et l'autre de ces deux dernières catégories, portant sur des atterrissages d'engins avec ou sans humanoïdes, environ 1/3 des cas avaient eu plusieurs témoins (1).

Si l'on s'en tient à la consultation des fiches du Livre Bleu la dimension du problème des humanoïdes serait négligeable (2). (Sur les milliers de rapports reçus par l'Air Force, il n'y en avait que 48 concernant des atterrissages d'O.V.N.I., et dans 12 d'entre eux seulement figuraient des humanoïdes — pour les années dont j'ai pu consulter les archives.) Au cours de la même période, 223 apparitions d'humanoïdes furent signalées au total dans diverses régions du monde.

La façon dont l'Air Force a réglé les rares cas d'atterrissages et les cas, encore plus rares, où figuraient des humanoïdes, est en elle-même « exemplaire » (3). En dépit de l'idée générale — et fausse — que ce genre de notifications résulte d'hallucinations, seuls 2 des 48 cas furent ainsi catalogués. Six furent répertoriés sous le terme relativement plus vague de « Psychologiques »; deux étaient des « Rapports non dignes de foi » — lire « Fous », dans la terminologie du Livre Bleu; six furent considérés sur de très minces preuves comme des « Mystifications ». Quant au plus grand nombre, on lui affecta la mention « Renseignements insuffisants » — terme favori du Livre Bleu lorsqu'il apparaissait que réunir des renseignements complémentaires présenterait trop de difficultés.

* Lire dans la même collection : *Chronique des apparitions extraterrestres*, par Jacques Vallée, A 308.

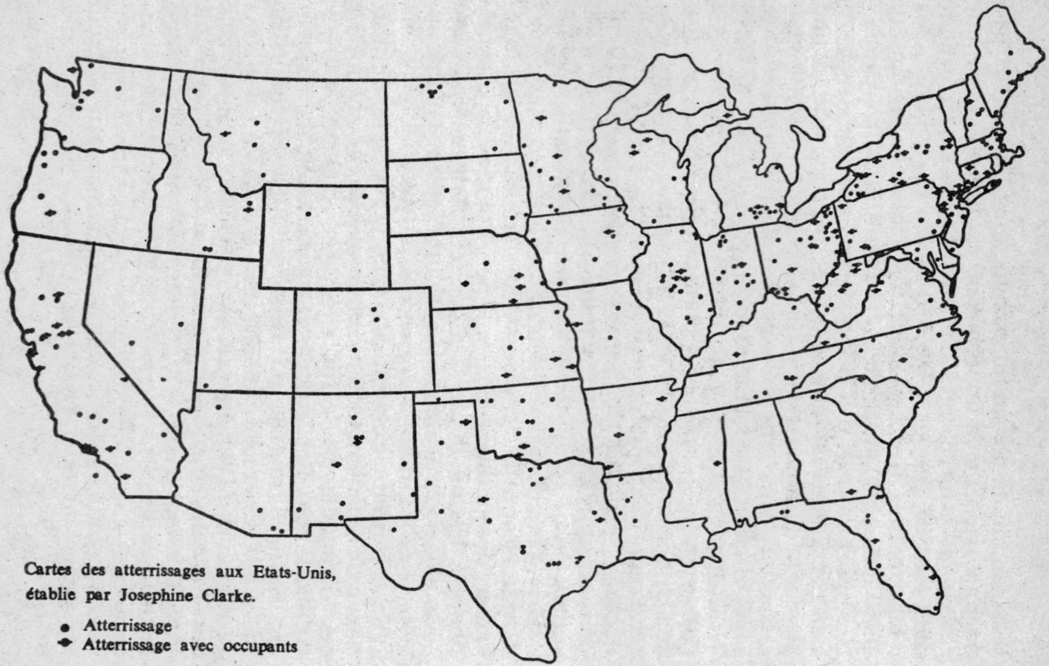

Cartes des atterrissages aux Etats-Unis,
établie par Josephine Clarke.

- ● Atterrissage
- ◆ Atterrissage avec occupants

D'une façon générale, on enquêta peu — ou pas du tout — sur ces apparitions. Il se trouvait parmi elles neuf atterrissages d'engins inconnus, et cependant rien ne fut tenté pour obtenir un complément d'information. On atteignit cependant les sommets de l' « évaluation créative » avec l'identification du fameux incident de Socorro, Nouveau-Mexique, à une balise et celui, encore plus connu, de Hill, à une inversion radar, estimation d'autant plus inepte que le rapport concernant cette apparition ne contenait pas d'observation radar pour cette période de la nuit.

On peut également se demander pourquoi l'Air Force n'a reçu que 12 notifications sur les 65 cas de Rencontres Rapprochées du Troisième Type survenus aux Etats-Unis, et seulement 48 cas d'atterrissages sur les 190 connus. Comme nous l'avons vu, tout incident qui ne lui avait pas été transmis par le canal de l'Air Force ne constituait pas un « cas » pour le Livre Bleu. Or, comme il était exclu de prendre (officiellement) au sérieux les atterrissages et, plus encore, les « petits hommes verts », on peut présumer que les officiers responsables des bases locales jugeaient préférable de ne pas transmettre de messages « absurdes ».

Sans doute est-il difficile d'étayer cette supposition, et cependant nous savons par d'autres sources que furent observés des atterrissages d'O.V.N.I. sur la Blaine Air Force Base (12 juin 1965), la Cannon Air Force Base (18 mai 1954) et la Deerwood Nike Base (29 septembre 1957). Or, aucun de ces incidents ne fut signalé au Livre Bleu; si donc des observations effectuées directement sur les bases militaires n'ont pas été rapportées, à plus forte raison les atterrissages — surtout s'ils comportaient des occupants — simplement notifiés par un civil téléphonant à la base aérienne, ont-ils été passés sous silence, les propos d'un « cinglé » ne valant pas la peine d'être acheminés officiellement. Pour le Livre Bleu, ce genre d'affaires devait se résoudre au niveau local.

Pendant toute la période où je fus conseiller du Livre Bleu, il ne me fut demandé d'examiner que deux cas, celui de Socorro, Nouveau-Mexique (Appendice 1, RR3-1) où figuraient des occupants, et celui de Dexter, Michigan, où seuls deux des nombreux témoins avaient rapporté un atterrissage. L'affaire de Socorro me parut extrêmement convaincante contrairement à celle du Michigan, qui cependant reçut une publicité beaucoup plus grande. Je pourrais donc me retrancher derrière cette insuffisance et renoncer à traiter une catégorie aussi épineuse puisque, contrairement à la règle que j'ai prescrite (et observée, à de très rares exceptions près, depuis le début de l'ouvrage), je n'en ai pas eu une connaissance directe. Il m'apparaît cependant indispensable de présenter les Rencontres Rapprochées du Troisième Type, ne serait-ce que parce qu'il en a été signalé partout dans le monde. Je renvoie d'ailleurs le lecteur aux nombreux rapports publiés dans les meilleurs journaux spécialisés dans les questions d'O.V.N.I. et à deux livres entièrement consacrés au sujet : *The Humanoids*, sous la direction de Charles Bowen, * et *Passport to Magonia* par Jacques Vallée.

Il ressort de ces lectures que les observations d'O.V.N.I. comportant des occupants présentent entre elles beaucoup de similitudes, non seulement dans les descriptions qui sont faites des humanoïdes mais aussi dans le comportement qui leur est attribué, quelle que soit la partie du monde d'où proviennent les notifications. Il est par exemple fréquemment indiqué qu'ils ramassent et emportent

* Lire dans la même collection : *Enquête des humanoïdes* par Charles Bowen, A 315.

dans leur engin des échantillons de terre et de pierres, à peu près comme les astronautes américains qui prirent pied sur la lune; ils semblent s'intéresser aux appareillages et aux véhicules; ils s'emparent même parfois de lapins, de chiens ou d'échantillons d'engrais!

Sans doute les choses seraient-elles plus faciles si nous pouvions démontrer que les Rencontres Rapprochées du Troisième Type diffèrent systématiquement des cinq catégories précédentes, ce qui justifierait de les rejeter dans les limbes. Et pourtant rien, pour l'essentiel — distribution géographique, moment des apparitions, fréquence et nombre de celles-ci, et surtout *genre* d'observateurs — ne les en distingue, si ce n'est que les événements ayant eu plusieurs témoins sont relativement moins nombreux (1/3 seulement environ) comme sont également moins nombreux les observateurs possédant une certaine formation technique, bien que l'échantillonnage des témoins ne diffère pas sensiblement. En effet, s'il ne se trouve pas, dans les cas sur lesquels je possède des informations, de pilotes, de contrôleurs du trafic aérien, d'opérateur radar ou de scientifiques, il y figure, par contre, d'autres positions responsables : pasteurs, policiers, ingénieurs électroniciens, fonctionnaires, directeurs de banque, militaires, mineurs, fermiers, techniciens, facteurs, ingénieurs du chemin de fer, docteurs en médecine — toutes professions sérieuses et utiles à la société.

Une première constatation s'impose : ceux qui signalent avoir vu des humanoïdes ne sont pas des « cinglés » — il s'en faut même de beaucoup. A vrai dire, je ne connais pas d'exemple où l'auteur d'une telle notification ait été manifestement déséquilibré. Il se peut que le nombre plus faible d'observateurs très cultivés ou ayant une formation technique supérieure ou une grande culture résulte simplement de la répugnance qu'éprouvent ceux-ci à se faire connaître, sachant à l'avance que les sarcasmes ne leur seront pas ménagés.

Il semble finalement que l'on ne peut pas subdiviser le phénomène O.V.N.I., c'est-à-dire en prendre et en laisser. Il faut étudier le problème dans son ensemble — ou l'ignorer, à défaut de le nier. Il s'ensuit que les Rencontres Rapprochées du Troisième Type doivent figurer dans le présent ouvrage.

Observant toujours la règle que je me suis fixée de discuter uniquement des cas dont j'ai eu personnellement à connaître, je ne choisirai donc que les quelques événements dont je me suis occupé de loin et pour lesquels j'ai pu réunir quelques preuves documentées. Malheureusement, le cas le plus convaincant m'a été transmis à titre privé moyennant la garantie de l'anonymat, et je ne pourrai donc en faire état de façon absolument exhaustive.

L'incident (Appendice 1, RR3-2) eut pour témoins quatre hommes s'acquittant parfaitement de leurs obligations professionnelles et familiales. Deux d'entre eux ont un poste relevant de la sécurité militaire, et la violation de leur anonymat constituerait une grave menace pour leur emploi *. Leur observation eut lieu dans le Dakota du Nord, en novembre 1961, par une froide nuit de pluie et de grésil. Les quatre hommes virent un engin éclairé atterrir dans un champ découvert; le croyant en difficulté, ils stoppèrent sur le bas-côté de la route, escaladèrent la clôture et se précipitèrent vers l' « avion ». On peut imaginer leur surprise en découvrant autour

* Je ne dis pas ceci pour exciter la curiosité, mais pour souligner, à l'intention des scientifiques, les difficultés à obtenir des renseignements dans ce domaine. Dans un certain sens, nous en sommes revenus à la période qui précédait la fondation de la Royal Society en Angleterre, lorsque les savants devaient, pour ainsi dire, emprunter furtivement les entrées de service, en tant que membres du « Collège invisible ».

de l'appareil des humanoïdes dont l'un tenta de les éloigner d'un geste menaçant. L'un des hommes fit feu sur l'humanoïde, qui tomba comme s'il était blessé. L'appareil décolla rapidement tandis que les quatre hommes prenaient la fuite.

Le lendemain, bien que, de leur propre aveu, ils n'aient soufflé mot de cette aventure à personne, on vint chercher l'un d'eux sur son lieu de travail, et on le conduisit devant des inconnus. Ceux-ci lui demandèrent de les conduire chez lui, et là ils examinèrent les vêtements qu'il portait la nuit précédente, et plus particulièrement ses chaussures, puis partirent sans explication. Pour autant que je le sache, aucun des quatre hommes n'entendit plus jamais parler de l'affaire. Le mystère demeure entier.

Deux autres incidents ne peuvent, étant donné notre règle, être retenus ici : il s'agit de ceux du 23 mars 1966 à Temple, Oklahoma, et du 3 mars 1969 à Atlanta, Missouri, qui n'eurent, l'un et l'autre, qu'un témoin unique.

La même règle devrait valoir pour l'événement du 24 avril 1964 à Socorro, Nouveau-Mexique (Appendice 1, RR3-1), mais j'en parlerai néanmoins car je l'ai étudié moi-même de façon relativement détaillée.

En l'occurrence, l'O.V.N.I. proprement dit fut observé par d'autres témoins, mais seul Lonnie Zamora, agent de police à Socorro, fut à même de voir les occupants. Je commençai, bien entendu, par chercher la faille, les contradictions dans le récit de Zamora; je m'employai également à démontrer qu'il n'était pas un témoin digne de foi, mais l'une et l'autre tentative échouèrent. Je fus frappé de constater en quelle estime le tenaient ses collègues et, aujourd'hui, je crois à l'authenticité de son témoignage, d'autant plus qu'il répond tout à fait au Schéma général.

L'incident de Socorro est un classique du genre, aussi suffira-t-il de le résumer brièvement. Dans l'après-midi du 24 avril 1964, Zamora était de service. Vers 17 h 45, il avait pris en chasse, au sud de la ville, un automobiliste coupable d'excès de vitesse. Il renonça cependant à sa poursuite en voyant descendre un engin qui émettait une flamme. Il entendit simultanément, venant de la direction de l'appareil, des bruits d'explosion. Il s'en trouvait encore à quelque distance lorsqu'il put voir l'engin posé au sol — il devait le décrire comme une automobile posée sur chant — et remarqua tout à côté deux figures vêtues de blanc.

Puis, en raison des vallonnements du terrain, il perdit un moment l'objet de vue, et ne put l'observer à nouveau qu'après avoir pris un tournant et gravi une côte. Il se trouva alors, à son grand ébahissement, en surplomb au-dessus d'un étroit ravin au fond duquel reposait, exhaussé sur des béquilles, un engin métallique ovoïde. Il n'était pas à plus de 45 mètres, ce qui permit à Zamora de noter un insigne bizarre sur les flancs de l'appareil. Il provenait de l'intérieur des bruits si violents que le policier chercha au plus vite à se mettre à couvert. En s'enfuyant, il regarda par-dessus son épaule et vit l'appareil grimper à la verticale puis, adoptant une course horizontale, disparaître peu après dans la direction du « Canyon des Six Milles ».

Zamora avait, en cours de route, signalé par radio son observation au commissariat, et le sergent Chavez avait pris la route pour le rejoindre. S'il ne s'était pas trompé de chemin, il aurait, lui aussi, pu voir l'appareil. Au lieu de cela il ne trouva, en arrivant, qu'un homme extrêmement secoué.

« Ça ne va pas, Lonnie? On dirait que tu as vu le diable », lui dit Chavez.

Et Zamora répondit : « Cela se pourrait bien. »

Plusieurs jours après l'incident, j'ai visité personnellement le site et j'ai pu contrôler la présence de traces d'atterrissage et de plantes carbonisées. Chavez m'indiqua, dans une longue interview, qu'il avait lui-même procédé aussitôt à cette même vérification, notant les marques dans le sol et les buissons d'épineux calcinés, qui fumaient encore lorsqu'il était arrivé auprès de Zamora.

Les mesures qui furent relevées montraient que les diagonales du quadrilatère décrit par les quatre marques dans le sol se coupaient presque à angle droit. Selon un théorème de géométrie bien connu, si les diagonales d'un quadrilatère se coupent à angle droit, le milieu de chacun de ses côtés se trouve sur la circonférence d'un cercle; or, il était particulièrement notable que le centre du cercle ainsi décrit coïncidait virtuellement avec la principale marque de calcination sur le sol. Sous certaines conditions, le centre de gravité de l'engin se serait trouvé directement au-dessus du centre du cercle, ce qui rend encore plus significative la présence de la zone brûlée.

Je revins à plusieurs reprises afin de poursuivre mon « enquête » de crédibilité sur Zamora, et j'eus ainsi l'occasion d'apprendre qu'il y avait un autre témoin, non identifié, qui s'était arrêté pour faire le plein de sa voiture juste au nord de la ville. Il avait raconté à la station-service que, alors qu'il se trouvait au sud, il avait vu un aéronef bizarre qui semblait en difficulté et tentait de se poser. Il avait dit qu'il devait avoir des ennuis car il avait vu une voiture de police (celle de Zamora) se porter à sa rencontre en roulant à travers champs. Selon lui, ce n'était pas un avion courant.

A l'époque, je m'efforçai de convaincre l'Air Force de confier à son service du renseignement la tâche de retrouver ce témoin non identifié, mais je ne parvins pas à faire naître le moindre intérêt pour la question. Je me souviens avoir alors remarqué que s'il s'était agi d'une affaire du ressort de la police fédérale : drogue ou fausse monnaie, le F.B.I. aurait sans aucun doute su localiser le témoin. Mais comme il ne s'agissait que d'une affaire d'O.V.N.I., on ne se départit pas de l'attitude coutumière, qui consistait à ne rien faire.

Dans une tout autre partie du monde se produisit, les 26 et 27 juin 1959, une Rencontre Rapprochée du Troisième Type qui eut, quant à elle, tous les caractères d'une expérience de groupe. Le pivot de l'observation fut le révérend William Bruce Gill, prêtre anglican diplômé de l'Université de Brisbane, et elle eut pour théâtre la mission qu'il dirigeait à Boainai, en Papouasie, Nouvelle-Guinée (Appendice 1, RR3-3). J'en eus connaissance de façon assez détaillée en 1961, alors que je me trouvais en mission officielle, pour le compte du Livre Bleu, auprès du Ministère de l'Air britannique.

Je pus également constater, par la même occasion, qu'en Grande-Bretagne l'attitude des militaires à l'égard des O.V.N.I. rejoignait assez exactement celle du Livre Bleu; en fait les Britanniques (comme d'ailleurs d'autres gouvernements) comptaient sur l'U.S. Air Force pour résoudre le problème. On me déclara sans ménagements que, étant donné les fonds et les facilités dont disposait l'U.S. Air Force, il aurait été sans objet d'agir ici, et que l'on faisait très sincèrement confiance à l'U.S. Air Force — qui, au demeurant, n'avait encore rien découvert de positif.

Le ministère de l'Air britannique n'avait pas pris au sérieux l'observation du père Gill et ce fut presque avec soulagement que l'on me confia le dossier, qui cesserait ainsi d'encombrer les classeurs. J'eus ensuite accès au rapport complet sur cette affaire [4], puis je reçus l'enregistrement d'un récit fait par le révérend Gill et enfin, plus tardivement, me parvint l'enregistrement d'un entretien entre ce dernier et mon collègue Fred Beckman.

Avant de trancher en la matière, il convient d'entendre le révérend Gill. Comme le montreront quelques extraits de ces enregistrements, sa sincérité ne peut être mise en doute. Il parle posément, choisit ses mots, donne des détails précis et clairs. L'audition de l'enregistrement est extrêmement convaincante. On aurait d'ailleurs peine à croire qu'un prêtre anglican aurait concocté une histoire à laquelle participent plus d'une douzaine de témoins dans la simple intention de fabriquer du sensationnel. Ceux qui critiquent ce cas ignorent généralement que le rapport du révérend Gill est loin d'être unique, et qu'il en existe environ une soixantaine d'autres pour cette même région de la Nouvelle-Guinée et sensiblement durant la même période; tous ont fait l'objet d'une étude par un collègue du prêtre, le révérend Norman Cruttwell, qui leur a consacré un rapport d'ensemble (5). Seule, cependant, l'observation du père Gill a fait état d'humanoïdes.

Le Département de l'Aéronautique du Commonwealth australien, quant à lui, n'y ajouta pas foi, sans pour autant interroger directement le père Gill — tout au moins si je me fie au dossier. Et voici ce qu'il répondit à un de mes collègues :

Air Commonwealth of Australia
Canberra
28 juin 1970

Cher Monsieur,

Suite à votre lettre du 12 novembre 1969 au sujet d'une observation aérienne insolite effectuée à Boainai, Papouasie, Nouvelle-Guinée, la R.A.A.F. [Royal Australian Air Force] n'a pu parvenir à une conclusion définitive concernant cette notification, tandis que, sollicités par nous, ni la Grande-Bretagne ni les Etats-Unis n'ont pu apporter d'élément d'appréciation ou de réponse.

Il en résulte que ces observations ont été classées en tant que phénomènes aériens, mais qu'il s'agissait en toute probabilité de la réflexion sur un nuage d'une forte source de lumière d'origine inconnue.
Salutations distinguées.

Cette lettre contient au moins un élément de vérité. En effet, lorsque le révérend Gill et ses nombreux compagnons ont vu l'O.V.N.I. brillamment éclairé grimper à la verticale, il a illuminé les nuages en les traversant. Il est également parfaitement exact, comme l'indique la lettre, que la lumière était d'origine inconnue!

Voici maintenant quelques extraits du rapport sur les observations d'O.V.N.I. en Nouvelle Guinée. Ce sont d'abord des notes prises durant la même période :

Les observations de Boainai ont été le point culminant d'une période d'activité des O.V.N.I., relativement courte mais fertile, dans les parages de la Nouvelle-Guinée. Papous ou Européens en ont été pareillement témoins. Les observations ont été signalées aussi bien par des Papous instruits que par des indigènes absolument analphabètes et de ce fait même relativement peu touchés par la civilisation occidentale, donc n'ayant jamais entendu parler de « soucoupes volantes ».

C'est ensuite une lettre écrite par le révérend Gill à une mission voisine :

Cher David,
Veuillez prendre connaissance de ces informations extraordinaires. Je suis presque convaincu de la théorie d'une « visitation » ... Je ne doute pas de l'existence de ces « choses » (comment le pourrais-je maintenant que j'en ai contemplé une de mes propres yeux), mais il n'est pas ques-

tion que j'accepte une théorie « extraterrestre » sans preuves scientifiques à l'appui. J'inclinerais plutôt à croire que les O.V.N.I. sont plus vraisemblablement une variété de phénomènes électriques ou peut-être procèdent-ils des explosions atomiques, etc. Tout cela est trop compliqué pour moi; je préfère qu'un petit malin en attrape un et l'expose dans Martin Square...

Bien à vous,
William

Le lendemain, le Père Gill écrivait au même correspondant :

Cher David,
Il est vrai que la vie est bizarre. Hier je vous ai écrit... en vous disant ce que je pensais des O.V.N.I. Il ne s'est pas écoulé 24 heures, et cependant j'ai maintenant une opinion relativement différente. La nuit dernière, ici, à Boainai, nous avons connu environ 4 heures d'activité des O.V.N.I. et il ne subsiste plus aucun doute qu'ils sont manœuvrés par des êtres quelconques. A certain moment nous en avions le souffle coupé. Je vous joins le rapport. Soyez assez gentil pour le faire circuler mais en même temps prenez-en grand soin car je ne possède que cet exemplaire...

Joyeusement à vous,
Bill le convaincu

P.-S. — Pensez-vous qu'il faudrait en informer Port Moresby?

Au cours d'un entretien, le révérend Gill raconta :

... et comme j'allais tourner le coin de la maison, quelque chose, dans le ciel, a accroché mon regard, et j'ai tourné les yeux vers l'ouest. Là, j'ai vu cette énorme lumière à un angle d'environ 45°. Bien sûr, à l'époque, je ne croyais pas à ce que l'on appelait les soucoupes volantes. Je n'avais même jamais pensé aux soucoupes volantes en tant que telles. Certains pouvaient s'imaginer en avoir vu, mais sûrement pas moi. Et puis il y en avait une. J'ai appelé Eric Kodawara et je lui ai dit : « Que vois-tu là-bas? » Il a répondu : « On dirait qu'il y a une lumière. » Je lui ai dit : « Eh bien, va chercher l'instituteur Steven Moi. Dis-lui de venir aussitôt. » Alors Eric est parti et il a réuni tous ceux qu'il a pu trouver et nous sommes tous demeurés là à regarder le ciel. Puis nous nous sommes avancés sur le terrain de jeux et nous avons continué notre observation. J'ai tout noté. J'avais très vite décidé de prendre un carnet et un crayon en me disant : Eh bien, si quelque chose doit arriver, c'est maintenant que ça arrivera, et demain, en me réveillant, je croirai avoir rêvé, je ne croirai plus que j'en ai vraiment vu une. Si à présent je note tout ce que j'observe, alors je saurai que je n'ai pas rêvé.

Et voici un extrait des notes qu'il a prises dans le carnet :

Heure : 18 h 45. Ciel : quelques formations basses de nuages. Vu une brillante lumière blanche au nord-ouest. 18 h 50 appelé Steven et Eric. 18 h 52, Steven arrivé confirme, pas une étoile. 18 h 55 envoie chercher des gens. Un objet au sommet, bougeant — un homme? Maintenant trois hommes, bougeant, lumineux, faisant quelque chose sur le pont. Parti. 19 h des hommes, 1 puis à nouveau 2. 19 h 04, parti de nouveau. 19 h 10 une couverture de nuages à 600 mètres d'altitude. Homme 1, 3, 4, 2 (apparus dans cet ordre), mince projecteur électrique bleu. Les hommes partis, le projecteur toujours là. 19 h 12 hommes 1 et 2 apparus, projecteur bleu. 19 h 20 projecteur éteint, hommes partis. 19 h 20 l'O.V.N.I. traverse un nuage. 20 h 28 ciel éclairci au-dessus, gros nuage au-dessus de Dogura. Vu l'O.V.N.I. en haut. Appelé les gens de la station. Semblait descendre, grossir. 20 h 29 deuxième O.V.N.I. vu au-dessus de la mer — parfois planant. 20 h 35 un autre au-dessus du village de Wadobuna. 20 h 50 nouvelles formations de nuages. Gros O.V.N.I. stationnaire. D'autres vont et viennent dans les nuages. Quand ils descendent à travers un nuage, la lumière se reflète sur le nuage comme un grand halo — pas plus de 600 m, probablement moins. Tous les O.V.N.I. très distincts. Le vaisseau « mère » encore grand, distinct, stationnaire. 21 h 05 formations de nuages, les numéros 2, 3, 4 partis. 21 h 10, numéro 1 disparu au-dessus de nous dans un nuage. 21 h 20 « mère » de retour. 21 h 30 « mère » parti, traverse la mer vers Giwa. 21 h 46 un O.V.N.I. reparaît au-dessus de nous, planant. 22 h toujours stationnaire. 22 h 10 planant, disparu derrière un nuage. 22 h 30 très haut planant dans une échappée de ciel entre les nuages. 22 h 50 très couvert, pas de signe d'O.V.N.I. 23 h 04 grosse pluie.

Notations d'une observation d'O.V.N.I. 18 h 45-23 h 04. Signé William B. Gill.

Le récit du révérend Gill contient ces informations :

19 h 12 apparition des hommes 1 et 2 — lumière bleue. Je puis ajouter que la couverture de nuages était à environ 600 m d'altitude, j'en juge par comparaison avec une montagne. Et tout ceci, bien sûr, se passait très en dessous de la couverture nuageuse. A ce moment-là, et en 25 minutes, les nuages avaient envahi le ciel. A 19 h 20 l'O.V.N.I. est parti à travers les nuages, droit dedans. A 20 h

28 le ciel commençait à s'éclaircir de nouveau, bien qu'il y ait eu une couverture basse de nuages au-dessus de Giwa. Et maintenant j'ai vu en haut l'O.V.N.I. Pour la seconde fois ce soir-là, j'ai appelé les gens de la station, 28 minutes après 20 heures, et il semblait descendre et grossir... D'autres allaient et venaient dans les nuages — souvenez-vous que nous avions alors des formations de nuages. Ils descendaient à travers les nuages et la lueur des disques se reflétait sur la face inférieure des nuages, et puis ils pénétraient à nouveau dans le nuage, et ils semblaient en faire un jeu.

La nuit suivante, ils sont revenus, et celui qui était intéressant en faisait partie. Ce fut d'abord une des infirmières de l'hôpital qui repéra un grand O.V.N.I. à 18 h... Voilà comment cela s'est passé : nous marchions et cette chose est descendue au plus bas niveau que nous ayons jamais constaté. Il était entre 90 et 150 m d'altitude lorsqu'il est descendu tout droit. Il ne faisait pas encore sombre et nous pouvions le voir tout à fait distinctement. Il était encore lumineux et étincelant, mais il semblait plus rapproché et plus net. Et puis il y avait cette figure sur le pont, enfin c'est ainsi que j'appelle le sommet. Et c'est l'instituteur qui a dit : « Je me demande s'il va atterrir sur le terrain de jeux. » J'ai répondu : « Pourquoi pas? » Et puis nous avons fait de grands signes — Bonjour, Bonjour! — et vous pouvez penser si nous avons été surpris lorsqu'ils nous ont rendu nos signaux. Et puis Eric qui était toujours avec moi — il ne m'a jamais quitté — et un autre garçon ont agité les bras et les figures elles aussi ont agité les deux bras en réponse.

Sans doute n'ai-je pas étudié personnellement le cas du père Gill, qui est maintenant un « classique » du genre, mais je ne laisse pas d'être impressionné par la qualité et le nombre des témoins, et aussi par la personnalité et le comportement du révérend Gill tels qu'ils transparaissent dans son rapport et dans les enregistrements.

L' « Ennemi juré des O.V.N.I. », comme il se plaît à se désigner lui-même, le Dr Donald Menzel de Harvard, maintient sur la question une position diamétralement opposée. Dans son *Analyse de l'affaire du père Gill en Papouasie* (Appendice 2), il nie purement et simplement qu'il y ait eu là un « cas », et ramène toute l'affaire à une observation de Vénus, sur la simple présomption que le père Gill, à ce moment-là, ne portait pas ses lunettes. L'éminent professeur a malheureusement négligé de prendre en compte les trois points suivants : l'O.V.N.I., à diverses reprises, a été observé sous la couverture de nuages; le révérend Gill a bel et bien repéré et montré Vénus à ses compagnons; ce dernier portait, au moment de l'événement, ses lunettes, et ses verres étaient correctement adaptés à sa vue.

Une autre Rencontre Rapprochée du Troisième Type devenue également classique est celle du 21 août 1955 à Kelly-Hopkinsville (Appendice 1, RR3-4); dans laquelle les humanoïdes tiennent le devant de la scène, l'O.V.N.I. lui-même n'étant mentionné qu'au passage. Ce fut par un pur hasard que j'eus connaissance de ce cas, car je n'avais pas été appelé en consultation à son sujet. Quelques mois après cet incident, je m'occupais de l'installation de douze stations de repérage de satellites en divers points du globe, et je n'avais pratiquement plus de temps à consacrer aux O.V.N.I. Il se trouva cependant qu'un électronicien, que j'avais engagé pour travailler sur les mécanismes d'horlogerie à quartz des chambres photographiques de Baker-Nunn (pour la poursuite des satellites), se trouvait être Bud Ledwith qui, je l'appris par la suite, avait été ingénieur et annonceur à la station radiophonique W.H.O.P. d'Hopkinsville, Kentucky. Le matin qui suivit l'incident de Kelly, Ledwith avait mené son enquête personnelle. C'est à lui que je dois un récit détaillé de toute l'affaire ainsi que les croquis et les déclarations signées des témoins.

Considéré en soi, c'est-à-dire hors du schéma général des observations d'O.V.N.I., le cas de Kelly-Hopkinsville semble absurde et offense le plus élémentaire sens commun. Ce dernier, soit dit en passant, ne s'est d'ailleurs pas toujours révélé un guide sûr dans l'histoire des sciences. Toujours est-il que l'événement ne fut recensé que brièvement par le Livre Bleu, qui n'enquêta que peu ou pas du tout à son sujet, et le catalogua, comme on pouvait s'y attendre, parmi les « Non-Identifiés ». C'était, effectivement, le moins qu'on puisse en dire.

Ledwith interrogea personnellement les sept témoins adultes, et leur demanda à chacun de dessiner un portrait des occupants. Au moyen de ces croquis, il établit alors un portrait-robot que les témoins avalisèrent en y apposant leur signature. Il m'a très aimablement communiqué tout ce qui avait trait à son enquête : rapports, croquis originaux, notes, et m'a autorisé à en faire état à mon gré.

Ce « classique » ayant été longuement décrit ailleurs, je me contenterai de le résumer brièvement : un des témoins avait vu un O.V.N.I. « conventionnel » atterrir dans un ravin près de la ferme des Sutton. En rentrant il raconta son aventure. On se moqua gentiment de lui, et personne n'y pensa plus. Une heure ne s'était pas écoulée que le chien se mit à aboyer violemment dans la cour. Deux des hommes de la maison allèrent jusqu'à la porte de derrière pour voir ce qui se passait. Un petit homme « lumineux », aux yeux énormes, les bras levés au-dessus de la tête comme si « on le dévalisait », approchait lentement de la maison.

Dans cette région, le niveau matériel des témoins et les contingences sociales font qu' « on tire d'abord et on parle après ». Les deux hommes ne manquèrent pas à la règle, l'un braquant un 22 long rifle et l'autre un fusil de chasse. Ils tirèrent ensemble lorsque l' « Ovnaute » n'était plus qu'à environ six mètres d'eux; les coups de feu résonnèrent, dirent-ils, « exactement comme s'ils avaient tiré dans un seau ». Le visiteur eut un brusque sùrsaut et se perdit aussitôt dans la nuit.

Peu après, un autre visiteur se montra à la fenêtre et fut pareillement accueilli à coups de fusil. L'écran grillagé qui protège la fenêtre porte encore la marque (la balle l'a percé) de cette défense contre l'envahisseur. Les hommes sortirent alors pour voir s'ils avaient tué l'importun, et comme le premier de la file s'était momentanément arrêté sous une petite avancée du toit, ceux qui le suivaient virent une main griffue descendre jusqu'à toucher ses cheveux. Nouveaux coups de feu, dirigés cette fois contre la créature sur le toit et contre une autre remarquée dans un arbre tout proche. Cette dernière fut apparemment touchée directement mais elle *flotta* jusqu'au sol (manœuvre que l'on devait observer en d'autres occasions) et décampa.

Peu de choses démontent autant un fermier du Kentucky que l'inefficacité des armes à feu, et bientôt toute la famille s'était barricadée dans la maison. De temps en temps, les visiteurs se montraient de nouveau aux fenêtres.

Environ trois heures plus tard, la famille décida unanimement que le siège avait assez duré et les onze occupants de la maison, s'empilant dans deux voitures, foncèrent en ville pour avertir la police. Il était 11 heures du soir. Etant donné qu'il faut certainement une stimulation de taille pour qu'en plein milieu de la nuit une famille de onze personnes s'entasse dans deux voitures, couvre à toute vitesese une dizaine de kilomètres et vienne demander l'aide de la police, on peut juger de la terreur des Sutton.

Ils revinrent à la ferme accompagnés de policiers qui scrutèrent les lieux, braquèrent en tous sens leurs projecteurs, firent un raffût considérable, mais ne trouvèrent rien.

Une fois la police partie, l'obscurité et le calme revenus, les créatures revinrent — au dire général des témoins.

Ledwith, qui avait pensé aussitôt à obtenir une description des petites créatures, a raconté (6) :

> Quand j'y arrivai [à la station radiophonique], je fus accueilli unanimement par la question : « As-tu vu les petits hommes verts? » Je demandai des précisions et recueillis quelques vagues renseignements sur les événements de la nuit. Me souvenant d'un article que j'avais lu peu de temps auparavant dans un magazine, et qui rapportait comment des artistes attachés à la police reconstruisent les traits d'un visage à partir des descriptions des témoins, je décidai d'éclaircir la situation. J'avais autrefois étudié le dessin et je pensais être en mesure de faire des croquis convenables.
>
> J'emmenai avec moi un des agents de police, afin d'avoir un témoin de mes actions qui puisse veiller à ce que, ni par mes propos ni par mes actes, je n'influe sur les dépositions des témoins.

En dépit du glorieux branle-bas de la nuit précédente, tous les hommes de la ferme étaient partis vaquer à leurs occupations. Les femmes acceptèrent d'être interrogées :

Les dessins se sont précisés sans que j'intervienne, de façon quelconque, dans les déclarations des femmes. Elles étaient tout à fait sûres de ce qu'elles avaient vu ou non; il me suffisait de suivre leurs indications quant aux formes du visage, des yeux, des mains, du corps. Même si je me contentais d'émettre l'ombre d'une supposition à propos de tel ou tel trait, elles me corrigeaient aussitôt... Très vite l' « apparition » commença à prendre forme. Les yeux étaient ronds comme des soucoupes, grands et écartés d'au moins 18 cm; ils semblaient placés latéralement, à mi-hauteur de la tête. Le crâne était rond et complètement chauve au sommet. Nous en vînmes au corps. Personne ne pouvait affirmer s'il y avait ou non un cou, alors nous n'avons pas dessiné de cou. Selon les femmes, le corps était mince et tout droit, sans formes... Les bras étaient bizarres presque deux fois plus longs que les jambes... les mains étaient énormes et massives... La seule chose qu'aucune d'elles ne pût décrire, c'est le nez... J'essayai d'en dessiner un... mais elles n'étaient sûres de rien, alors je l'ai gommé.

Après avoir questionné les femmes de la maisonnée pendant trois heures, Ledwith et son compagnon furent autorisés à revenir dans la soirée, lorsque les hommes seraient rentrés. Ils arrivèrent légèrement en avance, et lorsque les hommes revinrent : « Il y avait dans les deux sens une file de voitures longue d'au moins huit cents mètres. » Puis entra en scène le chef incontesté de la famille, « Lucky » Sutton, qui « pénétra dans la maison comme un ours ».

Il tourna les yeux vers la table, où j'avais placé mon croquis. Il s'assit sans dire un mot... le contempla... et dit : « Non, le visage est presque rond, il ne se termine pas en pointe ». Nous entreprîmes aussitôt le dessin des hommes, et nous guidant sur celui des femmes et en faisant les modifications qu'ils nous indiquaient... On ne s'accordait pas sur la bouche; Lucky demeurait intraitable : il ne devait pas y avoir de bouche. Ou alors, tout au plus comme une ligne barrant le visage. J'amadouai les témoins en traçant un trait d'une oreille à l'autre.

Ces sept personnes m'avaient fait des récits quasiment parallèles et décrit les créatures de façon à peu près identique. Or, sept personnes qui auraient voulu inventer une histoire et fabriquer des descriptions aussi voisines n'auraient pu le faire sans se concerter préalablement pour décider précisément de ce qu'elles allaient raconter; mais trois des hommes étaient partis très tôt le matin pour Evansville et n'étaient pas revenus de toute la journée. Au demeurant les interviews ne furent pas du genre : « Pensez-vous qu'il ressemblait à ça? » Non, tous les sept étaient affirmatifs quant à ce qu'ils avaient vu, et aucun d'eux ne revint sur ce qu'il avait dit... même lorsque je les poussai dans leurs retranchements. Ce n'est d'ailleurs sûrement pas la formule qui convient en ce qui concerne Lucky, qui n'est pas homme à être poussé dans ses retranchements.

... Au fur et à mesure que l'histoire se répandait, les faits commençaient à être déformés en tous sens; chacun, en relatant l'aventure, ajoutait à la description des créatures quelques traits de son cru. C'est pourquoi je suis heureux que nous ayons gagné les racontars de vitesse. Notre interview du matin constitua le premier rapport complet sur les événements de la nuit. Les femmes se montrèrent amicales et détendues et rien ne vint nous déranger. La horde des curieux ne s'était pas encore ébranlée. Le soir de ce même jour nous pûmes discuter calmement avec les hommes dès leur retour, et sans qu'ils aient pu parler avec les femmes de ce qu'elles avaient rapporté au cours de l'entretien du matin. Je fus surtout frappé de leur sincérité à tous, hommes et femmes...

Les protagonistes de cette aventure furent malheureusement vite assaillis par les importuns de tout poil — et particulièrement par les journalistes en mal de sensation — et se refusèrent bientôt à tout entretien. Cependant près d'un an après, Isabel L. Davis, de New York, vint à titre privé à Kelly et reprit l'investigation. Cette femme discrète mais opiniâtre, qui compte parmi les enquêteurs d'O.V.N.I. les plus sincères et les plus dévoués que je connaisse, parvint à obtenir des témoins qu'ils reviennent sur les événements de la nuit du 21 au 22 août et qu'ils en discutent en détail.

Isabel Davis a rédigé une relation complète de cette visite — document excellent qui vaudrait d'être publié — et a été assez aimable pour m'en remettre un exemplaire. Pour le principal, ce récit concorde entièrement avec les premières investigations de Ledwith. Considérés parallèlement, les deux récits nous restituent l'image d'un événement véritablement déconcertant et totalement inexplicable.

Sept adultes et quatre enfants ont fourni des témoignages concordants sur les principaux points de l'incident. Les témoins n'étaient pas, socialement, « en porte à faux », théorie avancée par D.I. Warren (7), laquelle, d'ailleurs, n'explicite pas plus cette observation que quantité d'autres. Warren soutient qu'un individu dont le statut social et économique ne coïncide pas avec ses capacités mentales et sa formation (par exemple une personne peu instruite occupant une position élevée, ou *vice versa*) est plus susceptible qu'un autre de signaler une observation d'O.V.N.I.

Je ne me serais pas autant intéressé à l'incident de Kelly-Hopkinsville s'il ne s'était trouvé que je connais les principaux enquêteurs, Ledwith et Davis, et plus particulièrement Ledwith puisque, pendant près de deux ans, il a travaillé sous ma direction au programme sur le repérage des satellites.

Mais il y a une autre raison, encore plus importante : les « humanoïdes » constituent en eux-mêmes un prototype qui a traversé les âges et qui figurait déjà, comme l'a montré de façon si convaincante Vallée dans *Passport to Magonia*, dans les mythes et les légendes propres à diverses civilisations. Il est extrêmement improbable que les Sutton « qui ne possédaient ni téléphone, ni radio, ni télévision, ni livres, ni même beaucoup de meubles » aient été très avertis des questions d'O.V.N.I. et aient pu savoir qu'à de nombreuses reprises, dans le passé, avaient été décrites des créatures semblables à celles dont ils ont aidé à dresser un portrait. Or, ce dernier offre une ressemblance frappante avec les « petits hommes » dont parlaient de nombreuses cultures.

Cela ne justifie pas, bien entendu, qu'il faille en conclure pour autant que les créatures de Kelly furent purement « imaginaires » ni, inversement, que la « réalité » des humanoïdes fut à l'origine des légendes antiques. Sous ce rapport comme sous beaucoup d'autres, l'étude du phénomène O.V.N.I. n'en est encore qu'à ses premiers balbutiements.

Pour les Sutton en tout cas, comme d'ailleurs pour tant d'autres, la réalité de leur expérience ne faisait pas de question. Isabel Davis le souligne :

> Les Sutton s'en sont toujours tenus à leur histoire. Obstinément, coléreusement, ils n'ont cessé d'affirmer qu'ils disaient la vérité. Pas plus les

adultes que les enfants n'ont, à aucun moment, laissé entendre qu'ils auraient pu mentir ou avoir été dans l'erreur — ni à l'extérieur ni dans le privé; ils ne se sont jamais désavoués, même sur des points mineurs.

Isabel Davis fait remarquer, de plus, qu'il n'y a pas eu, dans les propos des Sutton, cette « rationalisation protectrice » à laquelle recourent souvent les observateurs d'O.V.N.I. qui, bien que personnellement convaincus, essaient de se concilier les bonnes grâces de leurs semblables en disant par exemple : « Bien sûr, ce devait être un avion... Je peux m'être trompé » — avec des rires embarrassés et des mines pseudo-contrites. Selon elle :

> Les Sutton ne semblent à aucun moment avoir été tentés de faire marche arrière afin d'être à nouveau « bien vus » de leurs semblables... Leur entêtement, rien moins que « payant », à ne pas céder un pouce de terrain, ne prouve pas la véracité de leur histoire mais nous éclaire un peu sur leur caractère.

On peut objecter que, dans l'événement de Kelly, un seul témoin a vu l'O.V.N.I. alors que onze personnes ont vu les occupants. Ce fut donc plus une Rencontre Rapprochée d'occupants qu'une Rencontre Rapprochée d'O.V.N.I. Il n'est d'ailleurs pas rare que l'on rapporte avoir nettement vu des occupants d'un O.V.N.I. tandis que celui-ci a été seulement entrevu. Dans l'incident de Socorro. Nouveau-Mexique, ce fut au contraire l'inverse. Zamora a vu de très près l'engin et les occupants seulement à distance.
Je vais maintenant présenter un cas de « contact », non parce que je souscris à la théorie des « contacts » mais au contraire parce qu'il s'en distingue d'une

certaine manière : il n'y a aucun substrat pseudo-religieux, aucune indication d'un culte des O.V.N.I., aucun message cosmique platement verbeux. De plus il a fait l'objet d'une étude particulièrement approfondie, ainsi que d'un ouvrage dû à John Fuller (*The Interrupted Journey, le Voyage interrompu*). C'est l'histoire de Betty et de Barney Hill.

Cette aventure ne répond pas, selon moi, au schéma de la Rencontre Rapprochée du Troisième Type, et ne peut donc concourir à la construction du prototype de cette catégorie. Si je l'ai cependant retenue ici, c'est parce qu'elle contraste tout autant avec les habituelles histoires de « contacts » qu'avec les Rencontres Rapprochées du Troisième Type. De plus, cet événement a reçu une large publicité en son temps et a suscité beaucoup d'intérêt *.

Il faut reconnaître qu'il y avait de quoi : Betty et Barney Hill — couple interracial habitant le New Hampshire — placés isolément sous hypnose par un psychiatre de Boston, le Dr Benjamin Simon, relatèrent au cours de plusieurs séances leur enlèvement à bord d'un vaisseau spatial; le livre de Fuller retrace l'affaire de façon détaillée, mais il me faut cependant la résumer ici brièvement (Appendice 1, RR3-5).

Revenant de leurs vacances au Canada, Betty et Barney Hill, qui roulaient tard dans la nuit sur une route déserte, virent descendre un O.V.N.I. Celui-ci, ayant finalement atterri, bloqua la route devant eux. Ils furent abordés par des humanoïdes.

Quelque deux heures plus tard, les Hill se retrouvèrent sur le chemin du retour mais à 55 kilomètres de là, et sans aucun souvenir de ce qui s'était passé durant ce laps de temps. Cette amnésie persistant, ils

* La publication du livre de Fuller, puis sa condensation dans un magazine réputé l'ont fait très largement connaître. Il est bien rare, au cours des discussions publiques, que l'on ne me questionne pas à son sujet.

commencèrent à éprouver divers troubles physiques et psychiques et aboutirent finalement chez le Dr Simon, célèbre pour ses guérisons d'amnésies.

Ayant été mis à plusieurs reprises isolément en état d'hypnose chacun fit, de son côté, un récit des faits. Leurs versions respectives concordaient de façon assez précise, bien que ni l'un ni l'autre n'ait su à l'époque ce qu'avait évoqué son conjoint.

Ils racontèrent donc qu'emmenés séparément à bord de l'engin, ils avaient été bien traités par les occupants, plus ou moins à la façon dont les humains traitent les animaux de laboratoire, puis relâchés après injonction hypnotique d'oublier totalement leur expérience. D'où sans doute leur perte de mémoire que seul pouvait contrebattre un autre hypnotisme.

Les expériences médicales faites sur leur personne consistèrent, selon les Hill, à insérer une aiguille dans le nombril de Betty et à recueillir des rognures d'ongles et de barbe. Au cours d'un incident « amusant », les fausses dents de Barney furent retirées; une tentative semblable faite sur la denture de Betty, qui ne doit rien à l'artifice, échoua lamentablement *.

Peu après la publication du livre de Fuller, nous fûmes invités ensemble à dîner avec les Hill chez le Dr Simon, qui habite aux environs de Boston. Nous étions convenus qu'avant le repas le Dr Simon plongerait les Hill dans une transe hypnotique et me laisserait alors les questionner. L'expérience me fit une forte impression, car au fur et à mesure que Barney décrivait l'enlèvement à bord de l'engin son agitation grandissait, et le Dr Simon avait les plus grandes difficultés à le calmer.

Nous sentîmes bien en cette occasion combien

* On peut imaginer une communication faite lors d'une réunion scientifique sur la « planète X » pour décrire cette expédition sur la Terre et révélant que les mâles noirs ont des dents amovibles tandis que celles des femelles blanches sont fixes!

l'expérience des Hill avait été bouleversante, mais tout bien considéré cette session d'une heure et demie ne livra finalement que d'assez minces informations. Une telle défaillance doit sans doute être imputée à mon inexpérience à formuler les questions qu'il convient de poser à une personne sous hypnose. Sauf dans les moments où l'émotion les submergeait, l'un et l'autre s'exprimaient de façon hachée. Ils répondaient parfois de façon incertaine à des questions directes, ce qui me rappelait les difficultés que l'on rencontre lorsque l'on doit interroger de grands malades; il y avait de longues pauses. Je n'ai cependant jamais eu l'impression qu'ils éludaient délibérément de répondre. Au cours du dîner qui suivit, les Hill se révélèrent diserts, pleins d'esprit et de charme — leurs facultés mentales et leur lucidité ne pouvaient être mises en doute.

Voici quelques extraits de cette séance d'hypnose, qui témoignent à la fois de la violence du choc émotif qui fut le leur, et de leur très évidente sincérité.

Dr SIMON. — D'accord, et maintenant revenons à la fin de votre excursion aux chutes du Niagara, lorsque sur la route du retour vous avez eu cette expérience avec l'objet volant non identifié. Qu'en pensez-vous maintenant? Avez-vous été enlevé ou non?

BARNEY. — Je pense que j'ai été enlevé.

Dr SIMON. — Avez-vous été enlevé?

BARNEY. — Oui. Mais je ne veux pas croire que j'ai été enlevé, alors je dis simplement que je le pense, parce que comme cela je suis plus à l'aise pour accepter quelque chose dont je ne veux pas accepter qu'elle se soit passée.

Dr SIMON. — Qu'est-ce qui pourrait vous mettre à l'aise?

BARNEY. — De dire que je le pense.

Dr SIMON. — Je vois. Pourquoi êtes-vous mal à l'aise à ce propos?

BARNEY. — Parce que c'est une histoire tellement invraisemblable. Si quelqu'un m'avait raconté que cela lui était arrivé, je ne l'aurais pas cru, et je déteste être accusé d'avoir fait quelque chose lorsque je sais parfaitement que je ne l'ai pas fait.

Dr SIMON. — De quoi êtes-vous accusé?

BARNEY. — Je ne suis pas cru, alors que j'ai fait quelque chose et que je sais que je l'ai fait.

Dr SIMON. — Et si vous aviez simplement capté le rêve de Betty?

BARNEY. — J'aimerais bien voir ça.

Dr SIMON. — Vous aimeriez bien voir ça; peut-être est-ce vrai?

BARNEY. — Non... [Criant]... Je ne voulais pas qu'ils placent ce truc sur moi! Je ne voulais pas qu'ils me touchent!

Dr SIMON. — D'accord, d'accord. Mais ils ne vous touchent pas à présent, ils ne vous touchent pas. N'en parlons plus. A présent le Dr Hynek va vous parler, et M. Fuller pourra aussi vous parler; pendant un moment, vous ferez tous les deux ce qu'ils vous diront de faire, comme si cela venait de moi. Vous répondrez à toutes les questions qu'ils vous poseront et vous exécuterez toutes les instructions venant de l'un de nous trois tant que durera la transe. Mais après cela, vous n'obéirez plus qu'à moi seul.

HYNEK. — Barney, vous allez vous souvenir clairement de tout, et vous allez me dire ce qui est en train de se passer; vous venez juste d'entendre le bip-bip-bip; je veux que vous me disiez à quoi ce bruit ressemblait et puis chacun de vous va revivre ce qui s'est passé et me dire ce qui est en train de se passer pendant que vous roulez.

Soudain Barney reprend le récit, apparemment au moment où ils se sont trouvés en face des humanoïdes :

BARNEY. — Betty, c'est là — c'est là, Betty! Mon Dieu, mais c'est dingue. Je traverse un pont — je ne suis pas sur la Nationale 3. Oh, la la! Oh, la la! [Barney halète.] Oh, je ne peux pas y croire. Il y a des hommes sur la route. Je n'y crois pas. Je ne veux pas avancer. Il ne peut rien y avoir là. C'est la lune.

Dr SIMON. — Continuez, Barney. Vous vous souvenez clairement de tout — tout est clair.

BARNEY. — Je descends de voiture et je quitte la route pour entrer dans les bois. Il y a une lueur orange; il y a quelque chose là. Oh, si seulement j'avais mon fusil; si seulement j'avais mon fusil [nerveusement et d'un ton désespéré]. Nous montons la rampe. Oh, ce que je voudrais foncer dedans mais je ne peux pas. Je voudrais les frapper, mais je ne peux pas. Je bouillonne — Il faut que je cogne, il faut que je cogne!... Mes pieds butent et je suis dans un corridor. Je ne veux pas avancer. Je ne sais pas où est Betty. On ne m'a pas fait de mal; je ne cognerai pas le premier, mais si on me fait du mal je cogne. Je suis engourdi. Je n'ai plus de sensibilité dans les doigts. Mes jambes sont engourdies. Je suis sur la table!

Dr Simon. — Tout va bien. Vous pouvez vous arrêter là. Vous êtes sur la table mais vous êtes calme et détendu et maintenant vous vous reposez jusqu'à ce que je dise : « Ecoutez, Barney. » Pendant un moment vous n'allez rien entendre de ce que je dis. Betty, qu'est-ce qui se passe?

Betty. — Nous roulons — Barney freine et les freins crissent, et il braque sec à gauche. Je ne comprends pas ce qu'il fait. Nous allons nous perdre dans les bois. Nous obliquons dans un virage. [Elle s'arrête.] Barney essaie de la faire démarrer — elle ne démarre pas. Dans les bois maintenant ils viennent vers nous. C'est à ce moment-là que j'ai peur et il faut que je sorte de la voiture et que je coure me cacher dans les bois...

Dr Simon. — Arrêtez-vous, Betty, arrêtez-vous un peu. Vous ne voulez pas entendre ce que je vais dire.

Il y a alors un passage à vide durant lequel Barney crie éperdument, et le Dr Simon parvient difficilement à le calmer. Finalement il s'adresse de nouveau à Betty.

Dr Simon. — Betty, vous pouvez m'entendre maintenant.

Betty. — Oui.

Dr Simon. — Continuez.

Betty. — Je veux ouvrir la porte de la voiture et puis courir me cacher dans les bois...

Hynek. — Aviez-vous jamais vu quelque chose qui ressemble à cela?

Betty. — Non.

HYNEK. — Est-ce que la lune l'éclairait? Pouviez-vous voir la lune en même temps?

BETTY. — Il y avait un grand clair de lune. Il ne faisait pas aussi clair qu'en plein jour, mais je pouvais voir. C'était par terre, et il y avait une sorte de rebord autour de l'arête.

HYNEK. — Reposait-il sur des béquilles ou à plat sur le sol?

BETTY. — Le bord était un peu surélevé par rapport au sol et il y avait une rampe qui descendait.

HYNEK. — Il était grand comment, Betty? Comparez-le à quelque chose que vous connaissez, Betty, au point de vue de la taille.

BETTY. — J'ai essayé de penser...

HYNEK. — Un wagon de chemin de fer? Etait-ce plus gros qu'un wagon de chemin de fer ou plus petit?

BETTY. — Je ne peux pas me représenter la taille d'un wagon de chemin de fer. Je dirai que s'il s'était posé là dans la rue — voyons, il irait depuis le coin de la façade jusqu'au-delà du garage.

HYNEK. — A quoi pensiez-vous en vous en rapprochant?

BETTY. — Si possible à sortir de cette nom de Dieu de situation.

HYNEK. — Et pourquoi n'était-ce pas possible?

BETTY. — Je n'y arrivais pas. Je — leur homme était à côté de moi. Tout ce qui me venait, c'était « Barney, Barney, réveille-toi. » Il m'a demandé s'il s'appelait Barney. Je ne lui ai pas répondu parce que je trouvais que ça ne le regardait pas. Et puis quand nous sommes arrivés — j'ai vu cette chose — je savais qu'ils allaient nous forcer à y monter. Mais je ne voulais pas. Je n'arrêtais pas de leur dire que je ne monterais pas, que je ne voulais pas monter. Et ils me disaient d'avancer, que tout ce qu'ils voulaient c'était procéder à quelques expériences simples, que dès qu'ils auraient terminé, je regagnerais la voiture.

HYNEK. — Vous ont-ils dit d'où ils venaient?

BETTY. — Non.

HYNEK. — Quelle sorte de sons émettaient-ils?

BETTY. — C'était comme des mots — comme le son des mots.

HYNEK. — Des mots anglais?

BETTY. — Non.

HYNEK. — Mais vous les compreniez?

BETTY. — Oui.

HYNEK. — Comment expliquez-vous cela?

BETTY. — C'était — tout ce que je peux dire — comme quand on apprend le français.

HYNEK. — Quand on apprend le français?

BETTY. — Oui.

HYNEK. — Vous pensez que c'était du français?

BETTY. — Non, mais c'était comme quand on apprend le français. Quand on entend pour la première fois un mot en français, on y pense en anglais.

HYNEK. — Je comprends. Ainsi vous avez entendu ces sons dans une langue quelconque, et vous les avez compris comme s'ils étaient de l'anglais. C'est bien ça?

Le Dr Simon toucha la tête de Betty : « A présent je touche votre tête et vous allez vous sentir reposée et détendue, et vous n'entendrez plus rien jusqu'à ce que je vous touche de nouveau la tête. Barney, vous pouvez m'entendre à présent, vous vous sentez bien, détendu. Vous m'avez dit que vous étiez entré dans l'appareil, c'est bien ça? »

BARNEY. — Oui.

Dr SIMON. — Ils vous avaient emmené à l'intérieur, et ils vous avaient mis sur une table.

BARNEY. — Oui.

Dr SIMON. — Et ils vous ont parlé, n'est-ce pas?

BARNEY. — Oui.

Dr SIMON. — Dites-nous comment ils parlaient; répondez au Dr Hynek là-dessus.

HYNEK. — Barney, les avez-vous vus ouvrir la bouche et, dans ce cas, l'ouvraient-ils beaucoup?

BARNEY. — Ils remuaient la bouche, je l'ai vu.

HYNEK. — Essayez de me dire ce qu'étaient les sons ou s'ils correspondaient à quoi que ce soit que vous connaissez. Est-ce que vous pourriez penser à un animal qui émet des sons semblables?

BARNEY. — Non.

HYNEK. — A quoi ressemblaient les sons? [Barney fait des *oh, oh, oh!* chevrotants.]

HYNEK. — Que pensiez-vous d'eux, et même pensiez-vous simplement à eux?

BARNEY. — J'ai pensé que si seulement je pouvais leur cogner dessus avec mes poings...

HYNEK. — C'était pendant que vous étiez sur la table?

BARNEY. — Oui. Je voulais me battre. Je ne savais pas où était Betty, et chaque fois que j'essayais de bouger ou de me débattre cette lumière forte dans ma tête me calmait.

Le cas des Hill est évidemment tout à fait atypique

puisque la majeure partie de leur témoignage fut obtenue sous hypnose. Leur histoire démarre comme beaucoup d'autres — une lumière dans le ciel, qui, en se rapprochant, croît en taille et en luminosité, l'atterrissage, et l'effroi qui s'empare des témoins. Mais l'enlèvement, les expérimentations et tout le déroulement de l'aventure jusqu'au moment où ils se sont retrouvés sur la route à 55 kilomètres de là, ainsi que leur perte totale de mémoire quant à ces deux heures de leur existence, n'offrent absolument rien de commun avec les autres cas.

Si nous faisons abstraction du récit obtenu sous hypnose, la première partie de l'aventure est conforme au schéma habituel. Par contre, toute la partie atypique ne peut être étudiée qu'en tant que telle, c'est-à-dire en tant qu'événement exceptionnel. Il faudra donc attendre qu'il survienne — s'il en survient — d'autres récits de Rencontres Rapprochées obtenus sous hypnose, et que ceux-ci soient étudiés (il ne faut pas oublier que les Hill ont attendu plusieurs années avant de se faire soigner), pour essayer alors de déterminer si celles-ci présentent également un schéma particulier.

Et qu'en est-il des occupants eux-mêmes? Il semble que deux tailles leur soient généralement attribuées, grande et petite, avec une prédominance de la première. Les humanoïdes d'Hopkinsville et beaucoup de ceux dont parle le *Passport to Magonia* ont un aspect assez semblable à celui des « petits hommes » légendaires — elfes, lutins, etc. Un crâne volumineux, des pieds fuselés et, généralement, la tête plantée directement sur les épaules, avec à peine une amorce de cou, sont les traits le plus souvent cités. Les « grands » humanoïdes sont décrits comme étant de taille égale ou légèrement supérieure à celle d'un homme et généralement bien proportionnés. Certains vont même jusqu'à dire qu'ils sont beaux. La taille des plus petits se situe aux alentours d'1,10 m.

Mais notre propos n'est pas d'établir une classification des humanoïdes; nous renvoyons pour cette question le lecteur aux *Humanoïds* de Bowen et au *Passport to Magonia* de Vallée.

Que peut-on, finalement, dégager des Rencontres Rapprochées du Troisième Type? Qu'elles ne diffèrent pas fondamentalement des autres Rencontres Rapprochées si ce n'est que des occupants y sont signalés et que les observateurs qui les signalent ont généralement une formation technique et un « vernis » moindres que dans les deux catégories précédentes. Il ne nous appartient pas d'en inférer que les techniciens supérieurs ou les citoyens en vue ne peuvent être témoins d'une Rencontre Rapprochée du Troisième Type; il se passe simplement que, à défaut de se faire connaître, ils n'existent pas pour nous *.

Les circonstances ont voulu que, durant mes vingt années d'activité, je n'aie que de rares contacts personnels avec les cas qui constituent cette catégorie; c'est la principale raison qui me dicte de n'étudier le problème des O.V.N.I. qu'en fonction des prototypes des cinq premières catégories : Lumières Nocturnes, Disques Diurnes, Radar-Optiques et Rencontres Rapprochées du Premier et du Second Type. Ayant eu, pour celles-ci, directement affaire aux témoins, je les maîtrise beaucoup mieux. Je laisserai donc à chaque lecteur le soin de déterminer par lui-même la place qu'il assigne aux Rencontres Rapprochées du Troisième Type à l'intérieur du problème général des O.V.N.I., sans perdre cependant de vue qu'il demeure à découvrir si les cas où figurent des humanoïdes n'en constituent pas finalement la clé.

* Lire dans la même collection : *A la recherche des extra-terrestres* par Alfred Roulet, A 320.

ET MAINTENANT, FAISONS LE POINT

INTRODUCTION : LE COLLÈGE INVISIBLE

Les deux premières parties de notre ouvrage ont eu pour objet de présenter le phénomène O.V.N.I., et d'en exposer les données. Le lecteur, qui a pu ainsi se faire sa propre opinion, déplore sans doute que le problème ait si peu progressé en vingt ans. Cette troisième partie va le faire juge.

Nous allons voir, en un premier temps, comment le problème fut traité publiquement par l'Air Force, puis, en un second temps, le sort qui lui fut réservé par la Commission Condon de l'Université du Colorado. J'indiquerai enfin ce qui, selon moi, pourrait en constituer une approche positive — donc efficace.

A mesure que l'on est averti de la richesse du matériel existant, mais aussi de la façon dont on en a fait usage, on se trouve aussi désarmé que si l'on voulait, par exemple, décrire le coucher du soleil à un aveugle de naissance, à cette différence près cependant que l'aveugle n'est pas responsable de sa cécité tandis que la science, non d'ailleurs sans motifs valables, s'est elle-même appliqué des œillères. Il est vrai que toute l'affaire, déjà confuse, n'a été que trop fréquemment « parrainée » par des personnes peu aptes à l'évaluer et encore moins à la considérer d'un œil critique. Si l'on ajoute à cela le militantisme bruyant d' « originaux » de tout poil, on comprendra pourquoi beaucoup de chercheurs ont soigneusement évité de s'en mêler.

Je considère pourtant que les œillères ont commencé à laisser filtrer un peu de lumière grâce à la déclaration de la Commission spéciale de l'American Institute of Aeronautics and Astronautics (décembre 1968) et à la parution, dans le *Journal of Astronautics and Aeronautics* qu'il publie, d'études détaillées sur certaines observations d'O.V.N.I. Il est d'ailleurs légitime que l'intérêt du chercheur se porte sur les O.V.N.I. puisque ceux-ci posent un problème à l'esprit humain, mais on voit mal encore quelle discipline doit les prendre en charge. Dans l'immédiat le physicien, le sociologue, le psychologue, et même le spécialiste des sciences occultes doivent tous être sollicités au même titre.

S'il ressort, de mes conversations et de mes échanges de lettres avec nombre de confrères, que l'intérêt des scientifiques ne cesse de croître, celui-ci n'en demeure pas moins, dans la plupart des cas, bien caché. On assiste véritablement à la formation d'un « Collège invisible » dont les membres, savants ou techniciens, accepteraient volontiers d'entreprendre l'étude du phénomène O.V.N.I. s'ils en avaient le temps et les possibilités matérielles.

Ils constituent un groupe international, qui serait prêt à relever le défi.

11

L'AIR FORCE ET LES O.V.N.I.
PAGES DU LIVRE BLEU

DEPARTMENT OF THE AIR FORCE
HEADQUARTERS FOREIGN TECHNOLOGY DIVISION (AFSC)
WRIGHT-PATTERSON AIR FORCE BASE, OHIO 45433

OFFICE OF THE COMMANDER

4 SEP 1968

Dr J Allen Hynek
Dearborn Observatory
Northwestern University
Evanston, Illinois 60201

1. During the past few years you have publicly criticized Project Blue Book for their lack of scientific evaluations of some unidentified flying object reports.

2. I would like for you to address your efforts, during the next thirty days, towards defining those areas of scientific weakness which presently exist in the Project Blue Book office. Please confine your paper to the scientific methodology which should be used and do not concern yourself with Air Force policy or history.

3. Your recommendations should be precise, detailed, and practical. Your report should reach my office no later than October 1, 1968.

RAYMOND S. SLEEPER, Colonel, USAF
Commander

Department of the Air Force
Headquarters Foreign Technology Division (AFSC)
Wright-Patterson Air Force Base, Ohio 45433

Bureau du Commandant

le 4 septembre 1968

Dr J. Allen Hynek
Dearborn Observatory
Northwestern University
Evanston, Illinois 60201

1. Durant ces dernières années, vous avez publiquement reproché au Programme Livre Bleu de n'avoir pas procédé à une évaluation scientifique d'un certain nombre de rapports sur des objets volants non identifiés.

2. Je voudrais que, durant le mois qui vient, vous vous efforciez de définir les zones de défaillance scientifique qui existent présentement dans le Programme Livre Bleu. Veuillez borner votre exposé à la méthodologie scientifique qui devrait être mise en œuvre et ne pas vous préoccuper de la politique de l'Air Force ou de son histoire.

3. Vos suggestions doivent être précises, détaillées et pratiques. Votre rapport doit me parvenir au plus tard le 1er octobre 1968.

Raymond S. Sleeper, Colonel de l'U.S. Air Force
Commandant

Durant mes vingt années d'activité auprès de l'Air Force, c'était la première fois qu'il était demandé au conseiller scientifique de formuler ses critiques quant à la méthodologie appliquée à l'étude du problème O.V.N.I., et d'établir un Plan de redressement souhaitable. Il était parfaitement exact que, depuis quelque temps déjà, je ne ménageais pas mes critiques à l'égard du Livre Bleu, mais jusqu'alors celles-ci n'avaient pas officiellement porté leurs fruits. Il apparaissait enfin qu'à la longue j'avais été entendu.

J'étais, bien entendu, satisfait d'avoir été entendu officiellement et, dans ma réponse, je fis le tour de la question (Appendice 4). Afin de replacer le contenu de mon rapport dans une perspective correcte, il convient de retracer un bref historique du Livre Bleu et de bien voir quels rôles jouèrent respectivement le Pentagone et les scientifiques dans la définition et la cristallisation de l' « attitude Livre

Bleu » envers le problème des O.V.N.I. On remarquera que la lettre du colonel Sleeper ne demandait pas d'avis sur la politique poursuivie. Celle-ci continuait, comme par le passé, à être déterminée aux plus hauts niveaux et régie par le Pentagone.

Quinze ans plus tôt la prestigieuse Commission Robertson (1), après cinq jours de travaux (14-18 janvier 1953), avait énoncé les conclusions suivantes :

a) Ce que l'on sait des Objets Volants Non-Identifiés n'indique nullement que ces phénomènes représentent une menace physique directe contre la sécurité nationale. Nous sommes persuadés qu'en dernière analyse aucun de ces cas ne fait évoquer des phénomènes qui seraient attribuables à des objets susceptibles d'actions hostiles, et que rien ne prouve que les phénomènes devraient faire envisager une révision des idées scientifiques actuelles.

b) L'insistance mise à souligner la nécessité de signaler ces phénomènes constitue, en cette période précaire, une menace pour le bon fonctionnement des organes de protection du corps politique. Citons, par exemple, l'embouteillage des canaux de transmissions par des notifications aberrantes, le danger que les alertes continuelles amènent à méconnaître les indices d'actions réellement hostiles, et l'entretien d'une psychologie nationale morbide qu'une propagande ennemie habile pourrait faire basculer vers un comportement hystérique et une défiance nocive à l'égard des autorités constituées.

La Commission préconisait en conséquence :

a) Que les organismes nationaux de sécurité prennent immédiatement les mesures nécessaires pour mettre un terme à la situation spéciale qui a été faite aux Objets Volants Non Identifiés et les dépouiller de l'aura de mystère qu'ils ont regrettablement acquise.

b) Que les organismes nationaux de sécurité définissent et poursuivent, en matière de renseignement et de formation, ainsi que d'éducation du public, une politique d'éducation défensive matérielle et morale permettant de déceler promptement les indices véritables d'intentions ou d'actions hostiles, et d'y réagir promptement.

La Commission avait donc porté son attention plus sur les problèmes de défense et de sécurité que sur l'aspect scientifique de la question. On aurait d'ailleurs pu s'y attendre puisque l'initiative de la réunion de la Commission et de son « briefing » revenait à la C.I.A. Le grand nombre de « Non-Identifiés » déjà répertoriés par le Livre Bleu ne fut pas évoqué — et encore moins expliqué. Etant donné que les cas présentés à la Commission avaient été sélectionnés à son intention par le Livre Bleu, lequel avait déjà fait connaître publiquement son opinion sur les O.V.N.I., on peut presque parler de « procès monté de toutes pièces ». Les augustes membres de la Commission ne faisaient pas mentir l'adage : « Si vous gardez votre sang-froid lorsque les autres le perdent c'est que la situation vous échappe. » La Commission n'eut tout simplement pas connaissance des cas les plus déconcertants, qui pourtant ne manquaient pas.

Pendant le même temps, le Battelle Memorial Institute de Colombus, Ohio, procédait à une analyse statistique (qui parut par la suite dans le rapport n° 14 du Livre Bleu, document édifiant si on le lit entre les lignes); or, témoignant d'un réel esprit scientifique, les responsables de Battelle signalèrent * une pénurie évidente d'informations valables et précisèrent que même les notifications bien documentées n'offraient pas toutes garanties quant à la validité des données. Ils demandèrent que cette dernière soit réévaluée avant que l'on détermine les grandes orientations de l'enquête, laissant entendre (bien que trop diplomates pour le dire ouvertement) que la réunion de la Commission Robertson était prématurée et que ses travaux n'aboutiraient à rien. Elle aboutit cependant à ceci qu'elle fit dénier tout droit de cité scientifique aux O.V.N.I. Il en résulta que pendant près de vingt ans on ne prit pas la peine de réunir à leur sujet les informations nécessaires, même simplement pour déterminer la nature du phénomène. Les relations publiques de l'Air Force furent remarquablement discrètes touchant cette question, et le public en fut réduit à décider par lui-même si ce silence impliquait une pêche fructueuse ou s'il visait simplement à noyer le poisson.

L'Air Force entra officiellement dans l' « arène des soucoupes volantes » le 22 janvier 1948, après divers contacts épistolaires, fin 1947, entre le commandant général de ce qui était alors les forces armées de l'air et le chef de commandement du matériel aérien de l'A.T.I.C., à la base aéronautique Wright-Patterson de Dayton, Ohio.

L'été 1947 avait été fertile en événements troublants : trop de rapports sur des objets bizarres observés dans le ciel avaient émané de personnes offrant d'indéniables garanties de sérieux — « pilotes des glaciers », policiers, pilotes de ligne, observateurs militaires, etc. — pour que l'on n'agisse pas. L'armée de l'air, responsable de la sécurité aérienne du pays, s'en était aussitôt préoccupée. La pre-

* Dans une lettre du 9 janvier 1953 au capitaine E.J. Ruppelt, qui fut le premier responsable du Livre Bleu.

mière explication qui vint à l'esprit fut, bien entendu, qu'une puissance étrangère avait mis au point un nouvel engin constituant une menace évidente pour notre sécurité. Aussi effrayante que l'idée puisse être, elle n'en représentait pas moins un concept directement accessible à l'esprit militaire, qui se sentait de taille à l'affronter. L'activité du renseignement en matière de technologie étrangère entrait directement dans les attributions de l'Air Force. Et c'est ainsi que naquit le « Programme Signe », parfois incorrectement baptisé « Programme Soucoupe ». Son équipe entreprit l'examen critique de la première série de rapports, et peu de temps après il me fut demandé de contrôler ceux qui pouvaient avoir pour origine une observation astronomique mal interprétée.

Mais le comportement des « soucoupes volantes » tel qu'il était rapporté par les témoins ne correspondait pas à ce que l'on pouvait attendre d'engins militaires technologiquement avancés, et d'un autre côté les observations pouvant être identifiées avec certitude comme des objets ou des événements astronomiques n'étaient pas le plus grand nombre. A l'intérieur du Programme Signe, l'opinion se scinda bientôt nettement : s'agissait-il d'une technologie étrangère ou d'une technologie *vraiment étrangère*? Engins d'outre-espace? Psychose collective? Rumeurs nées du malaise qu'engendrait l'après-guerre?

Le schisme se précisa lorsqu'il devint de plus en plus évident que l'hypothèse d'une technologie étrangère « ordinaire » était indéfendable. On se trouvait devant une « rupture d'explication ». Il fallait, ou bien admettre que le phénomène dans sa totalité était « psychologique » (expression souvent employée à défaut d'une explication plus valable) ou bien qu'il masquait quelque chose dont personne ne voulait convenir. Lorsque l'esprit humain se trouve soudainement confronté à des « faits » vraiment inquiétants, et qui refusent de s'insérer dans l'image du monde couramment admise, alors des efforts frénétiques, plus sentimentaux qu'intellectuels (car ce serait alors un aveu d'ignorance), se déploient pour colmater cette brèche. Il faut à tout prix, soit trouver une explication adéquate qui « sauve le phénomène », soit en discréditer les données. Il semble que devant toute situation dépassant de loin notre « seuil d'acceptabilité », nous élevons une censure mentale qui bloque ou écarte le phénomène « trop bizarre » et nous fait trouver refuge dans le connu.

L'histoire de la science abonde en « explications satisfaisantes » qui préservent le *statu quo*. Ainsi la découverte des ossements fossilisés d'espèces animales disparues, preuves de la validité du concept de l'évolution biologique, fut accueillie par maintes tentatives de démolition, car elle accréditait la théorie darwinienne alors honnie. Nombreuses d'ailleurs furent les « explications satisfaisantes » qui ne cédèrent qu'aux faits : ce fut le cas pour la circulation du sang, l'héliocentrisme, l'hypnotisme, les météorites, les maladies bacillaires, et bien d'autres phénomènes aujourd'hui universellement reconnus.

En 1948, le Programme Signe devant affronter une « rupture d'explication » majeure se tourna donc vers des conseillers scientifiques, soit au sein de l'Air Force, soit parmi les corps savants. Ils réagirent comme on pouvait s'y attendre : « Cela ne peut exister; donc, cela n'existe pas. » La question dépassant leur seuil d'acceptabilité, ils se refusèrent, bien entendu, à « peser et considérer » comme tout scientifique s'honore de le faire.

Il faut cependant reconnaître à leur décharge qu'ils durent juger sur des pièces qui péchaient tant par la qualité que par la présentation, le pire (notifications ineptes, observations de Vénus ou de météores non reconnus pour ce qu'ils étaient) et le meilleur leur étant proposés indistinctement.

Les fonctions limitées que je remplissais auprès du Programme Signe (je devais simplement éliminer les rapports attribuables à une observation astronomique) me permirent bientôt de me rendre compte que tels qu'ils étaient signalés, certains événements défiaient l'explication scientifique. Mais le défi était-il légitime? En effet je voyais bien que, pour beaucoup, le mystère tenait simplement à l'indigence des informations, et qu'il se dissiperait aisément s'il était possible de mener une enquête systématique et raisonnée. Dès le départ se posait le problème de l'absence d'investigations convenables.

N'étant encore, à l'époque, qu'un jeune chercheur, et peu enclin à jouer les martyrs ou à me ridiculiser en tablant sur des données insuffisantes, je décidai de demeurer neutre et de laisser le phénomène se prouver ou s'infirmer de lui-même. Les conseillers du Pentagone, mes aînés par l'âge et par les fonctions, s'accordaient tous à discréditer le problème, et je devais bien admettre que, pour stimulantes qu'elles se révèlent, les données étaient loin d'être scientifiquement probantes. Bien des années allaient encore s'écouler avant que j'en vienne à penser, devant l'afflux continu d'informations de même nature, émanant non seulement des Etats-Unis mais de partout dans le monde, que le phénomène était en train de se prouver : arrivé à ce stade en effet, on ne comptait plus les événements dont il n'était pas possible de rendre compte en termes « ordinaires ».

L'attitude officielle du Pentagone fut très largement dictée par les scientifiques. Après tout, même un général en chef n'aime pas être en butte aux moqueries de la hiérarchie scientifique. Un des exemples les plus probants fut, on le sait, celui du Dr Menzel, titulaire de la chaire d'astronomie à l'Université Harvard, qui sembla se faire un devoir de se pencher sur la question des soucoupes volantes, bien que celle-ci n'entretienne que de lointains rapports avec sa propre spécialité. Il proclama bruyamment l'absurdité des O.V.N.I. et défendit avec une vigueur particulière la « théorie du mirage ». Il attribua des propriétés aux mirages, et des propriétés de mirages aux O.V.N.I., dont il a été montré depuis qu'elles étaient indéfendables même par l'Air Force elle-même (2).

Mais, bien que le Dr Menzel ait indubitablement contribué à infléchir la position « scientifique » du Pentagone, nous ne voulons pas donner l'impression qu'il fut le seul à succomber au syndrome de la « rupture d'explication ». La majeure partie du monde scientifique expédia rondement le problème, certains même pontifiant avec délices sur le sujet pour le plus grand bénéfice du public « ignorant ». L'opprobre du corps savant était en bonne partie fondé. Les rapports résultant de méprises abondaient, et l'habituel contingent des originaux veillait dans la coulisse quand même il ne se manifestait pas par des réunions bruyantes, des publications de tracts pseudo-religieux ou des déclarations aberrantes.

Je confesse avoir éprouvé une grande satisfaction chaque fois que je pouvais prendre en défaut des « inconditionnels », ou démontrer la fausseté de rapports d'O.V.N.I. dus à des observateurs égarés ou impressionnables. C'était, en effet, un bon point que de parvenir à établir que tel rapport concernant un « vaisseau mère et quatre compagnons » était incontestablement né de l'observation, au moyen d'un petit télescope, de Jupiter et de ses quatre satellites majeurs, ou à prouver que ce qu'une femme avait appelé un « vaisseau spatial avec des lumières à l'arrière » n'était rien d'autre que la lueur éclatante d'un météore.

Mais les 237 rapports originaux du Programme Signe n'emportaient guère l'adhésion, et n'évoquaient sûrement pas l'idée de « visiteurs de l'espace ». Lorsque, en 1970, je les ai de nouveau passés en revue, leur médiocrité m'est apparue encore plus clairement. Au contraire les rapports des années 50, puis ceux de 1966 et 1967 étaient infiniment plus valables, tant par leur haut Indice d'Etrangeté que par la validité des témoins. En 1947-1948, il n'y avait guère de quoi faire travailler son imagination. Sans doute le contenu de certains rapports n'offrait-il aucune prise à une explication physique normale, mais ils n'en demeuraient pas moins de qualité médiocre car ils n'avaient pas fait l'objet d'investigations en profondeur; des renseignements cruciaux faisaient défaut. Dans cette première série de 237 cas, pas un récit de Rencontre Rapprochée n'égalait en qualité les rapports détaillés que nous avons connus plus récemment, et quant aux notifications radar, elles étaient rares et indigentes. La catégorie prépondérante était celle des Disques Diurnes, et seuls quelques rapports de Lumières Nocturnes méritaient de retenir l'intérêt.

Encore aujourd'hui, si l'on me demandait d'étudier ces cas tels qu'ils se présentaient alors, et sans avoir connaissance des schémas qui se dégagent des observations à l'échelle mondiale, j'en arriverais à la même conclusion qu'en 1949 : un certain nombre de ces notifications sont déconcertantes, mais elles ne sont pas assorties de renseignements suffisants pour permettre une opinion définitive. Et je n'en maintiendrais pas moins ma conclusion de 1953 : le sujet mérite une étude scientifique plus approfondie.

Nous devons cependant reconnaître en toute justice que l'Air Force, quelque critiquable qu'ait été son attitude envers les O.V.N.I., n'était pas investie, spécialement en 1949, d'une mission scientifique mais défensive. Sa responsabilité cessa dès lors qu'elle démontra que le phénomène O.V.N.I. ne laissait pas présager d'intentions hostiles et ne menaçait donc pas la sécurité du pays.

Si, arrivée à ce point, l'Air Force avait remis tout le dossier à une organisation scientifique sans but lucratif et de réputation inattaquable, toute l'histoire du problème des O.V.N.I. aurait pu prendre un cours différent. Une petite équipe de chercheurs bien avertis des problèmes fondamentaux, fonctionnant de façon continue et publiant de temps à autre le résultat de ses travaux dans la presse scientifique, aurait suffi à la tâche.

Mais l'Air Force choisit une tout autre voie. Une fois que le Pentagone eut fermement défini une politique « OVnesque » et rejeté sans appel une historique « Estimation de la situation » (qu'une faction du Programme Signe avait fait parvenir jusqu'au plus haut échelon), laquelle concluait, à partir des observations de soucoupes volantes, à l'existence des intelligences extra-terrestres, l'Air Force entra dans une longue période de relations publiques maladroites et même malheureuses. Brochures de propagande et communiqués de presse, souvent mal inspirés et contradictoires, inaugurèrent une ère de confusion qui allait durer vingt ans (1950-1970). On comprend mal d'ailleurs les consignes officielles de silence ou la fréquente classification « secrète » des documents puisque le Pentagone avait déclaré que le problème n'existait pas.

Durant cette période, le rôle de l'U.S. Air Force fut à la fois essentiel et énigmatique. Il fut essentiel car partout dans le monde (ou plus spécifiquement, dans les pays où la centralisation des rapports d'O.V.N.I. incombait à un organisme gouvernemental) on se régla sur son attitude. Lorsque, dans ces autres pays, il m'arriva de m'enquérir de ce qui était fait à propos du problème des O.V.N.I., il me fut souvent répondu que, puisque les Etats-Unis, détenteurs des fonds et du matériel nécessaires, s'attaquaient au problème, que pouvaient entreprendre de plus les pays beaucoup moins bien pourvus? On attendait donc de voir ce qui sortirait des investigations américaines.

Son rôle fut énigmatique puisqu'une question ne cessait de surnager : si, dans sa totalité, le phénomène O.V.N.I. se ramène à des méprises, des illusions, des mystifications, etc., pourquoi poursuivre làdessus un programme d'étude? Pourquoi, en matière d'information du public, occulter ou déformer le problème par des publications qui insultaient souvent à l'intelligence des gens compétents? Quelques-unes des appréciations du Livre Bleu sur des rapports faits en toute bonne foi furent à tel point révélatrices et hors de propos qu'il lui fallut, à maintes reprises, les rétracter. A moins qu'il ne se soit agi là que d'un écran de fumée, d'une couverture, le Programme Livre Bleu n'étant qu'une façade tandis qu'un autre département menait l'enquête et traitait l'information?

Si, dans les débuts, un organisme scientifique : commission permanente ou institut de recherche, avait reçu mission d'étudier le sujet, celui-ci aurait ainsi accédé à une respectabilité qui lui fut déniée, et l'image de marque de l'Air Force en aurait été rehaussée. Le public aurait pu être informé, autrement que par des feuilles à sensation, de ce qui était déconcertant et non encore élucidé, il aurait su que tel ou tel rapport avait pu être identifié sans ambiguïté comme résultant d'une méprise, d'une mystification, etc. Parallèlement, le public ne redoutant plus le ridicule, son assistance, lointaine ou immédiate, aurait été acquise à l'entreprise. On aurait pu savoir si l'on parvenait à isoler un « signal » du

« bruit »; et si l'ensemble des rapports d'O.V.N.I. représentait un matériel empirique véritablement nouveau. Une commission scientifique civile, opérant dans un registre élevé, se serait probablement acquis la coopération de groupes scientifiques internationaux. L'erreur initiale consista à entourer le sujet d'une atmosphère de science-fiction militaire, que vint encore renforcer l'apparente mauvaise foi des déclarations publiques. Et si le groupe scientifique que j'évoque, après s'être livré à une étude sérieuse, avait conclu que les rapports d'O.V.N.I. ne contenaient rien qui puisse intéresser la science, ses conclusions auraient prévalu d'une façon générale — sauf bien sûr aux yeux des « inconditionnels », mais quelle importance alors? Que, par contre, la preuve inverse ait été faite, et l'on aurait pu mettre en œuvre un véritable programme de recherches exhaustives et approfondies.

Mais on suivit une voie bien différente. Le Programme Signe fut affecté de la priorité 2 A, c'est-à-dire qu'il venait immédiatement après la priorité majeure (1 A). Peu après le moment où j'en devins le conseiller astronomique, j'appris que dès le démarrage les dissensions régnaient. D'un côté se trouvaient ceux qui insistaient pour voir dans les soucoupes volantes des engins russes; de l'autre ceux qui maintenaient qu'il s'agissait d'engins d'outre-espace; enfin la troisième faction considérait, comme il se doit, toute l'affaire comme absurde.

Dès mon entrée en fonctions, il me fut demandé de travailler indépendamment des autres conseillers et des membres du programme, dans le but, apparemment, de me préserver de tout parti pris. Mon rapport final, dressé avec la compétente assistance de Mrs Charles Summerson, sortit après la mystérieuse transformation du Programme Signe en Programme Rancœur, le 11 février 1949. Je ne fus pas informé de ce fait et je continuai à essayer de dépister de mon mieux, parmi les 237 rapports initiaux, tous ceux qui pouvaient recevoir une explication astronomique.

L'entrée en vigueur du Programme Rancœur marqua le début du « rejet » du problème des O.V.N.I. Les communiqués de presse publiés à propos de cas précis n'offraient plus qu'une très lointaine parenté avec les faits qui avaient suscité la notification initiale. Si celle-ci contenait quelques éléments pouvant caractériser un avion, un ballon, etc., l'objet observé devenait spécifiquement dans le communiqué un avion, un ballon, etc.

Le capitaine Ruppelt devait écrire, à propos de l'hypothèse selon laquelle ces « rejets » auraient procédé d'une volonté de semer la confusion afin de masquer les faits : « Il n'en était rien; il existait simplement un manque de coordination. Mais si l'Air Force avait essayé de dissimuler artificiellement l'affaire en créant la confusion, elle n'aurait pu s'y prendre mieux (3). » Ruppelt cite comme exemple des extraits d'un communiqué de presse du Pentagone assimilant les soucoupes volantes à *a*) des fragments de météorites éclatées dont les cristaux renvoyaient la lumière solaire; *b*) le soleil éclairant des nuages bas; *c*) des grêlons qui, s'étant aplatis, suivaient une trajectoire horizontale. Ruppelt était parfaitement fondé à dire : « On s'attaqua au problème au milieu d'une confusion organisée. » Dès 1949, la confiance dans la capacité ou la volonté de l'Air Force à faire face au problème déclinait sérieusement. Ruppelt a excellemment décrit cette période dans son *Report on Unidentified Flying Objects*. Quiconque s'intéresse à l'historique de la question doit absolument avoir lu cet ouvrage. Mes contacts avec le capitaine Ruppelt m'ont convaincu de son entière bonne foi : le phénomène constitue vraiment une énigme pour lui.

Le passage du Programme Signe au Programme Rancœur survint avant la sortie de mon rapport, et au moment où je soumis ce dernier la cote des investigations en profondeur avait singulièrement baissé. « Cette modification radicale dans l'attitude officielle, écrivit Ruppelt, est aussi difficile à expliquer qu'elle fut difficile à admettre pour beaucoup de ceux qui savaient ce qui se passait dans le Programme Signe (4). » Il devait également dire : « Cette période de « changement d'idées » ne laisse pas de me tracasser. Voici des gens qui décidaient que cette histoire d'O.V.N.I. ne reposait sur rien juste au moment où les rapports semblaient s'améliorer. A mon point de vue, s'il convenait vraiment de « changer d'idées », ç'aurait dû être dans l'autre sens (5)... »

Je suis entièrement d'accord. Les toutes premières notifications, particulièrement celles que j'étudiai au début du Programme Signe, étaient de qualité tout à fait inférieure par rapport à celles qui leur succédèrent. Certains rapports se limitaient à quelques dizaines de mots, et comportaient si peu de détails qu'ils excluaient toute possibilité d'une évaluation correcte.

Ruppelt attribuait le changement d'attitude au fait que, pour les militaires, ce sont les certitudes qui comptent, et non les mystères. « Auparavant, écrit-il, lorsqu'un rapport intéressant arrivait et qu'ils demandaient de quoi il pouvait bien s'agir, tout ce qu'ils obtenaient c'était : « Peut-être est-ce vrai, mais nous ne pouvons pas le prouver ». Tandis qu'à présent, on leur répondait avec assurance : « C'était un ballon », et, de l'A.T.I.C. au Pentagone, on se congratulait. Tout le monde était content (6). »

Selon Ruppelt, la période qui suivit le démarrage du Programme Rancœur fut l' « âge des ténèbres ». Succédant à l'équipe plus expérimentée du Programme Signe, un personnel nouveau inventa et mit en application le Théorème de l'Air Force : « Cela ne peut pas exister, donc cela n'existe pas. » Comme le dit Ruppelt : « Toute évaluation reposait sur la prémisse que les O.V.N.I. n'existent pas (7) » et c'est pourquoi : « Des observations d'O.V.N.I. valables continuaient à arriver au rythme d'une dizaine par mois, mais n'étaient ni contrôlées ni étudiées. La plupart étaient mises au rebut (8). »

Dans les années qui suivirent, tandis que j'étais conseiller du Programme Livre Bleu, aucune notification transmise par le canal officiel des militaires n'était mise au rebut, mais elles ne recevaient jamais qu'un semblant d'attention et ne donnaient jamais lieu à des investigations sérieuses. Ceci valait particulièrement pour les cas les plus insolites, les moins explicables, qui étaient très fréquemment évalués comme « Non-Identifiés » et laissés de côté. L'objectif était atteint puisque l'O.V.N.I. avait été « identifié » comme « Non-Identifié ».

Le Programme Rancœur cheminait depuis peu lorsque je remis mon rapport, en avril 1949, et je fus alors complètement coupé de Dayton. Aussi n'appris-je que par la suite ce qui se passa durant l' « âge des ténèbres ».

Mon rapport, qui dépassait 300 pages, comportait beaucoup de pages presque blanches, avec pour tout commentaire : « Il n'y a pas d'explication astronomique pour cette notification. » Ma responsabilité se terminait là. Je m'aventurais parfois un peu plus loin : « On peut présumer qu'un groupe de ballons (dispositif pour l'étude des rayons cosmiques) a été observé, et que son mouvement apparent résultait simplement du reflet de l'avion en mouvement. »

Dans l'introduction du rapport, j'écrivais : « Deux attitudes semblent prévaloir dans le grand public au sujet des soucoupes volantes : d'une part, que toutes les observations résultent de méprises ou de mystifications, d'autre part qu'il doit y avoir quelque chose là-dedans. Je me suis efforcé, dès le départ, de considérer chaque rapport... comme un récit sincère fait par l'observateur, et non d'adopter l'une ou l'autre attitude. »

Je faisais ressortir la principale faiblesse de l'enquête sur les O.V.N.I., qui ne devait d'ailleurs pas cesser : données insuffisantes et absence d'efforts pour en relever le niveau. « La majeure partie des informations dont traite ce rapport de 300 pages sont incomplètes et inexactes, et certaines même nettement contradictoires. Il ressort donc qu'il n'a pas été possible de dégager des conclusions scientifiques définitives. La plupart des conclusions sont en conséquence proposées en termes de probabilité, le degré de celle-ci étant examiné individuellement pour chaque rapport. »

Deux mois plus tôt le Programme Signe avait énoncé, dans un rapport secret qui ne vint à ma connaissance que beaucoup plus tard :

> L'on ne possède pas encore de preuves définitives permettant de confirmer ou d'infirmer l'existence d'objets volants non identifiés en tant que types nouveaux et inconnus d'aéronefs. Un nombre limité de cas ont pu être identifiés comme des objets connus. Se fondant sur la possibilité que les objets soient réellement des types non identifiés et non conventionnels d'aéronefs, l'on procède à une analyse technique de certains rapports pour déterminer quels seraient l'aérodynamisme, la propulsion et les commandes nécessaires pour que l'objet évolue comme ils le décrivent. Les objets observés ont été groupés en quatre classes correspondant à leur aspect :
>
> 1. Disques volants, c'est-à-dire très faible ressemblance externe avec un avion,

2. Fuselages en forme de torpille ou de cigare sans ailes ou empennage visibles en vol,

3. Objets sphériques ou en forme de ballons-sondes,

4. Boules lumineuses.

Les trois premiers groupes sont susceptibles d'évoluer dans les airs par des procédés aérodynamiques ou aérostatiques et peuvent être propulsés et dirigés par des méthodes connues des constructeurs aéronautiques.

Donc, même en 1949, les O.V.N.I. se distribuaient déjà selon un schéma qui allait persister pendant toutes les années à venir.

La « barrière de la frustration » ne devait jamais être levée. On ne tenta pas réellement de rassembler tout le matériel existant. Les investigateurs de l'Air Force n'avaient même pas pris la peine de recueillir ce qu'ils avaient sous la main. Dans de nombreux cas, en partant simplement d'un entrefilet paru dans un petit journal local, j'ai pu reconstruire, avec l'aide patiente des observateurs, un récit cohérent des événements, et j'ai généralement trouvé les personnes concernées toutes disposées à coopérer, une fois assurées que leur interview ne leur porterait pas préjudice. Les dossiers du Livre Bleu abondent en cas répertoriés comme « Renseignements insuffisants », alors que pour beaucoup la désignation correcte devrait être « Enquête insuffisante ».

Il m'apparut de plus en plus clairement au cours des années qu'aucun des cas étudiés par le Livre Bleu n'avait reçu le « traitement F.B.I. »; c'est-à-dire qu'aucune enquête n'avait été poursuivie jusqu'à ce que les moindres indices, les plus infimes bribes de preuves aient été recueillis, procédure courante dans les affaires de kidnapping, de réseaux de drogue ou d'attaques de banques.

Le Livre Bleu adoptait d'ailleurs l'attitude absolument inverse. Chaque fois qu'un cas semblait pouvoir être expliqué par l'observation mal interprétée d'un phénomène naturel (et ne devait donc pas donner lieu à une enquête), le Livre Bleu ne ménageait pas les conversations téléphoniques, les interviews, etc., pour débusquer l'origine de la méprise : planète, ravitaillement de carburant en vol ou autre événement naturel. C'était lâcher des chiens de chasse contre des lapins de choux.

Si, pour les centaines de cas « Non-Identifiés » par le Livre Bleu il s'était trouvé disponible un enquêteur consciencieux, ayant une formation scientifique, et disposant des moyens nécessaires pour se rendre dans les vingt-quatre heures sur les lieux, on ne peut douter que les informations recueillies seraient infiniment plus copieuses. L'Indice d'Etrangeté et l'Indice de Probabilité auraient chaque fois pu être déterminés de façon relativement assurée. J'ai souvent évoqué cette nécessité d'une réaction immédiate à l'événement, et notamment devant des sous-commissions du Congrès, mais je n'ai jamais obtenu gain de cause.

Au demeurant, le Livre Bleu ne prenait la peine d'enquêter que lorsqu'un événement (témoin le cas du Portage County) avait été monté en épingle dans la presse ou à moins qu'un membre du Congrès ne vienne demander des éclaircissements au nom d'un de ses électeurs mécontent de l'accueil qui lui avait été réservé. Le Livre Bleu ne réagissait jamais plus vite ni plus frénétiquement que lorsqu'une question émanait du Congrès. Cependant ses efforts portaient plus en l'occurrence sur la mise au point d'une réponse rapide et satisfaisante que sur une étude sérieuse du cas en question. J'ai eu souvent l'occasion d'observer que le seul objectif du Livre Bleu était de « se débarrasser d'un membre du Congrès » en concoctant une explication plausible plutôt qu'en portant son effort sur l'investigation scientifique.

Aussi, tout au long des années, le programme demeura-t-il égal à lui-même. Les rapports arrivaient, recevaient une attention routinière, immuablement justifiée par l'hypothèse que leurs auteurs, gens de peu de science, avaient été incapables de reconnaître un phénomène parfaitement naturel. Quand cependant la noix était trop dure à craquer, on lui apposait le label « Non-Identifié », et les choses n'allaient pas plus loin. Il était tacitement admis en postulat que *si* l'on avait procédé à des recherches exhaustives pour retrouver ce qui avait donné naissance au rapport, celles-ci auraient été infructueuses. Pourquoi donc, dans cette hypothèse, gaspiller ses efforts à propos d'un phénomène non identifié?

Au cours des années, le pourcentage des Non-Identifiés demeura essentiellement stable. La Table 1, ci-après, recense les 237 premiers rapports d'O.V.N.I. reçus par l'Air Force; comme on peut le voir, environ 20 % d'entre eux répondaient à notre définition d'un O.V.N.I., c'est-à-dire qu'ils faisaient sécher les experts. Vingt ans plus tard la Commission Condon, se fondant sans doute sur un meilleur choix de rapports et employant une équipe plus nombreuse de scientifiques, ne put résoudre plus de 25 % des cas qu'elle examina.

Il semble que soit toujours demeurée une marge obstinément résistante de « rapports incroyables émanant de témoins valables ».

TABLE 1

Evaluation par J. Allen Hynek, en 1948-1949, des 237 premières notifications d'O.V.N.I. reçues par l'Air Force

	Nombre d'incidents	Pourcentage approximatif
1. Astronomiques		
a. Probabilité élevée	42	18
b. Probabilité moyenne ou basse	33	14
	75	32
2. Non astronomiques mais pouvant se prêter à d'autres explications		
a. Ballons-sondes ou aéronefs	48	20
b. Fusées, fusées éclairantes ou corps en mouvement de chute	23	10
c. Divers (réfractions, aurores en draperies, oiseaux, etc.)	13	5
	84	35
3. Non astronomiques et ne se prêtant à aucune explication évidente		
a. Explication impossible en l'absence de renseignements suffisants	30	13
b. Les renseignements fournis ne permettent d'avancer aucune explication	48	20
	78	33

Le 7 octobre 1968, je répondis au colonel Sleeper :

Je vous adresse personnellement mon rapport car, comme vous le verrez, si l'équipe actuelle du Livre Bleu en prenait connaissance, les contacts directs que je pourrais ensuite avoir avec ses membres se révéleraient extrêmement gênants de part et d'autre... Il vous intéressera sûrement de savoir que, au cours de ces vingt années où j'ai été conseiller, vous êtes le premier commandant qui m'ait jamais demandé de lui donner mon opinion sur le Livre Bleu. Il y a longtemps que j'aurais voulu le faire mais chaque fois que j'ai tenté de fournir des conseils sur la démarche ou sur la méthodologie... on m'a poliment mais fermement remis... à ma place dans l'organisation.

J'espère sincèrement qu'enfin... je pourrai contribuer à transformer le Livre Bleu en ce que l'on a dit au public et au monde scientifique qu'il était... un organisme d'investigations voué à la défense du pays mais ayant également vocation scientifique... Il est temps que l'on cesse de pouvoir définir le Livre Bleu, selon le mot d'un mauvais plaisant, comme une « Société vouée à expliquer ce qu'elle n'a pas étudié ».

Vous avez parlé de méthodes d' « amélioration du produit ». Bien que l'image ait rarement cours dans le monde scientifique, celle-ci me semble heureuse car il est légitime de parler du Livre Bleu en termes de « produit », de « consommateur »... de « conditionnement » et d' « image » du produit, et de chercher à nous « outiller » pour l'améliorer.

Vous avez indiqué que je n'avais pas à me préoccuper de l'historique du Livre Bleu; cependant... les auditions de 1960 à Washington ont un rapport direct avec la question qui nous intéresse. La Commission Smart applaudit à l'époque à mes propositions de modifications du Livre Bleu mais les fonds nécessaires (et qui furent alors promis) ne furent jamais débloqués — rendant ainsi mes efforts inopérants.

Etant donné la longueur de mon rapport, je l'ai fait précéder d'un résumé des points qu'il traite et des suggestions qu'il comporte.

RÉSUMÉ

A. — Il est démontré qu'aucune des deux missions imparties au Livre Bleu (AFR 80-17), à savoir : 1) de déterminer si le phénomène O.V.N.I. représente une menace possible pour les Etats-Unis et, 2) de travailler sur les renseignements scientifiques et techniques fournis par l'étude des notifications d'O.V.N.I. — ne sont convenablement remplies.

B. — L'équipe du Livre Bleu, tant en effectifs qu'en compétence scientifique, est tout à fait insuffisante pour exécuter les tâches prescrites par AFR 80-17.

C. — Le Livre Bleu souffre de façon organique du fait qu'étant un système clos il en est venu à fonctionner en circuit fermé. Il ne s'est établi pratiquement aucun dialogue scientifique entre le Livre Bleu et la corporation scientifique. L'équipement scientifique très vaste de l'Air Force est employé de façon tout à fait inadéquate dans l'exécution de la mission du Livre Bleu. Les talents et les ressources hors de pair des A.F.C.R.L. [Air Force Cambridge Research Laboratories] et de l'A.F.O.S.R. [Air Force Office of Scientific Research] par exemple ont rarement été mis à contribution. L'absence de dialogue entre les membres du Livre Bleu et les scientifiques est consternante.

D. — Les méthodes statistiques mises en œuvre par le Livre Bleu ne sont rien d'autre qu'une parodie.

E. — Il n'a pas été prêté attention aux cas d'O.V.N.I. que moi-même et d'autres considérions comme significatifs, tandis que l'on perdait beaucoup trop de temps à étudier des cas banals, dénués d'intérêt, et à promouvoir de vaines relations publiques. Il serait infiniment plus souhaitable que les efforts se concentrent sur deux ou trois cas au plus par mois, mais sur des cas potentiellement significatifs, plutôt que de se disperser sur 40 à 70 examens mensuels. On a gaspillé beaucoup trop d'intérêt sur les rapports émanant d'un témoin unique et sur les observations nocturnes de lumières ponctuelles, et beaucoup trop peu sur les rapports ayant un haut Indice d'Etrangeté et émanant de témoins parfaitement dignes de foi.

F. — La transmission des informations au Livre Bleu est absolument insuffisante. Celui-ci se trouve confronté à une tâche dépassant ses possibilités en raison de l'incapacité quasi constante des officiers responsables des O.V.N.I. sur les bases locales à lui transmettre des renseignements adéquats. Quantité d'informations, qui auraient pu être recueillies si l'officier local avait procédé consciencieusement à des interrogatoires, font défaut; cela oblige le Livre Bleu à recommencer toute l'enquête afin d'obtenir les renseignements les plus élémentaires — par exemple la direction des vents, les dimensions et les vitesses angulaires, le détail des trajectoires, la qualité et le caractère des observateurs, les témoignages annexes, etc. La réévaluation des données essentielles s'impose de toute urgence.

G. — L'attitude de base et l'approche, au sein du Livre Bleu, sont illogiques et non-scientifiques, en ce qu'une hypothèse de travail a été adoptée qui colore et détermine la méthode d'investigation. On peut d'ailleurs la formuler en *Théorème : Pour tout rapport donné sur un O.V.N.I., pris en soi et sans considération des corrélations existantes avec d'autres cas survenus dans ce pays ou à l'étranger, il est toujours possible de produire une explication naturelle, aussi improbable soit-elle, si l'on se fonde uniquement sur l'hypothèse que toute notification d'O.V.N.I., par la nature même des choses, ne peut que résulter purement et simplement de causes bien connues et admises.*

Il y a un *Corollaire* à ce *Théorème* :

Il est impossible pour le Livre Bleu d'estimer qu'une notification d'O.V.N.I. peut être autre chose qu'une méprise à propos d'un objet ou d'un phénomène naturel, d'une supercherie ou d'une hallucination. (Dans les cas, relativement peu nombreux, où cette procédure ne pouvait être appliquée, le rapport était catalogué comme « Non-Identifié », mais sans indication que le théorème avait été invalidé.)

H. — Le conseiller scientifique du Programme n'a pas été employé de façon utile. Seuls les cas jugés dignes d'attention par le *contrôleur du programme* lui étaient soumis. Son champ d'opération, y compris l'accès direct aux dossiers secrets ou non, n'a cessé d'être limité ou contrecarré. Ainsi n'est-il informé des cas intéressants qu'un mois, sinon même deux, après la réception du rapport par le Livre Bleu, et il n'est intégré que de très loin au circuit de fonctionnement.

Pendant toutes ces années, l'impression générale à propos du Livre Bleu a été qu'il s'agissait d'un programme à part entière, d'une affaire sérieuse. Peut-être le public se représentait-il des locaux spacieux, des rangées de classeurs, un personnel nombreux, un branchement sur l'ordinateur de la banque des données d'O.V.N.I. et un groupe de chercheurs scrutant calmement les rapports, secondés par un essaim d'assistants.

La situation réelle était malheureusement tout autre, le projet était généralement dirigé par un officier subalterne. Dans l'armée, l'importance d'une mission se traduit directement par le grade de l'officier qui la commande. De rang relativement subalterne, l'officier responsable du Livre Bleu avait généralement pour subordonné un lieutenant, parfois même rien qu'un sergent. Pendant une certaine période d'ailleurs, la tâche d'évaluer la plupart des rapports qui arrivaient revint à un sergent muni d'un bagage technique des plus modestes.

On ne peut certes définir le Livre Bleu comme une opération de première grandeur bénéficiant de toutes les priorités. Il fonctionnait avec une équipe beaucoup trop réduite pour traiter comme il le méritait un phénomène dont le public se préoccupait au plus haut point. De plus, le personnel n'était pas en mesure de consacrer tout son temps aux seuls aspects techniques du problème. A l'occasion des visites que je faisais régulièrement dans les bureaux, j'ai souvent eu l'occasion d'observer qu'une grande partie de l'activité du Livre Bleu se déployait à propos de questions purement annexes, traitées d'ailleurs tout à loisir.

Outre cela, les officiers subalternes à la tête du Livre Bleu n'avaient pas autorité pour instituer le type nécessaire d'investigations dont je me fis à plusieurs reprises l'apôtre. L'armée est un corps strictement hiérarchisé; un capitaine ne peut donner ordre à un colonel ou à un major commandant une autre base de recueillir et de lui adresser des informations. Il peut seulement les en prier. Il était impossible pour le Livre Bleu d'exécuter correctement sa mission s'il n'avait pas à sa tête au minimum un colonel. Lorsque je procédais à ma revue mensuelle des cas, il m'arrivait souvent de demander que l'on obtienne sur certains un complément d'informations cruciales. Dans le meilleur des cas, les résultats demeuraient fort minces; les officiers des autres bases étaient généralement trop occupés pour se préoccuper d'enquêter plus avant. Pourquoi d'ailleurs l'auraient-ils fait? Tous savaient bien qu'il ne s'agissait que d'exercices de style.

Le Livre Bleu fut une couverture dans la mesure où il se contenta d'effleurer le problème qui lui était confié. Je ne me souviens pas d'une seule discussion sur la méthodologie, sur la possibilité d'améliorer la collecte des données ou sur les techniques optimales d'interrogation des témoins.

Le lecteur se demande peut-être alors pourquoi je n'ai pas fait le siège du Pentagone en exigeant que des mesures soient prises, ou simplement démissionné. Je suis, de nature, enclin à attendre le bon moment. De plus, je déteste les disputes, surtout avec les militaires. Mais, par-dessus tout, le Livre Bleu possédait une moisson d'informations, aussi pauvres soient-elles, et je pouvais ainsi y avoir accès. Toutes proportions gardées, que l'on veuille bien se souvenir de Kepler et de Tycho Brahé ([9]).

Quant à réclamer du Pentagone qu'il agisse, je ne connaissais que trop bien le climat ambiant, et il ne m'échappait pas que si je parlais trop franchement je serais rapidement discrédité, étiqueté comme « fanatique des O.V.N.I. », l'accès aux informations me serait barré, ce qui m'aurait certainement privé de toute possibilité ultérieure d'action. J'ai toujours incliné à penser que, avec le temps, « la vérité se fera jour »; en effet, s'il y avait véritablement un « filon » scientifique dans le phénomène O.V.N.I., la collecte des informations s'améliorerait progressivement et même les sceptiques les plus endurcis se rendraient. Pour l'astronome, l'échelle du temps a toujours été très grande.

Il n'en demeurait pas moins que les données recueillies par le Livre Bleu étaient d'un contenu médiocre et, pis encore, leur classement les rendait virtuellement inutilisables. Alors qu'il avait licence de recourir aux techniques les plus modernes de traitement informatique des données, le Livre Bleu s'en garda bien. Les cas étaient répertoriés de façon purement chronologique, et il ne fut même pas tenté d'établir un rudimentaire fichier de recoupement. Si les données avaient été « traitées » pour la mise en ordinateur, ce dernier aurait pu être utilisé pour déterminer s'il existait dans les observations des schémas de constantes, pour comparer les divers éléments des rapports et pour définir, par exemple, les six catégories employées dans le présent ouvrage. Etant donné que les notifications étaient simplement rangées par ordre de date, une opération aussi élémentaire que d'établir une table géographique des observations, ou une table des différents types de témoins, etc., ne pouvait être menée à bien qu'en consultant manuellement des milliers de dossiers. Une proposition ([10]) de programmation minimale des données, mise au point par Jacques Vallée et moi-même et que je soumis directement au major Quintanilla, alors chef du Programme, fut écartée sans appel et sans examen.

Considérant tout ce que je viens d'exposer, à quoi venaient s'ajouter des communiqués de presse souvent ineptes et contradictoires, qui laissaient insatisfait même le public le moins averti, on ne s'étonnera pas que l' « investigation » des O.V.N.I. par l'Air Force ait fréquemment été tenue, par le public, pour un paravent derrière lequel se dissimulait une enquête menée quelque part à un « plus haut niveau ».

Si je participais à des débats contradictoires sur cette question, je pourrais indifféremment soutenir l'une ou l'autre thèse, car les arguments pour ou contre s'équivalent. Il se trouve cependant que je n'ai jamais eu connaissance de preuves avérant que le Livre Bleu était bien un paravent. Sans doute aurait-on pu forcer quantité d'indications, de bribes d'informations, de fragments de conversations à venir appuyer cette thèse. C'est ainsi par exemple qu'ayant un jour voulu étudier certains aspects d'un cas donné, je fus informé par le chef du département scientifique du Pentagone qu'on lui avait prescrit, à un niveau supérieur, de me dire de ne pas « creuser la question ». Chacun, là-dessus, est libre d'avoir son opinion.

Dans un pays aussi préoccupé de sa sécurité que le nôtre, où la centralisation du renseignement s'apparente à un art, il m'est souvent apparu que des notifications d'O.V.N.I. extrêmement troublantes étaient écartées sans qu'il y soit autrement donné suite — procédure assurément illogique sinon dangereuse si l'on ne sait à l'avance que le rapport ne contient pas d'informations intéressant la sécurité du pays (ou qu'il en contient mais que l'on s'en préoccupe par ailleurs). Ainsi ce rapport sur cinq disques se déplaçant à grande vitesse, dû à un membre non négligeable du 524ᵉ Escadron du Renseignement à Saïgon qui les avait observés depuis le toit de son quartier général, laissa parfaitement indifférents le major Quintanilla et le Livre Bleu car, « l'observation n'avait pas été effectuée dans les limites continentales des Etats-Unis ». Il semble à peu près inconcevable que l'officier en question n'ait pas été interrogé complémentairement par un bureau quelconque; on peut en effet penser que, s'agissant d'une zone active de combats, son observation pouvait laisser présager un nouveau dispositif militaire ennemi.

Un autre exemple, parmi beaucoup d'autres, fut le suivant : le 1ᵉʳ août 1965 et les deux jours suivants se produisit le « branle-bas du Midwest ». Dans plusieurs Etats, de très sérieux agents de police, en patrouille dans diverses zones d'une région couvrant plusieurs centaines de milliers de kilomètres carrés, signalèrent d'étranges lumières nocturnes. Le Livre Bleu fit bon marché de l'événement qui se ramenait pour lui à des « étoiles vues au travers de couches renversantes », bien qu'à ma connaissance aucun astronome n'ait jamais observé des effets de renversement semblables à ceux que décrivent les rapports.

L'expérience, aussi bien que les calculs, enseignent que de tels effets d'optique, dans lesquels les étoiles se déplacent sur un arc du ciel aussi ouvert, ne peuvent absolument pas résulter d'inversions thermiques.

Il se trouve d'ailleurs que les policiers ne furent pas les seuls à signaler le phénomène. Voici une transcription directe d'un memorandum du Livre Bleu. Aux premières heures de la matinée du 1er août 1965, les appels suivants ont été reçus au Livre Bleu par le lieutenant Anspaugh, qui était de service cette nuit-là :

1 h 30. — Le capitaine Snelling, du poste de Commandement de l'U.S. Air Force près de Cheyenne, Wyoming, a appelé pour dire que la station de radio locale avait reçu au moins une quinzaine de coups de téléphone signalant qu'un objet circulaire de grande taille, émettant diverses couleurs mais aucun son, avait été vu au-dessus de la ville. Deux officiers et un contrôleur aérien de la base rapportèrent qu'après avoir été observé directement au-dessus du rayon d'action de la base, l'objet s'était dirigé à toute vitesse vers le nord-est.

2 h 20. — Le colonel Johnson, commandant de la base de l'Air Force Francis E. Warren, près de Cheyenne, Wyoming, a appelé Dayton pour informer que l'officier commandant le dépôt militaire Sioux avait vu cinq objets à 1 h 45 et indiqué une prétendue formation de deux O.V.N.I. précédemment signalée au-dessus du site E. Des membres de l'escadrille E disent avoir vu à 1 h 49 ce qui semblait être la même formation que celle signalée à 1 h 48 par l'escadrille G. Deux équipes de sécurité de l'escadrille E ont été envoyées pour investiguer.

2 h 50. — Neuf O.V.N.I. supplémentaires ont été observés, et à 3 h 35 le colonel Williams, officier commandant le dépôt militaire Sioux à Syd-

ney, Nebraska, a signalé cinq O.V.N.I. se dirigeant vers l'est.

4 h 05. — Le colonel Johnson a appelé de nouveau Dayton pour dire qu'à 4 heures l'escadrille Q avait signalé neuf O.V.N.I. en vue : quatre au nord-ouest, trois au nord-est et deux au-dessus de Cheyenne.

4 h 40. — Le capitaine Howell, du poste de Commandement de l'Air Force, a appelé Dayton et le bureau du Renseignement Défensif pour signaler qu'une équipe du Commandement Stratégique Aérien se trouvant au site H-2 avait rapporté à 3 heures qu'un O.V.N.I. ovoïde blanc se trouvait juste au-dessus d'elle.

Plus tard le Poste du Commandement Stratégique Aérien a transmis ce qui suit : la base aérienne Francis E. Warren rapporte (Site B-4, 3 h 17) — un O.V.N.I. à 145 km à l'est de Cheyenne, opérant un mouvement de descente à haute vitesse — ovoïde, blanc avec des lignes blanches sur ses flancs et une lumière rouge intermittente au centre, se dirigeant vers l'est; il est signalé qu'il a atterri à une quinzaine de kilomètres du site.

3 h 20. — Sept O.V.N.I. signalés à l'est du site.

3 h 25. — Le site E a signalé six O.V.N.I. en formation verticale.

3 h 27. — Le site G-1 a signalé un O.V.N.I. se déplaçant ascensionnellement et, au même moment, E-2 a signalé que deux autres O.V.N.I. avaient rejoint les sept autres, soit un total de neuf.

3 h 28. — G-1 a signalé un O.V.N.I. descendant encore plus bas, se dirigeant vers l'est.

3 h 32. — Le même site observe un O.V.N.I. qui grimpe puis reste stationnaire.

3 h 40. — Le site G a signalé un O.V.N.I. à 70° d'azimut et un à 120°.

Puis trois sont arrivés de l'est, se sont mis en formation verticale, ont passé au milieu des deux autres, et tous les cinq sont partis vers l'ouest.

Lorsque je demandai au major Quintanilla ce qui était entrepris pour enquêter sur ces observations, il me répondit qu'il s'agissait simplement d'étoiles! Ce qui revient à dire que le personnel du Commandement Stratégique Aérien, chargé de la défense du pays en cas d'attaques aériennes, se compose d'une bande d'incapables caractérisés puisqu'ils ont pu confondre étoiles et engins insolites. Et voilà les gens qui pourraient avoir un jour la responsabilité de soutenir une guerre nucléaire!

Pour certains, une affaire de ce genre avère de façon concluante l'hypothèse de la couverture, aucun groupe investi d'aussi graves responsabilités dans la défense du pays ne pouvant faire preuve d'une telle stupidité.

D'un autre côté, la preuve inverse peut être faite de façon non moins convaincante. Il existe en effet tout autant d'indices conduisant à penser que l'opération Livre Bleu, basée sur le postulat catégorique que les notifications incroyables ne pouvaient avoir aucun fondement réel, fût un gâchis de première grandeur. Mais après tout, puisque la science explicite le monde physique de façon satisfaisante, elle doit bien savoir ce qui est possible et ce qui ne l'est pas. Et puisque les agissements des O.V.N.I. tels que les rapportaient les observations ne s'inséraient pas dans son image du monde actuel, *il fallait bien* qu'ils soient des produits quelconques de l'imagination.

Mes propres attaches avec le Livre Bleu démontraient à l'évidence l'intérêt scientifique minimal qu'il portait au problème des O.V.N.I. En tout état de cause, le Programme ne s'attaqua jamais à ce qui aurait dû être considéré comme la question centrale du phénomène : y a-t-il un processus physique, psychologique ou même paranormal encore inconnu à la base des notifications d'O.V.N.I. que les filtrages les plus rigoureux ne permettent pas d'expliquer?

Une telle carence dément toute idée de « couverture »; tout simplement, cela ne les intéressait pas. Il existe d'ailleurs un autre argument : les officiers qui dirigèrent le Livre Bleu, étant de grade subalterne dans la hiérarchie militaire (ils étaient généralement capitaines ou majors, deux d'entre eux accédèrent finalement au grade de lieutenant-colonel mais jamais à celui de colonel), n'avaient que deux objectifs — la promotion et la retraite précoce. C'est pourquoi, lorsque survenaient des questions controversées, on jugeait toujours plus sage de ne pas « secouer le bateau », de plaire à ses supérieurs plutôt que de faire des vagues. Aussi lorsque les plus hautes instances, qui ignoraient tout de la question mais avaient épousé le cadre rigide de la pensée militaire, laissaient tomber d'en haut (qu'il s'agisse ou non d'O.V.N.I.) ce qu'il « convenait » de penser, pas un officier subalterne n'aurait osé s'élever contre cette opinion ni même en discuter, à moins de posséder une certitude à 99 % de la justesse de sa position — et de faire vite.

Le Pentagone n'ayant pas mâché ses mots au sujet des O.V.N.I., pas un officier du Livre Bleu, doué d'un sens normal des réalités de la promotion militaire, ne risquait de broncher, même s'il n'en pensait pas moins.

Enfin, un autre facteur militait encore contre la théorie de la « couverture ». Dans les bureaux du Livre Bleu, les mutations allaient bon train. Tôt ou tard l'officier qui dirigeait le Programme cessait ses fonctions — et s'il jouait la bonne carte, cela se passait juste à deux doigts de la montée en grade ou de la retraite. De 1952 à 1969, la direction passa du capitaine Ruppelt (qui attendit d'avoir quitté l'Air Force pour faire connaître ses vues sur la question) au capitaine Harding (qui ambitionnait d'être agent de change), au capitaine Gregory (pour qui la montée en grade était l'alpha et l'omega), au major Friend et finalement au major Quintanilla, lequel eut les plus longues fonctions. De tous les officiers sous les ordres de qui je me trouvai dans le Livre Bleu, celui qui s'acquit le plus sûrement mon respect fut le colonel Friend. Quelles qu'aient été ses propres opinions en la matière, il se montra toujours réaliste; comme sa position lui permettait d'avoir une vue globale des résultats, il n'ignorait pas les limitations de ses services, mais il sut y faire face avec dignité et sans l'arrogance de beaucoup d'autres.

Ainsi donc chacun peut penser à son gré que le Livre Bleu fut une façade ou un gâchis. Le gâchis et l'isolement absolu par rapport au monde scientifique furent en tout cas évidents. A vrai dire, les scientifiques n'avaient pas à être persuadés de l'hypothèse méprise-illusion-imagination car ils l'étaient déjà (ce qui rendait évidemment assez inutiles les échanges avec le Livre Bleu qui aurait ainsi prêché des convaincus), et certains d'entre eux trouvaient même des accents enflammés pour dénoncer les observateurs d'O.V.N.I. On n'était pas très éloigné d'une chasse aux sorcières modernes.

Quoi qu'il en ait été, le Livre Bleu n'existe plus aujourd'hui, et sa clôture soulève une question : à qui convient-il d'adresser les notifications d'O.V.N.I.? Il est incontestable que se produisent encore des observations, comme en témoignent les nombreux articles que leur consacrent les journaux locaux et de petites publications peu connues. Au moment où j'écris, aucun organisme officiel ou para-officiel n'est habilité à recevoir les notifications ([11]).

On trouve partout dans le monde des organismes

privés qui recueillent avidement tout ce qui concerne les O.V.N.I., mais justement avec trop d'avidité et pas assez de discernement, car il leur faut bien nourrir leurs publications. Durant ces vingt dernières années se sont créées littéralement des centaines d'organisations un peu partout, particulièrement en France, en Grande-Bretagne, en Allemagne, au Japon, en Italie, en Australie, et aussi dans certains pays d'Amérique latine, ainsi, bien entendu, qu'aux Etats-Unis. La plupart n'ont eu qu'une brève existence, mais chacune à sa façon est devenue le dépositaire de notifications d'O.V.N.I. de tous ordres. Beaucoup se sont contentées de les réceptionner — n'opérant qu'un filtrage minime et de rudimentaires enquêtes. Leur bonne volonté et leurs capacités (ces dernières assez inégales, certains groupes ignorant tout de la démarche scientifique) ne peuvent être mises en doute, mais les fonds et le temps nécessaires leur manquent.

Ces organisations ont souvent publié des bulletins, de façon plus ou moins régulière. Il s'agissait parfois de simples feuillets polycopiés, et beaucoup de ces publications eurent une existence encore plus brève que celle du cercle qui l'éditait. Il existait, et il existe toujours, quelques journaux non affiliés à des groupes. Un des plus notoires, la *Flying Saucer Review* [*F.S.R.*], paraît à Londres depuis 1954. C'est une véritable mine de rapports d'O.V.N.I., dont certains ont été étudiés de façon assez approfondie mais dont la plupart sont du niveau moyen des fiches du Livre Bleu. On ne peut se défendre, à leur lecture, d'un profond sentiment de frustration; celui qui s'y intéresse voudrait des détails sur les cas exposés, mais il les trouve rarement. Il n'existe pas de journal ayant un soutien financier suffisant pour pouvoir consacrer des pages entières à des énumérations de détails qui n'intéressent que quelques rares investigateurs. Les abonnés qui font vivre ces publications se contentent généralement de récits sommaires; et j'incline même à penser que, pour certains, seul compte le frisson que procurent les histoires extraordinaires.

Il existe en France deux publications notables : *Phénomènes spatiaux* et *Lumières dans la nuit.* Ce sont les organes de groupes d'enquêteurs fervents — principalement français — qui, sans ostentation, s'emploient à réunir des informations valables, peut-être plus systématiquement que dans aucune autre partie du monde. Ces groupes ne ménagent ni leur temps, ni leurs maigres subsides, ni surtout leur peine, pour rechercher et interroger, de façon extrêmement pertinente, les témoins d'O.V.N.I. Des journaux et des bulletins sont également publiés dans d'autres pays : Australie, Nouvelle-Zélande, Japon, Canada, Suède et Italie. Mais il n'existe pas, et cette absence se fait sentir, d'organisation internationale qui pourrait agir comme un bureau de centralisation de ces journaux et de leur contenu. Il a été suggéré à maintes occasions que les Nations Unies, ou peut-être l'U.N.E.S.C.O., pourraient être chargées de cette tâche, mais jusqu'à présent sans résultat.

Sous ce rapport, il n'existe aux Etats-Unis que deux organisations efficaces. La plus ancienne, l'A.P.R.O. (Aerial Phenomena Research Organization), dont le siège se trouve à présent à Tucson, Arizona, démarra en 1952 dans le Wisconsin. L'A.P.R.O. a fait un excellent travail de collecte des informations et n'a cessé d'en publier des résumés dans l'*A.P.R.O. Bulletin.*

Quatre ans après la naissance de l'A.P.R.O., le N.I.C.A.P. (National Investigating Committee for Aerial Phenomena), dont le siège est à Washington, D.C., se constitua et prit finalement des proportions plus grandes que sa devancière. L'une et l'autre ont eu à souffrir de leur manque de soutien financier, ce qui bien entendu signifiait qu'il n'était pas question pour elles d'entreprendre des investigations coûteuses. L'A.P.R.O. a des perspectives plus internationales, comme en témoigne le nombre respectable de ses conseillers et associés étrangers.

Bien que l'une et l'autre organisation recueillent les informations de façon très sérieuse, chacune compte inévitablement parmi ses membres des individus inconditionnellement acquis aux O.V.N.I., dont l'enthousiasme supplée au manque de sens critique. Cependant, l'A.P.R.O. et le N.I.C.A.P. ne sont absolument pas des regroupements de « fanatiques des O.V.N.I. », et ils comptent respectivement quelques membres extrêmement compétents tant du point de vue technique que scientifique.

Les rapports du Livre Bleu et ceux de l'A.P.R.O. et du N.I.C.A.P. se recoupaient rarement. Le Dr Saunders a indiqué que, lorsque l'on procéda à la compilation des rapports en vue d'un traitement informatique envisagé par la Commission Condon — et qui avorta — seuls se recoupaient les cas les plus connus. Pour le reste, les fichiers des trois organisations n'offraient aucune similitude.

Maintenant que le Livre Bleu n'est plus, on me demande souvent si l'Air Force n'a réellement plus rien à voir avec la question des O.V.N.I. La réponse est probablement renfermée dans une lettre officielle du Pentagone, écrite après la clôture du Livre Bleu :

> Le Commandement de la Défense Aérospatiale (A.D.C.) est chargé de la défense aérospatiale des Etats-Unis... En conséquence, l'A.D.C. s'occupe des phénomènes aériens inconnus signalés de quelque façon que ce soit, et les dispositions de la publication commune armée-marine-aviation (JANAP-146) prévoient le traitement des rapports reçus de sources non militaires.

Dans le document JANAP-146E, actuellement en vigueur, sont énoncées explicitement les dispositions et les instructions concernant la notification d'objets inconnus repérés dans l'espace aérien par le personnel militaire. Il ne faut pas oublier cependant que les forces armées s'intéressent au premier chef aux avions non identifiés, et particulièrement à ceux qui pourraient être étrangers. Les avions de ce type sont effectivement des objets volants non identifiés bien qu'ils ne répondent pas à la définition employée dans cet ouvrage. Il n'est jamais mis en doute qu'il s'agisse d'avions (qui sont des objets volants) et qu'ils sont d'origine non identifiée.

Durant ma longue association au Livre Bleu, j'ai eu l'occasion de faire d'intéressantes rencontres de témoins d'O.V.N.I., et des rencontres non moins intéressantes, mais nettement moins agréables, de militaires, et en même temps de voir de l'intérieur comment fonctionnait un programme pseudo-scientifique. Le Livre Bleu était essentiellement une opération fermée dans laquelle A parlait à B, et B parlait à C, C parlant ensuite à A. L'apport des groupes scientifiques extérieurs était minime. Libre à chacun de penser qu'on le laissait s'agiter tandis qu'ailleurs l'attention officielle se centrait sur quelques cas soigneusement sélectionnés dont le Livre Bleu n'avait peut-être même jamais eu connaissance. Je n'en sais rien. N'étant pas conseiller à demeure, je ne fus certainement jamais pris comme confident par les plus hautes instances du Pentagone. JANAP-146E est toujours en vigueur, et il prescrit le traitement des notifications de phénomènes aériens inconnus émanant de sources militaires et civiles. Il n'y a probablement pas grand-chose d'autre à ajouter.

12

ŒUVRE DE SAVANT N'EST PAS TOUJOURS ŒUVRE DE SCIENCE

> C'est le devoir de la Science de ne pas rejeter les faits pour la simple raison qu'ils lui paraissent extraordinaires et qu'elle est incapable de les expliquer.
>
> Attribué à Alexis Carrel.

Le 6 octobre 1966 l'Université du Colorado et l'U.S. Air Force passèrent officiellement un accord portant création d'une commission (1) destinée à étudier (et sans doute à régler une fois pour toutes) le problème non résolu des O.V.N.I. dont, depuis vingt ans, l'Air Force portait le fardeau. Cette commission devait être dirigée par le Dr Edward U. Condon, physicien réputé, connu non seulement pour sa nature scientifique mais pour ses courageuses prises de position dans des questions controversées.

Deux ans plus tard paraissaient les résultats de ses travaux : un rapport volumineux, décousu, mal construit, 937 pages de texte dont moins de la moitié seulement étaient consacrées à l'examen des notifications d'O.V.N.I. Le rapport s'ouvrait sur un résumé singulièrement tendancieux du Dr Condon, qui réalisait le tour de force de ne pas mentionner que le corps du rapport recélait un mystère non résolu; la Commission avait en effet été incapable d'expliquer de façon satisfaisante plus du quart des cas examinés.

Il n'y aurait cependant guère lieu de critiquer le Rapport Condon si ce n'était que le public n'eut connaissance, par le truchement de la presse, que du résumé préliminaire — lequel impliquait que le problème des O.V.N.I. était résolu. Le rapport ne faisait guère progresser la question. D'autres avant Condon avaient déjà démontré que les informations disponibles étaient tout à fait insuffisantes pour accréditer l'hypothèse de visiteurs extra-terrestres — Condon et son groupe refirent, en quelque sorte, le chemin déjà parcouru par d'autres, au demeurant mieux informés qu'eux, et n'allèrent d'ailleurs même pas aussi loin.

Le résumé comprend deux parties; la première expose les conclusions du rapport et ses recommandations. Deux énoncés sont particulièrement révélateurs :

> Sur la base d'un examen attentif du dossier tel qu'il nous a été fourni, nous sommes amenés à conclure que la poursuite d'une étude approfondie des O.V.N.I. ne peut se justifier par l'espoir de contribuer ainsi à l'avancement de la science.

C'était évidemment là tuer dans l'œuf toute investigation future conduite au nom de la quête scientifique. Cependant nous y lisons également ceci :

> C'est pourquoi nous pensons que tous les bureaux travaillant pour le gouvernement fédéral,

ainsi que les fondations privées, devraient être prêts à prendre en considération les propositions de recherche sur les O.V.N.I. qui leur seraient présentées parmi d'autres, dans un esprit ouvert et impartial. Bien que nous ne pensions pas actuellement qu'il soit susceptible de résulter quoi que ce soit de valable d'une telle recherche, chaque cas individuel n'en doit pas moins être jugé sur le fond.

C'était là jeter avec une adresse consommée un os politique à ronger aux chiens critiques. On pourrait difficilement imaginer une déclaration plus mensongère, et on ne peut douter que le Dr Condon, éminente personnalité du monde politico-scientifique, serait le premier à en convenir. Car on peut aisément imaginer ce qu'il en serait d'un bureau d'études financé par le gouvernement, et toujours à cours de trésorerie, s'il devait entreprendre des recherches dont le résumé de Condon dénonçait par avance l'inutilité. On verrait bientôt se répandre en plaintes amères et en lettres aux membres du Congrès ceux qui, ayant sollicité une aide fédérale pour poursuivre leurs travaux scientifiques, se la seraient vu refuser alors que l'on subventionnerait cette « absurde histoire d'O.V.N.I. (2) ».

Le reste de ce copieux rapport ne peut se décrire brièvement. C'est une compilation décousue de sujets partiellement apparentés, chaque domaine étant traité par un auteur différent, et certaines sections étant consacrées directement à l'étude de cas choisis. Or, si l'on prend soigneusement connaissance de ces études, on s'aperçoit qu'elles contredisent le résumé préliminaire. On peut y lire, par exemple : « En conclusion, bien que l'on ne puisse rejeter avec une certitude totale des explications conventionnelles ou naturelles, leur probabilité en l'occurrence semble faible, et la probabilité qu'il se soit agi d'au moins un véritable O.V.N.I. semble assez élevée. » Ou encore : « Ceci demeure l'un des cas radar les plus déconcertants, et pour l'instant aucune conclusion n'est possible. » Et encore ceci, à propos d'une autre observation : « Il apparaît que cette observation défie l'explication en termes conventionnels. » Ou cette opinion : « Les trois observations non expliquées qui ont été glanées au milieu d'une masse importante de rapports défient l'analyse. » Et le comble de la rupture d'explication, dont le syndrome est sous-jacent dans tout le rapport : « Cette observation insolite devrait donc se ranger dans la catégorie des phénomènes presque certainement naturels qui sont si rares qu'ils n'ont apparemment jamais été signalés, ni auparavant ni depuis lors. » (Comment cet événement rarissime a-t-il même pu parvenir à se faufiler parmi les 90 cas qui furent examinés sur un total de 25 000? Et combien d'événements pareillement « rares » demeurent-ils tapis parmi les 24 910 rapports restants?)

La thèse que je soutiens dans ce chapitre est la suivante : *a*) le sujet de l'étude assignée à la Commission Condon n'a pas été convenablement défini — *b*) la Commission a étudié un faux problème.

L'O.V.N.I. avait été défini par Condon simplement comme quelque chose ayant déconcerté un observateur donné. L' « O.V.N.I. Condon » était étudié brut, et non comme un rapport *demeurant* inexpliqué *après* un filtrage compétent et sévère. Ainsi la Commission se consacrait en réalité à trouver telle explication naturelle pouvant répondre à telle observation. Je soutiens que cela aurait déjà dû être fait en un premier filtrage. Le fait que plus de 25 % des cas étudiés ne pouvaient être attribués à des causes naturelles signifie simplement que seuls 25 % des cas devaient être étudiés en tant qu'O.V.N.I.

Ce sont eux (ainsi que beaucoup d'autres que l'Air Force avait catalogués comme « Non-Identifiés ») et eux seuls qui auraient dû faire l'objet d'une étude approfondie. L'histoire de la science nous enseigne ce que sont les choses qui « ne collent pas », les apparentes exceptions à la règle, qui indiquent une brèche possible dans notre conception du monde. Et ces cas auraient dû être étudiés selon plusieurs angles différents. La Commission a choisi de s'en tenir au problème de savoir si les notifications d'O.V.N.I. (et même simplement les notifications, puisqu'elle n'opérait pas de discrimination préalable) avéraient l'hypothèse d'intelligences extra-terrestres (I.E.T.) venant visiter la terre. L'équation posée était : Objets Volants Non Identifiés = Intelligences Extra-Terrestres. La Commission n'essaya en aucune façon d'établir si les O.V.N.I. constituaient réellement un problème concernant les sciences physiques ou sociales. On ne considéra même pas l'éventualité que les observations non élucidées d'O.V.N.I., faites dans le monde entier, puissent constituer des « observations empiriques véritablement nouvelles ». Ainsi la Commission se limita à rechercher si les méprises et les erreurs d'interprétation pouvaient constituer des preuves d'apparitions extra-terrestres. Ce serait plutôt là un problème intéressant les psychologues et les sociologues, à savoir que des milliers de personnes ne peuvent reconnaître Vénus, un météore ou un phare d'atterrissage et identifient en conséquence leur vision avec une arrivée de visiteurs de l'espace.

Le problème était et demeure : le phénomène des notifications d'O.V.N.I. dans cent pays représente-t-il un nouveau champ d'investigation pour la science, sans considération de théorie (celle des I.E.T. par exemple) quant à ce qui les a suscitées.

La critique du Rapport Condon porte également sur la sélection des données qu'étudia la Commission. Ayant décidé de faire porter son effort sur des cas très récents (40 cas, sur les 90 étudiés, étaient de l'année 1967) et seulement sur un nombre extrêmement restreint de cas parmi les milliers qui lui étaient accessibles, elle ne risquait évidemment pas de se préoccuper des schémas auxquels se conformaient les observations recueillies depuis vingt ans un peu partout dans le monde. La Commission aurait pu disposer de plus de 12 000 rapports de l'Air Force ainsi que des milliers de fiches établies par le N.I.C.A.P. et l'A.P.R.O. (si elle ne put consulter ces dernières, ce fut surtout en raison de la maladresse déployée dans les rapports avec l'A.P.R.O.). Le Dr Saunders avait remarqué, à l'occasion de ses études statistiques sur les notifications d'O.V.N.I. (qui ne furent pas incluses dans le Rapport de la Commission parce qu'il fut démis de ses fonctions avant la clôture de cette dernière) que très peu se recoupaient entre l'Air Force et le N.I.C.A.P. Selon ce que je sais des dossiers de l'A.P.R.O. la chose vaut aussi pour cette organisation.

Ainsi, bien que l'idée de n'étudier que des cas très récents soit défendable, la validité de ce procédé repose sur la supposition que ceux-ci (et les 50 autres) étaient représentatifs des 25 000 cas réunis au total dans les différents fichiers. Or, par exemple, seuls quelques-uns des cas sur lesquels nous nous sommes fondés ici pour construire les prototypes furent examinés par la Commission — et aucun d'entre eux d'ailleurs ne reçut d'explication. (Il me semble que l'affaire est d'ores et déjà entendue, mais je tiens à poursuivre.)

Le Rapport Condon n'apportait pas de solution. Cependant, lu attentivement, il constitue un argument en faveur de l'étude du phénomène O.V.N.I., aussi bon que possible étant donné la brièveté du délai imparti à un groupe de spécialistes qui, par ailleurs, n'avaient individuellement aucune connaissance préalable du sujet.

On comprendra mieux la démarche de la Commission Condon si l'on sait comment elle en vint à être réunie. On peut dire qu'au sens propre elle est née du « gaz des marais ». En 1966, j'avais suggéré le gaz des marais comme une origine possible pour quelques-unes des nombreuses observations du Michigan, à Dexter et Hillsdale, où de *faibles* lueurs avaient été remarquées au-dessus de zones marécageuses (cette explication ne visait pas, bien entendu, à rendre compte de la totalité des apparitions signalées à l'époque dans la région). Dès lors, le gaz des marais devint une tarte à la crème et un synonyme humoristique d'O.V.N.I. Les O.V.N.I., le gaz des marais et moi-même furent montés en épingle dans la presse et honorés d'excellentes caricatures (dont je possède une belle collection). Je crois que si l'on avait signalé à l'époque une apparition d'O.V.N.I. dans le Sahara, on n'aurait pas hésité une minute à l'attribuer au gaz des marais.

Dans le Michigan, on n'apprécia guère ces railleries, et deux membres du Congrès, Weston Vivian, député démocrate d'Ann Arbor, et Gerald Ford, chef de la minorité républicaine à la Chambre, réclamèrent une audition du Congrès sur la question ([3]).

Il n'est pas inutile de citer quelques fragments de cette audition :

LE PRÉSIDENT (L. MENDEL RIVERS). — Docteur Hynek, avez-vous quelque chose à déclarer?

HYNEK. — Monsieur le Président, la presse n'a pas été tendre à mon égard.

LE PRÉSIDENT. — C'est vous qui devriez présider cette commission.

HYNEK. — La presse m'a décrit comme « la marionnette de l'Air Force », et a déclaré que je ne dis que ce que l'Air Force me fait dire. Je voudrais... lire à la commission une déclaration... qui ne m'a certainement pas été dictée par l'Air Force.

LE PRÉSIDENT. — Je vous demanderai alors de brancher le haut-parleur...

HYNEK. — ... des incidents tels que ceux dont la presse a fait état dans le Michigan n'ont rien de rare. Il se trouve seulement que ceux de Dexter et de Hillsdale ont attiré l'attention à l'échelle nationale. Mais des événements similaires, et d'autres encore plus curieux, se produisent depuis de nombreuses années... En dépit de l'apparente inanité du sujet, je crois que je manquerais à ma mission scientifique auprès de l'Air Force si je n'indiquais pas que le phénomène O.V.N.I. pourrait, sous certains rapports, mériter l'étude scientifique... Je suis heureux que ma comparution devant la présente commission me donne l'occasion de répéter ce que j'ai toujours préconisé. De façon spécifique, je soutiens que la masse des informations qui s'est accumulée depuis 1948... mérite d'être étudiée très attentivement par une commission civile composée de spécialistes des sciences physiques et sociales, et qu'il conviendrait d'assigner à une telle commission la tâche d'examiner le problème des O.V.N.I. d'un point de vue critique dans le but précis de déterminer *s'il existe réellement là un problème majeur*.

LE PRÉSIDENT. — Selon vous, on ne peut se désintéresser de ces rapports, ni se moquer de ceux qui les ont fournis. Ils émaneraient de personnes ayant au plus haut point le sens des responsabilités, occupant des positions sociales diverses [il est intéressant de remarquer que ce sont là les termes exprès du président. Peu avant il nous avait déclaré que sa femme s'intéressait aux O.V.N.I.]... Et ce matin vous nous dites qu'il faudrait réunir une commission scientifique reconnue par l'Air Force, devant laquelle seraient portées ces questions et qui fournirait ensuite un rapport?

HYNEK. — Oui, monsieur. C'est bien la substance de ma déclaration. Cependant j'ai été pris de vitesse par le Secrétaire Brown qui a mentionné que le Bureau du Conseil Scientifique avait préconisé la même chose.

Quelques semaines seulement avant l'audition, une commission spéciale du Bureau du Conseil Scientifique, sous la présidence du Dr Brian O'Brien, avait recommandé entre autres : « [Il faudrait] passer des contrats avec quelques Universités choisies, qui fourniraient des équipes scientifiques pour étudier de façon approfondie et dans les meilleurs délais des observations d'O.V.N.I. sélectionnées... Le choix des Universités devrait respecter un bon équilibre géographique... »

La formation de la commission O'Brien avait été requise par une lettre du major général E. B. LeBailly, directeur de l'information de l'U.S. Air Force, qui indiquait notamment :

> En conséquence, il est demandé qu'une commission scientifique de travail... soit organisée pour examiner le Programme Livre Bleu... et pour indiquer à l'Air Force les améliorations souhaitables...
>
> Le Dr J. Allen Hynek, président de l'Observatoire Dearborn de la Northwestern University, est le conseiller scientifique du Programme Livre

Bleu. Il s'est déclaré prêt à travailler avec une telle commission afin de placer le problème dans la perspective qui convient. Le Dr Hynek a discuté du problème avec le Dr Winston Markey, ancien directeur des services scientifiques de l'Air Force.

Peu de temps auparavant, j'avais reçu à ce propos une lettre du lieutenant-colonel J.F. Spaulding, du bureau d'information de l'Air Force, à laquelle j'avais répondu notamment :

J'ai beaucoup réfléchi à votre lettre du 13 août [1965], dans laquelle vous soulevez la question d'explorer avec l'Académie Nationale des Sciences la possibilité qu'elle se penche sur le problème des O.V.N.I... Tout d'abord, ce n'est pas une idée nouvelle que de faire aider l'Air Force, à propos des O.V.N.I., par une organisation civile qui travaillerait conjointement avec elle ou la déchargerait totalement de cette tâche. Depuis dix-huit ans, elle a été émise à plusieurs reprises. En 1952, on confia l'étude statistique de tous les rapports d'O.V.N.I. existant alors au Battelle Memorial Institute de Columbus. Je n'eus pas, à l'époque, à agir en tant que conseiller, mais durant la période où le colonel Friend dirigea le Livre Bleu nous avions monté une commission de chercheurs, pris parmi les effectifs de Wright Field, qui se réunissait régulièrement pour aider à l'évaluation des rapports. Si mes souvenirs sont exacts... [nous comptions] un psychologue et même un aumônier! Mais il s'agissait là d'un effort intérieur, non soutenu d'en haut, et la commission ne tint pas longtemps.

Par la suite encore, le bureau d'information de l'Air Force ou son équivalent a fait des ouvertures à la N.A.S.A. et à la N.S.F. * pour s'acquérir pareillement leur aide, mais après quelques rencontres... il n'en est rien sorti. A l'exception d'une dernière tentative, qui visait à intéresser la Brookings Institution à se charger éventuellement de cette recherche, le problème est toujours demeuré essentiellement le domaine réservé de l'Air Force et, selon moi, il le demeurera...

C'est pourquoi je considère... qu'une commission civile de chercheurs... devrait être réunie pour examiner critiquement le problème des O.V.N.I. dans le but précis de déterminer s'il constitue réellement un problème majeur... Il s'agirait d'une commission de travail... dont les membres seraient prêts à consacrer, entre les réunions, une bonne partie de leur temps libre à ces recherches.

Bien entendu, je serais moi-même tout disposé à apporter mon aide à cette commission pour tout ce qui relève de ma compétence, et j'envisagerais même, si cela pouvait contribuer à placer le problème dans la perspective qui convient, de me mettre momentanément en disponibilité de l'Université.

J'adressai des doubles de cette lettre au Dr Winston Markey, directeur des services scientifiques de l'U.S. Air Force et au Dr Harold Brown, Secrétaire d'Etat aux Forces Aériennes. Sans doute son contenu n'échappa-t-il pas à ceux que je voulais toucher, car on retrouve plusieurs phrases similaires sinon identiques aux miennes dans la lettre que E. B. LeBailly adressa quelques semaines plus tard au Bureau du Conseil Scientifique.

Et c'est ainsi, finalement (après plusieurs tentatives avortées de confier l'étude des O.V.N.I. à une

* National Science Foundation.

Université de l'Ivy League), que le 6 octobre 1966 l'Université du Colorado releva le gant. Il n'était pas prévu que j'appartienne à la Commission, sans doute parce que l'on tenait à ce que ses membres, sans exception, ignorent tout du sujet afin de le considérer « d'un œil neuf ». Ce critère apparemment louable recelait cependant son propre poison, car cela revenait en un sens à demander à des gâte-sauce de considérer la « haute cuisine » d'un œil neuf et d'ouvrir un restaurant trois étoiles.

Mais je comprenais les raisons de la Commission et j'étais assez heureux de sa mise en marche. Je me souviens d'une très agréable réunion, chez le Dr Franklin Roach, membre de la Commission et mon collègue en astronomie de longue date, à laquelle assistaient le Dr Condon et plusieurs autres collaborateurs. Il y flottait un parfum d'aventure, comme avant le départ pour un long voyage. Et cependant, je pus déjà discerner chez le Dr Condon l'existence d'une attitude fondamentalement négative (encore plus forte, peut-être, chez Mrs Condon), mais je la mis au compte du scepticisme naturel d'un savant qui n'avait pas encore examiné les données. Je ne pouvais soupçonner la parcimonie et le manque de discernement qui présideraient à leur choix.

La Commission fonctionnait depuis peu lorsque me parvinrent déjà des rumeurs inquiétantes, d'abord d'un de mes amis, puis d'un autre, tous deux associés à cette entreprise. Il semblait qu'on ne s'entendît pas sur la définition du problème : les trois psychologues ne s'accordaient pas sur ce que la Commission devait étudier. L'un d'eux maintenait que les gens « avaient simplement des visions » et se refusait d'emblée à admettre qu'il puisse y avoir là un phénomène matériel pouvant être étudié. Dans le questionnaire qu'il mit en forme, il réserva une page pour la description des observations et vingt pour la notation des réactions psychologiques du témoin [1].

Un autre psychologue s'éprit de l'idée que tout le problème des O.V.N.I. se ramenait à l'hypothèse des intelligences extra-terrestres. Pour le troisième, qui au demeurant soutenait la même thèse, nul ne parviendrait jamais à distinguer entre celles-ci, à supposer qu'elles existent, et les « tout-venants ».

Un des physiciens proposa l'emploi d'une caméra stéréophotographique avec une grille de diffraction devant l'un des objectifs pour déterminer le spectre lumineux des O.V.N.I. Il ignorait que le Dr Joseph Kaplan, l'un des organisateurs de l'Année géophysique, avait déjà eu la même idée, et l'avait mise à exécution, de façon limitée, en 1954. J'avais démontré peu après, par des expérimentations réelles, que le procédé n'avait de valeur que pour des lumières extrêmement vives. J'ai encore en ma possession une caméra stéréo Videon dont on dotait à l'époque les bases aériennes, souvenir perdu de l' « ancien temps » des O.V.N.I. Le « regard neuf » avait vraiment un goût de déjà vu.

Le Dr Saunders choisit de placer l'hypothèse I.E.T. (Intelligences Extra-Terrestres) au centre du débat. Le geste, certes, était spectaculaire, même si rien, dans le matériel proposé, ne concourait à en faire le problème fondamental. Mais en centrant ainsi son interrogation sur les O.V.N.I., la Commission répondait à l'attente du public, pour qui le terme O.V.N.I. était virtuellement synonyme de visiteurs de l'espace, généralement considérés comme des « petits hommes verts ».

Cependant, une fois le problème défini et adopté, Saunders adoptait une approche excellente : au cours du « briefing » de la Commission, que Jacques Vallée et moi-même fûmes conviés à assumer quelques semaines après sa constitution, nous avions très vivement recommandé que toutes les données existantes, et particulièrement celles dont l'Air Force était dépositaire, soient, après une évaluation préalable, mises en forme pour la lecture par ordinateur, auquel on en confierait ensuite l'analyse. Saunders s'attaqua à cette tâche, et au moment où il fut renvoyé il avait déjà inscrit plusieurs milliers de cas sur bande magnétique. (Au moment où j'écris, il dispose de quelque 30 000 documents sur bandes, prêts pour une analyse intensive.) Mais en raison de son « dissentiment » avec Condon, son travail statistique ne figura pas dans le rapport final — lequel se fonda donc, en tout et pour tout, sur 90 cas, dont beaucoup étaient déjà connus et dont la plupart ne répondaient pas à notre stricte définition d'un O.V.N.I. Et pourtant, Vallée et moi-même avions virtuellement supplié la Commission d'entreprendre de rechercher les schémas communs à des milliers de notifications, faisant valoir qu'il s'agissait d'une procédure essentielle pour obtenir une perspective globale du phénomène O.V.N.I. C'était l'unique moyen de savoir enfin le genre de choses qui étaient notifiées et par qui. Au lieu de cela, la Commission Condon puisa dans une sélection pitoyablement mince, sans chercher à déterminer si ces cas correspondaient ou non à l'image générale. Quelle preuve avait-elle qu'ils étaient vraiment représentatifs des cas non élucidés et non élucidables?

Les hésitations au sujet de la méthodologie firent les beaux jours de la Commission. Le rapport est intitulé : « Etude Scientifique sur les Objets Volants Non Identifiés », mais l'étude fut-elle vraiment scientifique — et même, pouvait-elle l'être? La méthode éprouvée et irréfutable qui consiste à répéter expérimentalement les faits était évidemment inapplicable au phénomène O.V.N.I.

Selon certains, une recherche se définit comme scientifique en fonction de sa méthodologie, et non du sujet sur lequel elle porte. A tout prendre, c'est un postulat acceptable, mais l'est-il dans le domaine particulier des O.V.N.I.? Etant admis que les « meilleures » notifications d'O.V.N.I. sont des histoires indignes de créance racontées par des personnes dignes de créance, comment peut-on les étudier autrement qu'en les analysant, en les classifiant et en les décrivant de façon plus précise et plus cohérente que ne l'a fait l'observateur? Quels nouveaux détails, quelle preuves peut-on introduire qui ne renforcent encore l'invraisemblable de l'histoire?

La démarche scientifique implique habituellement la vérification d'une hypothèse. L'alpha et l'omega de sa méthode se ramènent à : « si-donc ». *S'il* en est ainsi, *donc* il s'ensuivra, et aussi longtemps que l'on ne peut démontrer expérimentalement la véracité ou la fausseté du *donc,* l'hypothèse n'a aucun sens. Capitale, sous ce rapport, se révèle la démonstration de la fausseté d'une hypothèse, grâce à telle expérience ou à telle observation. Comment, sans cela, parviendrait-on à distinguer entre les hypothèses, et à déterminer les « vraies »?

La Commission Condon choisit de « tester » l'hypothèse des intelligences extra-terrestres, dont les visites des O.V.N.I. seraient la preuve matérielle. Comment peut-on en démontrer la fausseté? En installant un réseau de stations d'observation perfectionnées? Et si elles ne repéraient pas un seul O.V.N.I., cela prouverait-il qu'ils n'existent pas? Assurément non. Car on peut toujours présumer que les O.V.N.I., étant sous commande intentionnelle, ont évité le piège parce qu'ils *savaient* qu'on les attendait.

Sans doute la Commission Condon ne put-elle fournir une explication, même partiellement satisfaisante, pour près d'un tiers des cas qu'elle examina. Les « experts » avaient séché. Qu'en résultait-il pour l'hypothèse I.E.T.? Absolument rien. En fait les explications ne manqueraient pas si l'on recourait à des postulats de base assez hardis. Si l'on postule, par exemple, qu'il existe des mondes autres que le monde physique (astral ou éthéré?), on peut virtuellement expliquer toutes les variétés d'évolutions attribuées aux O.V.N.I. Mais comment avérer la justesse d'une telle hypothèse? Seule la méthode opérationnelle fait la *science,* à défaut de quoi les hypothèses demeurent les hypothèses — ce qui n'est d'ailleurs pas pour déplaire à leurs sectateurs.

Même si la Commission Condon avait travaillé sur un volume d'informations considérablement plus grand, l'entreprise était d'avance vouée à l'échec. La seule hypothèse de travail qui aurait pu porter des fruits était la suivante : *Un phénomène existe, qui est décrit par les notifications d'O.V.N.I. et qui, actuellement, n'est pas explicable selon les lois de la physique.* Sa fausseté pouvait être aisément démontrée si l'on parvenait à expliquer, à la lumière des principes actuels de la physique, la trentaine de cas qui « résistaient » et, par-delà, les centaines d'autres non étudiés par la Commission. Et bien qu'il soit toujours possible, ensuite, de présenter de nouveaux cas en disant : « En voici un qui demeure inexpliqué », il tombe sous le sens que si un nombre prédéterminé de cas (proposés par un groupe bien averti de la question, qui les aurait préalablement passés au crible — excluant donc toute confusion avec des oiseaux, des ballons-sondes, des avions, des météores, des planètes, etc.) peuvent être expliqués de la sorte, la question est résolue sauf s'il surgit de *nouvelles* données contradictoires. Réciproquement, si les cas types ne peuvent être expliqués de la sorte, il existe par définition un phénomène que les principes actuels de la physique ne peuvent élucider.

Une lecture attentive du rapport montre que la

Commission, sans s'en rendre compte, avait apporté beaucoup d'eau au moulin du « phénomène inexplicable » tout en s'embourbant dans l'hypothèse des intelligences extra-terrestres. Les experts reconnurent eux-mêmes que, sur le nombre relativement réduit de cas qu'ils examinèrent, beaucoup les avaient tenus en échec.

Il est tout à fait regrettable que, pour avoir transpiré, certains faits aient entraîné le renvoi du Dr Saunders. La Commission aurait certainement suivi un cours différent s'il était demeuré en place et si ses conseils avaient été entendus. Sans doute avait-il centré son intérêt sur l'hypothèse I.E.T., mais il ne lui aurait pas fallu longtemps avant de reconnaître qu'elle ne pouvait être ni avérée ni controuvée, tandis que s'imposait par contre celle de « l'impossibilité d'une explication fondée sur les principes actuels de la physique ».

L'importance du travail du Dr Saunders pour le programme n'avait pas échappé au Dr Condon, puisqu'il avait écrit dans un premier temps, en demandant officiellement un supplément de crédits (259 146 dollars; le budget initial était de 313 000 dollars) :

> Le Dr Saunders assume de nombreuses tâches. Il a dirigé l'acquisition, la répartition et l'organisation des fichiers des observations... Il a mis au point, avec l'aide des autres membres du groupe d'étude, les formulaires pour l'interrogation des témoins et l'établissement des rapports... C'est également lui qui est chargé de l'analyse statistique des données sur les O.V.N.I. Au moment où nous écrivons, il a déjà terminé le codage de quelque 1 200 rapports d'observations pour l'analyse par ordinateur. Il est prévu de compléter bon nombre d'observations grâce à des informations addition-

nelles pareillement traitées lorsque les techniques de codage d'un certain nombre de paramètres, actuellement difficiles à traiter statistiquement, auront été mises au point... Etant donné leur imbrication, la responsabilité de toutes ces fonctions a été confiée à Saunders, afin qu'elles s'articulent de façon satisfaisante : conservation des rapports d'observations, analyse statistique, libellé des questionnaires pour les témoins et des formulaires de notifications. Il y a encore une dernière fonction en rapport avec les précédentes : la prise de décision d'envoyer des équipes sur le terrain pour enquêter sur les rapports d'observations. Saunders en est également chargé.

Peu après l'envoi de cette lettre, la Commission Condon destitua le Dr Saunders pour « incompétence ». Il apparaît que l'on avait confié de bien grandes et de bien nombreuses responsabilités à un incompétent.

Les événements qui ont conduit au renvoi du Dr Saunders, et d'un autre membre de la Commission, le Dr Levine, et entraîné, peu après, la démission de l'adjointe administrative du Dr Condon, Mary Louise Armstrong, sont relatés dans le livre de Saunders dont j'ai déjà parlé.

Il en résulta qu'au lieu de présenter l'essentiel de plusieurs milliers de cas, opération que Saunders s'attachait à mener à son terme, le rapport ne traite que de 87 cas ayant fait l'objet d'une enquête, auxquels s'ajoutent trois observations émanant d'astronautes (le responsable de l'étude sur ces trois derniers cas indiqua laconiquement qu'elles « ... défient l'analyse »).

Le Rapport Condon sortit le 8 janvier 1969, et reçut aussitôt l'approbation de l'Académie Nationale des Sciences, qui concluait :

a) Nous considérons que le champ de l'étude était approprié à son but : une étude scientifique des phénomènes O.V.N.I.

b) Nous pensons que la méthodologie et l'approche ont été bien choisies, et répondent aux critères reconnus de l'investigation scientifique.

Une telle formulation implique que la méthode scientifique est assurément applicable au problème des O.V.N.I., point dont j'ai déjà débattu. Etant donné que l'hypothèse sur laquelle travaillait la Commission (intelligences extra-terrestres) ne peut être ni prouvée ni, surtout, controuvée, démarche essentielle dans la méthode scientifique, cette dernière ne peut donc être appliquée au problème que s'il est redéfini.

On peut cependant donner à l'Académie le bénéfice du doute, car la méthodologie de la Commission péchait par bien d'autres aspects. Parlons ici de la méthodologie sans la confondre avec le sujet de l'étude. J'aurais pareillement critiqué la méthodologie de la Commission Condon si, au lieu de porter sur les O.V.N.I., ses recherches avaient concerné le cycle de vie de la baleine grise (si l'étude avait eu pour but de vérifier une seule théorie, par exemple que les baleines grises sont le produit d'une création particulière) ou les causes du cancer (si la recherche s'était limitée à la théorie selon laquelle le cancer résulte d'un mauvais régime alimentaire).

L'Académie reconnaîtrait qu'en l'occurrence la méthode scientifique implique que le *problème spécifique à étudier doit être défini et doit ressortir au domaine plus large qui le contient.*

En page 9 du Rapport Condon, l'O.V.N.I. est défini : « Un objet volant non identifié est défini ici comme le stimulus d'un rapport fait par un ou plusieurs individus à propos de quelque chose qu'ils ont vu dans le ciel (ou d'un objet présumé capable de voler mais vu au sol) que *l'observateur* [c'est moi qui souligne] n'a pas pu identifier comme ayant une origine naturelle, et qui lui a semblé suffisamment déconcertant pour qu'il entreprenne de le signaler... » Et le problème lui-même est défini ainsi : « Le problème consiste alors à apprendre à reconnaître les variétés de stimuli qui donnent naissance aux rapports d'O.V.N.I. »

Méthode scientifique! Quelle est donc cette méthode scientifique qui, dès le départ, suppose la réponse connue? Il est clairement affirmé ici que les O.V.N.I. résultent tous de méprises à propos de causes naturelles, et que toute l'œuvre de la Commission a consisté à connaître et à mémoriser les différents stimuli naturels des notifications d'O.V.N.I., pour être ainsi en mesure de dire, sans plus : « Ici ce devait être Vénus; là ce devait être le phare d'atterrissage d'un avion. » Il n'y avait pas de place dans la « conception Condon » pour la possibilité de dire : « Et là c'était probablement un O.V.N.I. »

Ainsi a-t-on violé un principe essentiel de la méthode scientifique : le problème a été mal défini et n'était pas représentatif du domaine plus large auquel il appartenait (c'est-à-dire les rapports véritablement déconcertants dont le stimulus n'apparaissait pas évident). De plus, il ne convient pas de laisser à l'observateur, c'est-à-dire au citoyen moyen, le soin de décider s'il s'agit oui ou non d'un O.V.N.I. Cette démarche doit revenir à ceux qui sont capables de reconnaître et d'éliminer les rapports auxquels précisément s'applique la définition de Condon — ceux qui naissent d'un stimulus naturel.

Dans son sens le plus large, le problème consiste à trouver ce qui est à l'origine de la notification. Mais décider au départ que le stimulus ne peut nécessairement être que d'un seul type — interprétation fausse de phénomènes naturels — constitue véritablement une violation de la méthode scientifique. En somme, tandis que la Commission définissait le problème comme celui de la recherche des origines naturelles, d'un autre côté elle travaillait sur l'hypothèse des intelligences extra-terrestres. Vénus n'est pas une intelligence extra-terrestre; un météore est extra-terrestre mais il n'est certainement pas intelligent, et ainsi de suite.

Un autre principe essentiel de la méthode scientifique dont l'Académie reconnaîtrait la justesse est le suivant : *les données que l'on a choisi d'étudier doivent ressortir au problème.*

On peut soulever cette question par rapport au problème qu'a étudié la Commission (visites d'extra-terrestres) ou par rapport à celui qu'elle n'a pas étudié (les notifications d'O.V.N.I., après filtrage compétent, indiquent-elles que de nouvelles données empiriques d'observation existent?).

Dans les deux cas, la plupart des rapports examinés ne ressortissaient pas à la question : un enquêteur expérimenté aurait éliminé les méprises évidentes qui pouvaient avoir déconcerté une ou deux personnes mais qui ne pouvaient tromper un expert. En fait, 14 cas sur les 87 examinés par la Commission Condon avaient précédemment été évalués par le Livre Bleu comme des méprises, et cependant elle accepta qu'ils viennent grossir le nombre déjà dérisoire de ceux qu'elle étudiait. Il aurait infiniment mieux valu qu'ils soient remplacés par 14 « Non-Identifiés » choisis parmi les milliers que possédait le Livre Bleu. C'était évidemment là que risquait de résider le problème, si problème il y avait.

Le groupe Condon n'examina que dix Rencontres Rapprochées, alors que ces incidents donnent lieu aux notifications d'O.V.N.I. les plus intéressantes.

Pour six d'entre elles il fut incapable de se prononcer d'une façon quelconque, deux furent considérées comme non concluantes, une comme « psychologique » et une, sans l'ombre d'un doute, comme une vision de Vénus! Tous ceux qui étudient le phénomène O.V.N.I. devraient avoir connaissance de cette dernière affaire. C'est un exemple particulièrement édifiant de la puissance de suggestion de l' « identification vénusienne ». Des membres des forces de police de onze comtés s'y laissèrent prendre! Les psychologues, mais aussi les services de recrutement de la police, devraient bien voir un peu de quoi il retourne.

L'expérience m'a enseigné depuis longtemps à ne pas prendre au sérieux les apparitions nocturnes plus ou moins régulières d'un O.V.N.I. On peut être à peu près certain qu'il s'agit alors d'un service aérien régulier ou d'une planète, surtout lorsqu'il est précisé qu'il ne se montre pas durant les nuits couvertes. Ce genre de rapports si aisément repérables apporte en quelque sorte la « note drôle » qui vient égayer un problème par ailleurs troublant.

Je pense que l'Académie reconnaîtrait sans difficulté qu'une méthodologie scientifique correcte *doit se garder, en abordant un problème, de la partialité, des idées préconçues et du sarcasme.*

On ne doit jamais préjuger de la réponse à une recherche à un degré tel que cette anticipation en colore l'orientation. Chaque fois que j'ai eu le plaisir de rencontrer les membres et les associés du groupe d'étude de l'Université du Colorado, j'ai pu constater leur réelle objectivité. Sans doute, dans un groupe d'une douzaine de personnes, y a-t-il des différences de points de vue, mais je n'ai observé ni préjugés tenaces ni préventions personnelles. Par contre, si l'on en juge par ses déclarations et par ses écrits, il en allait tout autrement du directeur du programme. Il n'hésitait jamais à révéler ses vues personnelles au cours des causeries qu'il fit à diverses reprises, ici ou là. L'une des premières fut délivrée à Corning, Etat de New York, alors que la Commission n'avait pas encore trois mois d'existence (le texte en parut dans la *Star-Gazette* d'Elmira, Etat de New York, du 26 janvier 1967). Selon le journal, Condon déclara : « Je tendrais dès maintenant à recommander que le gouvernement abandonne l'affaire. Pour moi, je suis déjà persuadé qu'il n'y a rien là-dedans... mais je ne suis pas censé déposer mes conclusions avant un an encore. Peut-être son étude [celle du problème des O.V.N.I.] serait-elle valable pour les groupes qui s'intéressent aux phénomènes météorologiques. »

Chacun est libre de penser ce qu'il veut, mais la position et la profession du savant lui imposent une responsabilité sociale accrue. Ses propos, même les plus triviaux — surtout les plus triviaux — trouvent un écho dans la presse, et font donc autorité dans le public. Or, nous voyons ici un savant déclarer que le programme qu'il dirige n'a aucune valeur (quelques mois plus tard il demandait une rallonge de 259 146 dollars pour poursuivre son travail) et affirmer publiquement que, selon lui, les O.V.N.I. ne peuvent être que des phénomènes météorologiques — d'où l'inutilité de la poursuite de cette étude.

Beaucoup plus tard dans l'année, Condon parla devant le Bureau national des Standards et Mesures à Washington. « Selon ce que rapportèrent des membres de l'auditoire et comme il en convint lui-même plus tard, Condon centra presque toute la causerie sur trois notifications de « cinglés » dont il s'était occupé. »

Je pense que l'Académie serait également d'accord pour dire qu'en matière d'application de la méthode scientifique *nul savant ne devrait admettre délibéré-*

ment la dérision comme partie intégrante de sa méthode scientifique. Et cependant, lorsqu'un sujet se trouve à l'extérieur du domaine de la science (et l'histoire en fournit maints exemples), les sarcasmes, les traits d'esprit aux dépens du prochain ne semblent pas étouffer la conscience du scientifique. Ainsi la réponse écrite du Dr Menzel à un questionnaire sérieux qui demandait : « Que devrait-on faire au sujet des rapports d'O.V.N.I. qui ne peuvent être expliqués? », qui se contentait de prescrire : « Les jeter à la corbeille! »

Pour le Dr Condon, les O.V.N.I. se trouvaient apparemment hors du domaine de la science (bien que son rapport soit intitulé « Etude Scientifique sur les Objets Volants Non Identifiés ») car il ne se fit jamais faute de rire du prochain, c'est-à-dire des observateurs. Saunders indique ([5]) que Condon se préoccupait surtout des aspects farfelus du problème O.V.N.I.; mais le pire est qu'il réservait l'ironie ainsi accumulée à ceux qui étaient associés en toute bonne foi à la question (les « farfelus » étant, au demeurant, *incapables* de rédiger un rapport cohérent). Saunders remarque : « Le pire, c'était sa façon de traiter les gens. Le psychologue que je suis en était profondément choqué. Peut-être avaient-ils besoin qu'on leur vienne en aide mais sûrement pas que l'on se moque d'eux. C'était comme si Condon avait perdu tout sens des perspectives et sacrifiait ces malheureux pour se débarrasser de ses propres frustrations... Il semble que dès qu'il estimait avoir assez ri d'un cas, il passait à un autre encore plus amusant. » Saunders cite un exemple : Condon téléphona un jour au gouverneur de l'Utah pour l'informer de l'atterrissage imminent d'un O.V.N.I. rectangulaire sur les Salt Flats de Bonneville, selon la prédiction d'une personne « en contact » avec les extraterrestres.

Une autre fois, il informa tout bonnement Washington qu'une offre (de trois milliards de dollars) lui avait été faite par un « agent du Troisième Univers », pour la construction d'un cosmodrome destiné au débarquement terrestre des vaisseaux venus dudit Univers.

Je reconnais que la tentation est grande de rire aux dépens des « originaux » et de leurs actions. J'ai utilisé avec profit, en guise de pause de détente au milieu d'une conférence par ailleurs très sérieuse, une photographie illustrant, dans un magazine populaire une nouvelle intitulée : « Une soucoupe volante a protégé ma virginité », ainsi qu'un dessin humoristique montrant les trois Rois Mages qui contemplent l'étoile tandis que l'un d'eux explique : « Le gaz des marais », et autres amusettes bénignes.

Cependant, j'avais écrit dès 1953 (6) :

> La méthode scientifique n'a que faire du sarcasme, et il ne faut pas enseigner au public qu'il en est partie intégrante... Le flot régulier des rapports, souvent rédigés de concert par plusieurs observateurs *valables,* soulève la question de l'obligation et de la responsabilité scientifiques. Demeure-t-il, une fois les divers rapports débarrassés des enjolivements et fioritures qui dissimulent artistement leur sécheresse foncière, un résidu digne de l'attention scientifique? Et, dans la négative, le public ne doit-il pas en être averti — non pas avec esprit mais avec sérieux, afin de ne pas entamer la confiance publique dans la science et dans les savants?

On agite beaucoup, de nos jours, la question des rapports entre la science et la vie quotidienne. Attitudes pontifiantes, déclarations *ex cathedra,* opinions « autorisées » simplement parce qu'elles émanent d'un scientifique — tout cela est préjudiciable. Le public, sans le soutien duquel aucun effort scientifique ne peut finalement se poursuivre, doit pouvoir considérer la science comme une aventure menée dans un esprit d'humilité, de dignité, de respect humain, pour le bien de tous. On ne soulignera jamais assez que, dans ce domaine, nul ne sait sur quoi débouchera la recherche (« on ne peut plus parler de recherche dès lors que l'on connaît à l'avance la réponse »), et qu'un des buts primordiaux de la science est de satisfaire la curiosité de l'homme, de sonder l'inconnu, d'ouvrir de nouvelles routes à l'aventure de l'esprit. Ceci est dans la ligne qu'a toujours défendue la science, même si les savants, qui n'en sont pas moins des hommes, ont souvent donné par mégarde l'impression tout à fait contraire.

Je crois que l'Académie reconnaîtrait que, conformément à la méthode scientifique, *le directeur d'un programme scientifique doit comprendre le problème.* Le choix d'exemples d' « O.V.N.I. » qui illustrent son résumé préliminaire administre la preuve irréfutable que Condon ne comprenait ni la nature ni la portée du problème. Je cite ici un article de W.T. Powers qui m'a autorisé à en faire usage (7) :

> Condon a employé comme illustrations *exclusivement* les cas ridicules, facilement explicables ou insuffisamment décrits. Il ne fait pas une seule fois allusion dans son résumé au fait que ses collègues présentent dans le même Rapport des cas qui ont résisté aux plus minutieuses tentatives d'explication, et n'étaient donc ni ridicules, ni facilement explicables, ni insuffisamment décrits.
>
> Condon consacre un paragraphe aux « observations radar » d'O.V.N.I. sans mentionner les cas pour lesquels sa propre équipe n'a rien trouvé qui

accrédite une « anomalie de propagation », et le termine ainsi : « Considérant l'importance du radar pour la sécurité du fonctionnement des avions, il est essentiel de poursuivre la recherche... Cependant, l'on pense que cela peut être accompli en s'attaquant directement au problème... plutôt que... par l'investigation d'affaires d'O.V.N.I. »

En bref, Condon n'admet pas que les notifications radar d'O.V.N.I. puissent nous dire quoi que ce soit *sur* les O.V.N.I. — puisqu'elles ne peuvent apparemment résulter que d'une anomalie de propagation. La possibilité du repérage d'un O.V.N.I. au moyen d'un radar fonctionnant correctement et dans des conditions atmosphériques normales n'est même pas évoquée. Et cependant, parmi les rapports présentés plus loin dans le texte, il s'en trouve *trois* de ce type, et qui ont été soigneusement étudiés.

Il est édifiant de voir quels sont les cas individuels choisis par Condon pour illustrer les différents points de son résumé. Afin de ne pas imposer mes propres conclusions, je vais les énumérer en donnant pour *chacun* un bref commentaire, afin de ne pas pécher moi-même par omission ou discrimination... [La place nous manque ici pour reproduire cette énumération dans sa totalité.] Le premier exemple est un cas de lumières-observées-de-nuit (ballons-sondes) et le second pareillement (Saturne). Aucun de ces deux cas, soumis à un véritable expert, n'aurait été retenu comme un O.V.N.I. ... Un autre exemple concerne un homme dont les ancêtres venaient d'une autre galaxie... un autre encore la planète Clarion, aimable invention dont s'enchantent certains groupes marginaux, semi-inconditionnels des O.V.N.I. et semi-illuminés. Celle-ci a droit à une page entière!

Puis nous en venons aux photographies. Une

page est consacrée à une photographie dont il avait déjà été déterminé qu'elle résultait d'une erreur ou d'une supercherie. D'un cas que l'expert en photographie a par contre pris très au sérieux, Condon se contente simplement de dire que « les images d'O.V.N.I. se sont révélées trop floues pour permettre une analyse photogrammétrique valable ». Et cependant on trouve plus loin dans le cours du Rapport : « Ceci est l'une des quelques notifications d'O.V.N.I. où tous les facteurs étudiés, géométriques, psychologiques et physiques semblent concorder avec l'assertion qu'un objet volant extraordinaire, argenté, métallique, discoïdal, d'un diamètre de plusieurs dizaines de mètres, et évidemment artificiel, a été vu dans les airs par deux témoins. » La description de l'analyse photogrammétrique occupe les pages 399 à 407 du Rapport. Condon termine cette partie de son résumé par une brève mention de la photo d'un halo et d'un reflet d'objectif (sur la couverture de l'édition Bantam du rapport Condon se trouve une jolie photo couleur d'un reflet d'objectif, document qu'aucun enquêteur compétent n'aurait pu prendre au sérieux). Condon ne mentionne pas du tout l'analyse exhaustive faite sur les films de Great Falls, Montana, par le Dr R.M.L. Baker, laquelle avait pourtant été communiquée à la Commission.

Passons maintenant à l'extinction de l'allumage et des phares de voitures. Condon indique faussement que son groupe n'a eu à examiner qu'un seul cas... Il ne mentionne pas l'autre exemple [cas 12] [non plus que la centaine de cas semblables dont il aurait pu avoir connaissance s'il avait pris la peine de consulter ce qui a été publié. C'est une pratique courante de la méthode scientifique que de passer en revue tout ce qui a été publié sur un sujet avant d'entreprendre une recherche, afin d'être informé de ce qui a déjà été tenté dans ce domaine et de réduire les risques de double emploi d'un travail] dont le témoin était décrit comme doué de sens pratique, compétent, instruit et habitué à garder son sang-froid dans les situations inattendues.

Condon mentionne bien les observations de l'astronaute mais se limite à en dire qu'il « n'a rien vu qui puisse être interprété comme une soucoupe volante » ou comme un véhicule habité venant d'outre-espace, tout en reconnaissant que le Dr Roach, l'astronome qui avait étudié attentivement ce témoignage, avait dit de ces observations qu'elles « défiaient l'analyse ». Condon ne tenait pas à relever le défi, bien que le Dr Roach ait indiqué : « Particulièrement étonnante est la première de la liste, l'observation diurne d'un objet montrant des détails tels que des bras saillant d'un corps ayant une extension angulaire notable. Si la liste fournie par la N.O.R.A.D. des objets se trouvant dans le voisinage... au moment de l'observation est complète, comme on peut le présumer, il nous faudra alors trouver une explication rationnelle ou, sinon, le ranger parmi les non-identifiés. » L'alternative en question laissa, semble-t-il, Condon parfaitement indifférent.

Powers inclut beaucoup d'autres exemples et de remarques :

Ces derniers exemples édifient sur la rigidité du facteur de sélection qui préside au résumé de Condon — pas un seul d'entre eux n'aurait été retenu par un expert en tant qu'observation d'O.V.N.I. Il apparaît à l'évidence que Condon a évité systématiquement de faire ressortir dans son Rapport les cas les plus déconcertants et qu'il a non moins systématiquement travesti ceux qu'il a mentionnés, atténuant ici, ou ignorant là ce qui demeurait inexplicable, et jouant au contraire la carte de l'explication possible même lorsque l'analyse détaillée l'écartait formellement.

Si Condon voulait véritablement considérer toute l'affaire à la lumière de la physique, pourquoi n'a-t-il pas entrepris de rechercher si une catégorie bien définie de rapports d'O.V.N.I. pouvait ou non avoir pour origine un phénomène physique? Pourquoi a-t-il gaspillé son temps et notre argent à traquer des rapports de lumières-dans-le-ciel et observations de Vénus, et, particulièrement, pourquoi avoir choisi cette hypothèse-prétexte des intelligences extra-terrestres? Aussi longtemps que l'on n'a pas prouvé l'existence d'un phénomène, comment peut-on oser étudier n'importe quelle supposition hasardeuse à propos de ses causes?

En fait, Condon ne se préoccupait nullement de l'opinion de ses collègues du monde scientifique, pour qui la recherche sur les O.V.N.I. pouvait avoir une valeur; son action visait les « contacts », les excès des inconditionnels ignorants, les questions naïves des mal-informés. Il n'a pas choisi de reprendre l'enquête au niveau où d'autres, aussi compétents que lui, l'avaient amenée, mais de s'attaquer aux idées de ceux qu'il est facile d'attaquer... Le rapport de Condon et particulièrement son propre commentaire... sont un affront à ses pairs. Il est au demeurant parfaitement clair que le résumé qu'il a rédigé est de parti pris, et que l'Académie Nationale des Sciences s'est fourvoyée.

Certes, M. Powers ne mâche pas ses mots, et l'on comprend aisément que les solennels rédacteurs de *Science* aient refusé de publier son texte. Signalons toutefois que celui-ci ne traitait pas des O.V.N.I. mais de la méthode scientifique; M. Powers s'employait à déterminer si des méthodes scientifiques avaient présidé à l'établissement du Rapport Condon comme l'Académie des Sciences s'en était portée garante. On peut également se demander si le comité auquel l'Académie confia la tâche de lire et d'apprécier le rapport fut à la hauteur de sa tâche ou même si tout simplement il l'exécuta. On pourrait plus facilement absoudre ses membres de s'être abstenu d'agir plutôt que d'avoir mal agi. Il est vrai aussi que Condon occupait lui-même des quantités d'autres fonctions et que l'on n'avait jamais attendu de lui qu'il se consacrât à plein temps aux O.V.N.I. Il nomma M. Robert Low administrateur du programme et, avec le temps, perdit de plus en plus le contact avec la Commission, tandis que Low devenait en fait le véritable commandant de la galère. Il n'est pas interdit de penser qu'avec un autre administrateur, l'issue du programme aurait pu être bien différente. Je me souviens, lors d'une visite que je fis à la Commission deux semaines après sa constitution, de ma consternation lorsque je vis Low définir pour nous au tableau noir la forme que devrait prendre le rapport, quelles seraient les têtes de chapitres probables, quelles dimensions respectives leur seraient accordées, comme s'il avait déjà décidé du contenu et du ton du Rapport.

Le fameux memorandum qui fut l'instrument du renvoi de Saunders et de Levine ([8]) était dû à Low. Ecrit le 9 août 1966, soit près de trois mois avant la mise en marche officielle du programme, ce message clé, qui a été si souvent cité, disait : « L'astuce consisterait, à mon avis, à décrire le programme de telle sorte qu'il apparaisse au public comme une étude résolument objective tout en présentant, aux yeux de la communauté scientifique, l'image d'un groupe d'incrédules s'efforçant à l'objectivité mais avec une espérance quasiment nulle de trouver une soucoupe. »

Je crois que dans cette affaire, on a critiqué Low un peu injustement. Il se trouvait en effet devant un dilemme. Il voulait que son Université décroche le contrat (pour des raisons matérielles quelconques) et devait convaincre l'administration universitaire qu'il fallait l'accepter. Il savait — comme je le savais moi-même depuis des années — que l'opinion scientifique était telle que toute mention du sujet, aussi sérieuse soit-elle, suffisait à entraîner un ostracisme sans appel. Il avait voulu se réfugier dans la respectabilité; mais sa démarche ne fut pas des plus heureuses.

Saunders et Levine furent destitués pour avoir porté ce memo à l'attention de quelques-uns de leurs collègues; la nouvelle de son existence se répandit et fut finalement « dénoncée » par Fuller dans le magasine *Look* (9).

Après ce double renvoi, l'assistante administrative de Condon, Mary Louise Armstrong, qui connaissait tout des mécanismes intérieurs de la Commission, se trouva placée devant le problème de continuer à collaborer avec un homme qu'elle ne respectait désormais plus autant. Deux semaines plus tard elle démissionna, énumérant ses raisons dans une lettre bien pesée qui devrait être une pièce d'archives (Appendice 3), car elle montre de l'intérieur la vie de la Commission et, comme telle, intéressera les futurs historiens de la science.

J'en donne un extrait ici (10), car il a trait aux points que nous venons de discuter :

> Etant donné qu'il n'échappe pas à l'équipe du programme sur les O.V.N.I. et à vous-même [Condon] que nous sommes plongés dans un di-

lemme en raison des dissensions et du découragement qui règnent parmi nous depuis ces deux dernières semaines, il me semble nécessaire d'examiner ce qui, à mon avis, a été la cause première des problèmes qui existent...

Je pense qu'il y a un « manque de confiance » à peu près unanime en lui [Low] en tant que coordinateur du programme et dans l'exercice de ses prérogatives à ce poste... Depuis le début l'attitude de Bob a été négative... Il s'intéressait aussi peu que possible aux observations sur lesquelles nous travaillions, ne lisait pratiquement pas nos travaux, n'en discutait pas avec nous... Saunders ne classait jamais les rapports à éliminer avant que chaque membre de la commission ait eu l'occasion d'en prendre connaissance... Mais [Bob] ne nous encouragea jamais à tenir les discussions qui étaient envisagées... Pour moi, il [Bob] a passé trop de temps à se préoccuper du « langage » à employer pour la rédaction du rapport final et a très adroitement esquivé ainsi de se prononcer nettement sur le problème des O.V.N.I. D'un autre côté, il n'a passé que très peu de temps à étudier les données sur lesquelles il allait fonder ses conclusions...

Comment se fait-il que Craig, Saunders, Levine, Wadsworth, Ahrens et d'autres soient tous arrivés à des conclusions radicalement différentes de celles de Bob? Je n'ai pas l'impression qu'ils se soient attaqués au problème des O.V.N.I. avec des idées préconçues. Je crois que les membres de l'équipe s'accordent assez généralement à considérer qu'il existe suffisamment de données sur les O.V.N.I. pour justifier d'en continuer l'étude. Ce qui ne revient pas à dire, et aucun de nous ne le ferait, que nous sommes assurément visités par des véhicules d'outre-espace... Il faudra bien que s'ouvre finalement un dialogue au cours duquel le groupe débattra des deux aspects de la question, mais il est présomptueux et déplacé de coucher ces idées sur le papier sous forme de conclusions et d'en discuter avec des personnes extérieures au programme... Je suis frappée par le fait qu'il [Bob] déploie les plus grands efforts pour en dire le moins possible dans le Rapport final, mais également pour le dire de la façon la plus négative possible... (... Dave Saunders devait un jour rétorquer à Bob, qui suggérait de recourir à des notes pour signaler toutes les divergences d'opinion minoritaires : « Alors qu'est-ce que l'on fait — on met une note au titre? »)

Il semble bien qu'au fond le mieux serait de tout effacer et de reprendre le problème à zéro — pour le résoudre selon une méthode correcte.

13

CONCLUSIONS ET PERSPECTIVES

La Commedia é finita!

Canio, dans PAILLASSE.

Il faudrait en effet mettre fin à la comédie, et commencer à travailler sérieusement. Il est possible de s'attaquer de façon fructueuse au problème des O.V.N.I. en mettant sur pied un programme positif. Afin de clarifier nos idées, résumons d'abord ce qu'ont établi les chapitres précédents, puis ce qu'ils n'ont pas essayé de prouver ou d'établir. Il a, selon moi, *été établi que* :

1) Il existe un phénomène, décrit par le contenu des notifications d'O.V.N.I. (tels qu'ils sont définis ici), qui vaut d'être étudié de façon systématique et rigoureuse. Le champ d'une telle étude doit être déterminé par la validité du phénomène en tant qu'objet de recherche et par sa valeur potentielle en tant qu'il peut contribuer à éclairer le genre humain et à le faire progresser.

2) Nonobstant le désordre regrettable dans lequel les données se présentent maintenant, leur vo-

lume atteste qu'il y a là un aspect ou un domaine du monde naturel non encore exploré par la science.

3) Une étude dirigée et objective du phénomène exige l'organisation systématique de toutes les données accessibles et l'adoption d'une terminologie uniforme pour les descriptions et l'évaluation. Cette organisation systématique doit s'appliquer tant au rassemblement des données existantes qu'au traitement des nouvelles.

4) Les investigations qui visaient à démontrer la fausseté de ce qui précède n'ont pas été concluantes. Le Livre Bleu et le Rapport Condon sont les principaux exemples de cet insuccès.

5) Les quatre points inconstestables énoncés ci-avant tendent fortement à indiquer qu'il existe de nouvelles observations empiriques qui décrivent un *fait nouveau* — l'existence des O.V.N.I. (tels qu'ils sont définis ici) — qu'il faut faire entrer dans un cadre conceptuel recevable et, si possible, expliquer. L'étape ultérieure est, bien entendu, leur étude objective.

Il est pareillement important de bien s'accorder sur ce que les chapitres précédents n'ont pas tenté d'établir, de prouver ou de montrer. Il n'a pas été montré :

1) Que le *fait nouveau* exigeait une révision fondamentale de notre vision du monde.

2) Ce que peut être une explication *vérifiable* du phénomène O.V.N.I. Il convient de formuler une approche raisonnée du problème. Dans les grands traits, la démarche devrait être :

a) De définir rigoureusement le problème, en mettant en lumière les aspects secondaires et en les isolant du problème principal.

b) De définir les méthodes pratiques et applicables permettant de s'y attaquer, en évitant soigneusement de s'engager dans des voies trop compliquées, trop coûteuses ou stériles (par exemple l'installation de milliers de stations d'observation ultra-perfectionnées).

La définition du problème

Pour parvenir à une définition claire du problème des O.V.N.I. il convient de procéder comme suit :

1) Il faut définir de façon infiniment plus précise que précédemment les paramètres du phénomène. En d'autres termes, il faut caractériser aussi précisément que possible l'*étrangeté* du phénomène : quels sont les facteurs d'étrangeté dont nous constatons qu'ils sont communs aux différentes catégories d'observations? Ou, encore plus brièvement, qu'y a-t-il à expliquer?

Le problème n'est pas, tout au moins pour le présent, d'expliquer ou de résoudre le phénomène O.V.N.I. Ceci, bien entendu, est le but final, mais tout indique que, pour l'instant, nous n'en savons pas assez pour donner une réponse définitive. Nous sommes par contre en mesure, en examinant des notifications d'O.V.N.I. rigoureusement filtrées et sélectionnées, de caractériser explicitement ce qu'il y a à expliquer.

2) Il faut déterminer de façon infiniment plus précise que précédemment les coordonnées du diagramme E-P, c'est-à-dire la *probabilité* que l'*étrangeté* du phénomène O.V.N.I. est bien comme affirmé. En d'autres termes, l'examen de tous les observateurs d'O.V.N.I. dans le monde entier doit nous conduire à appliquer le « critère du pari » de Hume, c'est-à-dire à croire que les observateurs du phénomène ne se sont pas tous et totalement mépris quant à ce qu'ils ont observé.

Considérant les preuves réunies au cours de ces dernières années, dont le lecteur a pu effectuer avec nous le survol, j'avoue être prêt à parier gros que les observateurs rapportaient un fait nouveau — les O.V.N.I.

Le problème est donc le suivant : établir aussi précisément que possible un diagramme E-P pour les rapports d'O.V.N.I. qui répondent au critère de sélection. Comment devons-nous procéder?

Les rapports d'O.V.N.I. émanant du monde entier peuvent être traités de deux façons : statistiquement, dans leur ensemble, ou spécifiquement, un par un.

Etant donné que les notifications d'O.V.N.I. affectées d'un Indice d'Etrangeté élevé se comptent actuellement par milliers, une approche statistique peut se révéler fructueuse, et il n'est pas douteux que la théorie moderne de l'informatique convient parfaitement à ce dessein. Les méthodes les plus élaborées : traitement des données, reconnaissance d'un modèle (d'un schéma) et bilan significatif ont déjà servi dans beaucoup de disciplines à « séparer le signal du bruit » dans des situations qui paraissaient inextricables.

Une méthode plus simple et cependant plus efficace pour dégager les schémas significatifs consiste à comparer de vastes groupes d'observations à des groupes encore plus vastes, ressortissant à la même catégorie. On trouve chez Jacques Vallée * un exemple de cette démarche. Il a comparé statistiquement 100 cas de Rencontres Rapprochées signalés en Espagne (répondant pour lui au type 1, dans lequel il classe les trois catégories de Rencontres Rapprochées) avec 1 176 cas appartenant à cette même classe et survenus partout ailleurs dans le monde. Il a comparé la fréquence des cas dans lesquels l'objet était signalé comme ayant été vu au sol, ceux vus près du sol (généralement planant ou se dépla-

* Voir : *Chronique des apparitions extraterrestres*, A 308 (J'ai Lu).

çant au niveau de la cime des arbres), ceux où étaient mentionnés des occupants et le pourcentage de ces derniers dans les cas d'objets au sol ou près du sol (1) :

	Au sol	Près du sol	Occupants	Sans engin
1 176 cas non-ibériens.	60 %	35 %	32 %	5 %
100 cas ibériens.....	53 %	38 %	25 %	9 %

On constate alors une répartition à peu près identique des cas comportant des occupants observés au sol ou près du sol. Les cas « sans engin » sont ceux où ont été signalés des « humanoïdes » dont l'appareil était présumé caché dans les parages.

En sociologie ou en économie, qui sont des disciplines reconnues, une telle corrélation serait tenue pour éminemment significative. Elle fait en effet ressortir l'existence d' « invariants » dans les observations d'une catégorie donnée. Comment expliquer sans cela que l'échantillon espagnol significatif (qui comprenait virtuellement tous les cas de « bonnes » observations survenues en Espagne au cours de la décennie écoulée) soit si semblable au groupe mondial (Espagne exclue) beaucoup plus vaste mais composé lui aussi virtuellement de tous les cas « bien » observés durant à peu près la même période?

Ainsi, toute étude sérieuse du problème des O.V.N.I. devrait nécessairement comporter une recherche raisonnée des corrélations et des schémas. Il convient également de comparer entre elles les catégories d'observations — étude des corrélations intra- et inter-catégories — pour déterminer leur distribution géographique et saisonnière (quelles sont, sous ce rapport, les corrélations inter-catégories?); les évolutions attribuées aux O.V.N.I. dans chaque catégorie doivent être pareillement confrontées (y a-t-il la même proportion d' « essors rapides, vols stationnaires et virages brusques » parmi les Disques Diurnes et les Lumières Nocturnes?).

Pour ne citer qu'une approche possible, peut-on dégager, dans la catégorie des Lumières Nocturnes, une corrélation entre les modifications de couleur et les évolutions de l'O.V.N.I.? Lorsque sont constatées des accélérations très fortes, quelle est la modification chromatique prédominante signalée partout dans le monde, et en quoi diffère-t-elle — si elle diffère — d'un point à l'autre du globe?

Une équipe scientifique compétente, qui entreprendrait ce genre de recherches en disposant de données déjà codées pour le traitement par ordinateur, pourrait très vite démontrer sans appel si le problème des O.V.N.I. repose ou non sur une réalité. La comparaison de Vallée, appliquée aux catégories des observations Radar-Optiques et des Disques Diurnes pour rechercher les schémas mondiaux et locaux, avérerait (si les corrélations étaient positives) que le phénomène O.V.N.I. constitue bien un domaine de « nouvelles observations empiriques », dont la science pourrait enfin se préoccuper sans réticences.

On peut légitimement se demander pourquoi tout cela n'a pas déjà été fait, alors que l'on se préoccupe activement de la question depuis plus de vingt ans. Mais, à la réflexion, on voit bien tout ce qu'une telle entreprise aurait eu d'impossible. Plus près de nous, le groupe Condon a dépensé ouvertement un demi-million de dollars pour étudier scientifiquement le sujet, et pourtant ses membres n'en sont même pas arrivés au point où ils auraient pu envisager une telle démarche. Comment, dans ce cas, des organisations privées, sans soutien financier, sans données prêtes à l'emploi, et généralement sans formation scientifique, auraient-elles pu s'attaquer à une tâche aussi vaste? Le Livre Bleu, quant à lui, ne l'a jamais envisagé, en dépit des objurgations du conseiller scientifique. Son classement purement chronologique ne plaidait d'ailleurs pas en faveur d'une telle méthode puisqu'il n'y avait aucun moyen d'opérer le moindre regroupement parmi les milliers de cas.

Toute science neuve n'accède que lentement à la respectabilité scientifique, et elle doit d'abord être admise, au besoin par la petite porte, avant de pouvoir se livrer aux recherches multiples qui l'étaieront définitivement. Mais si, dès à présent, les notifications d'O.V.N.I. cessaient définitivement, ou, simplement, s'il n'arrivait plus de « bons » rapports, je suis convaincu que les données actuellement éparses pourraient, si elles étaient convenablement traitées, suffire à prouver la réalité du phénomène O.V.N.I.

Il se trouve, au demeurant, que les notifications d'O.V.N.I. n'ont pas cessé, bien que la presse, et particulièrement celle des grandes villes, ne leur accorde que très peu d'attention. Aussi est-il difficile d'évaluer le degré d'activité des O.V.N.I. Mes collègues d'Evanston et moi-même nous attachons à accueillir les rapports — principalement ceux qui émanent de techniciens ou de scientifiques — uniquement dans un dessein de recherche. Dans beaucoup de pays, des groupes d'étude reçoivent des rapports, et en publient des résumés dans la presse spécialisée.

Une *seconde* approche potentiellement fructueuse du problème des O.V.N.I. consiste à examiner individuellement et en profondeur les cas ayant eu plusieurs témoins, et particulièrement ceux d'origine récente. La concentration des recherches sur les Rencontres Rapprochées, et principalement sur celles du Second Type, où existent des preuves matérielles, peut permettre de recueillir des données physiques quantitatives.

L'approche individuelle des cas nécessite des enquêteurs rompus à l'interrogation des témoins, possédant parallèlement une connaissance exhaustive des diverses manifestations du phénomène O.V.N.I., et capables de reconnaître les rapports résultant caractéristiquement de la mauvaise interprétation d'une observation courante. Ce bagage doit absolument être complété par des solides notions de psychologie et de physique.

Si l'on disposait d'une simple poignée d'enquêteurs doués d'une aussi réelle compétence et possédant une « capacité de réaction immédiate » afin de pouvoir se trouver en un ou deux jours au maximum (et de préférence en quelques heures) sur les lieux de l'événement, ceux-ci pourraient, aidés des témoins, procéder à une reconstitution précise des circonstances sur le théâtre même de l'incident, peut-être même dans des conditions étroitement similaires, et recueillir de la sorte au moins des données semi-quantitatives.

Un questionneur habile peut faire sortir des informations précieuses d'affaires déjà anciennes de plusieurs mois — sinon parfois de plusieurs années. L'expérience a montré que l'observation d'un O.V.N.I. se grave à tel point dans la mémoire des témoins qu'il est souvent possible de recueillir des détails utiles et valides longtemps après l'événement, surtout lorsque celui-ci a eu un effet de choc. Le plus grand obstacle aux investigations sur des affaires anciennes ne tient pas aux défaillances de mémoire des témoins, mais au fait que ceux-ci sont tout simplement difficiles à retrouver. Il résulte de la mobilité grandissante des individus et des familles qu'avec le temps, se procurer l'adresse d'un témoin tient du tour de force. Comme McDonald l'a montré à propos de l'affaire de Lakenheath et de celle du Texas/ Oklahoma ([2]), les témoins, plusieurs années après ne furent retrouvés qu'avec les plus grandes difficultés. Dans ces cas précis, ils se montrèrent par contre extrêmement coopératifs.

Un enquêteur éprouvé peut recueillir auprès des témoins un maximum d'informations en traduisant par exemple une indication aussi vague que « il a disparu très rapidement » par « il a accéléré en une seconde jusqu'à une vitesse angulaire de 10 degrés par seconde et a disparu dans le plafond nuageux en direction ouest-nord-ouest ». On peut généralement parvenir à déterminer les tailles, les couleurs, les routes, les conditions atmosphériques, la direction du vent, les positions du soleil ou de la lune et des planètes et quantité d'autres renseignements si un enquêteur entraîné se trouve aussitôt que possible sur les lieux. De la sorte, ce qui ne survivrait que comme une anecdote ou comme le récit confus d'une expérience effrayante et insolite, peut se transformer en une description extrêmement précise. Au surplus, l'enquêteur ne doit pas ménager sa peine pour retrouver des témoins indépendants dont la corroboration peut se révéler essentielle.

Il se peut qu'en se communiquant réciproquement, par exemple à l'occasion de rencontres au niveau national ou international, leurs études sur des cas sérieux, et leurs conclusions, les experts soient rapidement à même de répondre à la question principale : existe-t-il un véritable phénomène O.V.N.I., représentant une réelle nouveauté pour la science? Je sais combien l'idée peut choquer les véritables spécialistes des O.V.N.I.; convaincus que le phénomène O.V.N.I. représente sans conteste des données empiriques véritablement nouvelles, ils considèrent ce point comme élémentaire sans qu'il soit nécessaire d'en solliciter encore des preuves. Néanmoins la démonstration doit en être faite tout comme celle qui conduisit finalement à admettre, il n'y a pas encore deux siècles, que les pierres « tombaient » vraiment du ciel.

La combinaison d'une étude statistique élaborée et des recherches en profondeur sur des cas spécifiques mettant en jeu plusieurs témoins permettrait certainement d'affirmer enfin si, oui ou non, les O.V.N.I. constituent de nouvelles observations empiriques jusque-là non admises par la science.

Une telle approche est essentielle si l'on veut dissiper la confusion actuelle. En effet, la gamme des opinions s'étend de ceux pour qui toute l'affaire est absurde (soit en raison de préconceptions, soit parce qu'ils ajoutent foi aux conclusions du Rapport Condon) et qui se refusent donc à consacrer ne serait-ce que quelques instants à s'informer loyalement, jusqu'à ceux qui, tout au contraire, se fondent sur l'examen des données les plus récentes pour penser que le phénomène O.V.N.I. constitue un nouveau domaine scientifique. Cette polarisation rigide ne cédera qu'aux faits, et seule une étude générale parviendra, s'il y a lieu, à les avérer. Quelle peut être l'organisation optimale d'une telle étude?

Nous pouvons prendre comme point de départ le fait que le phénomène O.V.N.I. est mondial et que, aux Etats-Unis comme dans d'autres pays, on continue à signaler des observations en dépit des conclusions du Rapport Condon et de la clôture du Programme Livre Bleu; parallèlement aussi, beaucoup de petits groupes de personnes à vocation scientifique, et particulièrement de jeunes chercheurs, s'intéressent au sujet et refusent de se satisfaire de ce qui a été antérieurement fait. Certains ne parviennent pas à comprendre comment l'Académie Nationale des Sciences a pu avaliser totalement le Rapport Condon et sa méthodologie.

Longtemps avant la sortie du Rapport Condon,

l'Américan Institute of Aeronautics and Astronautics (A.I.A.A.) avait demandé à deux de ses commissions techniques, la Commission sur l'Environnement Atmosphèrique et la Commission sur la Physique Spatiale et Atmosphérique, de former une sous-commission qui se consacrerait au problème des O.V.N.I. Il fut demandé au Dr Joachim P. Kuettner, des laboratoires de recherche de l'E.S.S.A. de Boulder, Colorado, de la présider. Dans le numéro de décembre 1968 du *Journal of Astronautics and Aeronautics*, une des publications officielles de l'A.I.A.A., la sous-commission devait déclarer (à peine quelques jours avant la sortie du Rapport Condon, le 8 janvier 1969) : « La commission a procédé à un examen attentif de l'état présent de la question des O.V.N.I. et a conclu que la controverse ne peut être résolue sans une étude scientifique et quantitative plus poussée, et que le problème mérite l'attention de la communauté technique et scientifique. »

Quelque deux ans plus tard (3), dans le même journal, la sous-commission sur les O.V.N.I. publiait un article intitulé : « O.V.N.I. : Une Estimation du Problème. » Très prudemment formulé, il n'en comportait pas moins une critique du traitement jusque-là réservé par la communauté scientifique au problème des O.V.N.I. La sous-commission déclarait notamment, au sujet du Rapport Condon qui était déjà presque de l'histoire ancienne :

> Pour comprendre le Rapport Condon qui, en partie à cause de son aménagement, est de lecture difficile, il faut l'étudier comme un tout. On ne peut se suffire de prendre connaissance des résumés, tel celui de Sullivan ou de Condon, et encore moins des résumés de résumés sur lesquels la vaste majorité des lecteurs et de la presse semble se fonder. D'un chapitre à l'autre, les opi-

nions et les conclusions diffèrent en fonction des auteurs, comme aussi bien le contenu des chapitres et le résumé de Condon. Celui-ci ne reflète pas toutes les conclusions que présente le Rapport.

Et nous lisons un peu plus loin :

> Le chapitre dû à Condon, « Résumé de l'étude », tient plus que ne promet son titre; il révèle beaucoup de ses conclusions personnelles. Sans doute d'ailleurs l'une des raisons qui firent confier le programme à Condon est-elle qu'il est coutumier des jugements de valeur. On peut se plaire à recueillir le jugement d'un homme si expérimenté et si respecté; mais on n'est pas obligé d'y souscrire. La sous-commission n'a pas trouvé que le contenu du rapport avérait son prédicat qu'il ne sortirait rien de scientifiquement valable de la poursuite des recherches.

Et encore plus loin :

> Considérant toutes les preuves qui sont venues à la connaissance de la sous-commission, nous trouvons difficile d'ignorer le petit nombre résiduel de cas bien documentés et cependant inexplicables qui forment le noyau dur de la controverse sur les O.V.N.I.

Les vues de la sous-commission, au sujet de l'hypothèse extra-terrestre, concordaient également avec les miennes :

> Nous avons déjà indiqué que, selon nous, les discussions sur la probabilité de l'origine extraterrestre des O.V.N.I. étaient stériles, étant donné qu'il n'existe pas actuellement de bases suffisantes justifiant telle ou telle position... La sous-commission des O.V.N.I. pense que cette hypothèse extra-terrestre, aussi attirante soit-elle, ne peut être retenue dans la question qui nous préoccupe

> car elle introduit un élément non appréciable de spéculation; mais la sous-commission maintient non moins vigoureusement que, d'un point de vue technique et scientifique, il est inacceptable de s'en tenir à ignorer un nombre substantiel d'observations non expliquées et de clôturer l'enquête à leur sujet en vertu de conclusions prématurées.
>
> Elle suggérait une initiative souhaitable :
>
> Pour la sous-commission, la seule approche éventuellement féconde consisterait à travailler modérément, mais continûment, sur la question en s'efforçant principalement de recueillir les données de façon objective et de les soumettre à une analyse scientifique de haut niveau.

La confusion générale qui règne autour du sujet et l'absence d'une prise en charge scientifique ont effectivement mis obstacle à un rassemblement correct des données. C'est pourquoi, alors que celui-ci se poursuit depuis vingt ans, il résulte de son caractère sporadique et non systématique que nous nous trouvons devant une masse énorme de données hétérogènes dépassant à peine, dans bien des cas, le niveau du récit décousu sinon de l'anecdote. On ne soulignera jamais assez le caractère préjudiciable du classement purement chronologique de l'Air Force, qui rend inutilisables les 12 000 cas répertoriés, et il en est, hélas, de même pour beaucoup d'organisations ou d'enquêteurs privés, qui tiennent pareillement leurs fichiers.

Aussi, la toute première démarche consiste à repartir pratiquement à zéro : la *collecte des données* et le *traitement des données* demeurent à opérer. Sans doute ce travail paraîtra-t-il terriblement prosaïque, s'appliquant à un sujet aussi passionnant, mais aussi bien que possédons-nous d'autre pour l'instant qu'un échafaudage fluide, immatériel, dressé sur les sables mouvants de données vagues, généralement incomplètes, et plus qualitatives que quantitatives.

Je recommande, quant à moi, la mise en train, aux Etats-Unis et dans d'autres pays, par un noyau de chercheurs et de techniciens que la question intéresse vraiment, d'un « institut » d'étude du phénomène O.V.N.I., fonctionnant sur des bases modestes mais de façon permanente et sans cloisonnements. Le champ d'action, la diversité et l'étendue des recherches de chaque institut dépendraient du budget et du temps disponibles. Le problème crucial, bien entendu, demeure toujours celui du financement, et à cet égard il conviendrait de solliciter localement des sources privées ou, éventuellement, les différents gouvernements et associations scientifiques. Une judicieuse administration des fonds permet souvent d'aller plus loin avec des allocations de recherche modestes.

Comme il s'agit d'un phénomène mondial, il devrait y avoir un contact permanent entre les différents groupes nationaux, dont pourrait peut-être résulter la publication d'un journal international entièrement consacré à ces recherches.

Je recommande également qu'un pays membre des Nations Unies propose à l'Assemblée générale la formation d'une commission au sein de cette organisation, pour aider et faciliter les communications entre ces petits groupes nationaux de scientifiques *. Bien entendu, il n'incomberait pas aux Nations Unies de financer ou de diriger une telle commission, qui agirait en fait comme un bureau d'échange des infor-

* Le 18 juin 1966, U Thant, alors secrétaire général des Nations Unies, nous a fait part, à M. John Fuller et à moi-même, du grand intérêt qu'il portait au problème des O.V.N.I. Au cours d'un entretien d'une heure, il nous indiqua que plusieurs membres de l'Assemblée générale lui avaient fait part d'une semblable préoccupation. Il nous dit être favorable à une action de l'O.N.U. dans ce domaine, mais que l'initiative d'une telle proposition incombait à un membre de l'Assemblée.

mations. Elle opérerait, dans ce sens, comme le font déjà beaucoup d'« unions scientifiques » (par exemple l'Union Astronomique Internationale). Celles-ci fonctionnent comme des plaques tournantes, permettant aux scientifiques de divers pays de se connaître, de s'informer mutuellement de leurs projets et d'élaborer des programmes communs sans être entravés par les lenteurs officielles. L'Union Astronomique Internationale, par exemple, comporte plus de 40 commissions, chacune se consacrant à un aspect spécifique de l'astronomie et facilitant les échanges entre les astronomes ayant même vocation spécifique.

Au demeurant, la recherche sur le phénomène O.V.N.I. devrait pareillement se spécialiser. La spécialisation est en effet une condition nécessaire de l'avancement de la science; or, jusqu'à présent, les rares chercheurs sérieux ont dû, en quelque sorte, se comporter en omnipraticiens. Au risque d'être taxé d'exagération, je dirai que le phénomène O.V.N.I. offre amplement matière à la spécialisation, tout comme la médecine, qui fait appel à la cardiologie, la pédiatrie, la gynécologie, etc. C'est ainsi que Phillips s'adonne à l'étude des traces au sol attribuées aux atterrissages d'O.V.N.I. Il incomberait pareillement à des spécialistes de se consacrer, qui aux interférences avec le système d'allumage des voitures, qui aux effets sur les animaux, aux trajectoires et évolutions des O.V.N.I., à la morphologie des humanoïdes, aux communications avec les occupants, aux caractéristiques spectrales des lumières nocturnes, et à bien d'autres aspects encore. Et pourquoi ne pas envisager des rencontres internationales (comme les rencontres triennales de l'Union Astronomique) au cours desquelles les chercheurs pourraient se communiquer leurs découvertes. La détermination des domaines particuliers d'études résulterait, bien entendu, d'un choix collectif. Si j'étais responsable d'un tel plan, je diviserais l'ensemble du programme en deux grands secteurs, que l'on pourrait appeler respectivement *actif* et *passif*.

L'objectif du programme *actif* serait de réunir les observations quantitatives sur le phénomène O.V.N.I. Dans l'idéal, cela impliquerait d'être présent au moment de l'observation, muni de l'attirail le plus moderne : caméras, spectrographe, magnétophone, compteur Geiger, appareillage à infrarouge, instruments de visée, etc., afin d'obtenir des films de l'événement, des photographies d'O.V.N.I., des spectrogrammes pour déterminer si la luminosité avait pour source un rayonnement continu ou l'émission et l'absorption de radiations, des relevés de triangulation précis pour déterminer les distances, et des mesures correctes des traces d'atterrissage, arbres brisés, etc. En bref, les spécialistes que j'évoque constitueraient une documentation quantitative sur l'événement pendant qu'il se produirait.

On imagine évidemment mal comment pourrait être atteint un tel idéal si ce n'est par accident. Tout indique qu'une Rencontre Rapprochée d'O.V.N.I. est tout aussi imprévisible, par exemple, que la chute d'une météorite; aussi les chances d'obtenir des mesures quantitatives de l'événement — par exemple de filmer l'arrivée au sol d'une météorite — sont-elles infimes, sinon nulles. Aucun astronome, à ma connaissance, n'a jamais observé l'arrivée d'une météorite au sol. (Je ne parle pas ici bien entendu des traînées météoriques dans le ciel, qui sont tout autre chose, mais de l'atterrissage d'un objet.)

La comparaison est d'autant plus opportune qu'il fut un temps où la science officielle niait l'existence des météorites et tenait pour des « contes de bonnes femmes » les observations de leur chute signalées par des témoins dignes de foi simplement parce qu'il paraissait absurde que des pierres puissent tomber du ciel. On raconte même qu'en 1801 Thomas Jefferson aurait dit qu'il admettrait plus facilement de croire que deux professeurs yankees puissent avoir menti plutôt que de croire que des pierres tombaient du ciel.

Supposons cependant que Thomas Jefferson ait réuni une « commission Benjamin Franklin » pour donner une réponse définitive à la question : tombe-t-il réellement des pierres du ciel? Si Benjamin Franklin avait décidé d'installer dans tout le pays des stations pour repérer les chutes de météorites, l'initiative se serait révélée extrêmement coûteuse et les résultats, — à moins d'un hasard extraordinaire, — absolument nuls. Supposons même que la photographie ait alors existé : il aurait cependant été hors de question de procéder, à l'échelle nationale, à une implantation serrée de stations de photographie. Les chances de succès de ce programme « actif » auraient sans doute été inexistantes. De la même façon, procéder dans le monde entier (puisque le phénomène est mondial) à une implantation de postes d'observation des O.V.N.I. nécessiterait un financement fabuleux pour des résultats probablement nuls — à moins d'un « heureux hasard » hautement improbable.

Il est souvent signalé que les observations d'O.V.N.I. semblent survenir en grand nombre dans certains « points chauds ». Si cette multiplicité ne découle pas de la publicité donnée aux premiers incidents, ou de l'hystérie et de la suggestion collectives (le filtrage standard permettrait très rapidement d'être fixé sur ce point), on pourrait sans doute recueillir des données de première main en dépêchant au plus vite dans la région concernée une équipe d'observation bien outillée en hommes et en matériel. Il semble que de tels foisonnements de rapports se soient déjà produits (dans l'Oklahoma en 1965, dans la campagne française en 1954, en Argentine en 1963) et que l'on puisse donc entrevoir quelques chances de succès dans cette direction.

L'étude statistique des données telle que je l'ai déjà esquissée représenterait le programme *passif*. Le lien entre les deux phases serait constitué par l'investigation active de cas relativement récents où, bien entendu, l'objet a disparu, mais non sans laisser des traces sur le sol, sur les plantes — et dans la mémoire des témoins. Il est d'une importance capitale de pourchasser toutes ces informations avant que l'affaire ne devienne trop ancienne.

Ce genre de démarche nécessite l'entière disponibilité d'enquêteurs très avertis, pouvant, en cas d'urgence, suivre une affaire à plein temps. La nécessité d'un budget correspondant coule de source.

Si je dirigeais un institut d'étude des O.V.N.I., et en supposant ce problème financier résolu (!), je réunirais une équipe permanente d'enquêteurs dont j'assurerais personnellement la formation; lorsque surviendrait une notification d'O.V.N.I. particulièrement intéressante, j'enverrais deux d'entre eux sur les lieux, avec mission de ne pas lâcher la piste qu'ils n'aient recueilli jusqu'aux moindres bribes de renseignements. Peu importerait le temps qu'ils y consacreraient : une semaine, un mois, six mois ou même plus. Il n'y aurait pas de délai prescrit; ils devraient s'attacher à suivre toutes les pistes, recueillir tous les indices, interroger tous les témoins, relever toutes les mesures possibles.

Si les données sur les O.V.N.I. se présentent actuellement de façon aussi déplorable, c'est, en premier lieu, parce que les observateurs ignorent, dans la plupart des cas, en quoi consiste précisément un renseignement utile; et, en second lieu, parce que les enquêteurs n'ont pu consacrer à leurs recherches que leurs heures de loisir, leurs week-ends ou quelques moments à la sauvette, et aussi parce que, trop souvent, ils ignoraient eux-mêmes comment recueillir les informations nécessaires. La phase active du programme de l'institut reposerait donc sur une « disponibilité totale » des enquêteurs, et la phase passive sur un traitement informatique continu des données.

Au cours de ces vingt dernières années une masse importante de données, de qualité extrêmement variable, a été réunie. Or, dans sa forme présente, elle est comparable tout au plus à un minerai à faible teneur, lequel ne prend enfin de valeur qu'après réduction et raffinage. Une analogie plus exacte serait les tonnes de pechblende que dut traiter Marie Curie avant d'en extraire un soupçon de radium. Ceux d'entre nous qui ont consacré assez de temps au problème des O.V.N.I. ne doutent pas de la probabilité élevée qu'il se « trouve du radium dans la pechblende » des rapports. Bien que réunir et raffiner les données existantes représente une tâche herculéenne, je suis persuadé que la personne ou le groupe qui s'y consacreront seront amplement payés de leur peine. Car si le minerai des données sur les O.V.N.I. renferme vraiment un peu de métal précieux, on pourrait se trouver là devant une des « percées » scientifiques majeures. Celle-ci pourrait fort bien alors entraîner une réorganisation et une redistribution de maintes idées reçues sur le monde physique, dont la portée dépasserait de loin celle de la relativité et de la mécanique des quanta qui firent pourtant une irruption bouleversante dans la douillette conception du monde qui régnait alors.

La réussite de cette entreprise ne pourrait être assurée sans la coopération des diverses organisations qui, partout dans le monde, s'occupent des O.V.N.I., puisque leurs dossiers sont nécessaires à une étude statistique générale. Alors que les cas individuels peuvent être traités au niveau local, une étude statistique majeure doit, pour être significative, porter sur la totalité du matériel déjà recueilli dans le monde. Il est évident que seule une organisation jouissant de la considération des organisations de tous les pays pourrait se voir confier cette tâche; l'adhésion mondiale à l'entreprise serait plus facilement acquise si celle-ci était patronnée par une union scientifique internationale ou par les Nations Unies. Rien qu'aux Etats-Unis notamment, les organismes privés tels que l'A.P.R.O. et le N.I.C.A.P. seraient cette fois assurés que leur coopération ne serait pas traitée cavalièrement, comme ce fut le cas avec la Commission Condon.

Les dossiers du Livre Bleu n'étant pas, aux termes de la loi, couverts par le secret de la Défense, seraient, quant à eux, accessibles aux chercheurs scientifiques accrédités. Pour les dossiers réunis en Grande-Bretagne, en France, en Australie et dans beaucoup d'autres pays, tant à titre officiel que privé, ils constituent une source prometteuse d'informations mais peuvent être sujets à divers règlements de sécurité. Je crois notamment qu'en Grande-Bretagne, les fichiers militaires sur les O.V.N.I. ne peuvent être rendus publics avant une période de trente ans ([4]).

Au demeurant, une étude statistique valable ne repose pas nécessairement sur la totalité des données existantes. Par contre, toutes celles dont on dispose doivent être présentées de façon uniforme. Beaucoup de groupes ou de particuliers, nantis d'une vision différente du traitement des données et des investigations sur les O.V.N.I., s'emploient actuellement à organiser les informations qu'ils possèdent en vue de leur traitement par l'informatique. L'intention certes est louable mais, à moins qu'ils aient recours à des codes mutuellement compatibles, on ne pourra rien extraire du rassemblement de cette masse d'informations, à moins de recommencer à les coder, cette fois selon un système unique. Il serait nécessaire de parvenir au plus vite à un accord sur une méthode de codage international des données sur les O.V.N.I.; ce pourrait notamment être une des premières attributions d'une commission patronnée par les Nations Unies.

Le traitement informatique des données est absolument essentiel pour rechercher les schémas de comportement des O.V.N.I., pour établir les corrélations entre les diverses catégories d'observations, et pour mettre en lumière les différences ou les similarités éventuelles d'un pays à l'autre. Il ne s'agit pas ici d'établir un catalogue ou de multiplier les options. L'ordinateur moderne convenablement programmé peut dégager les corrélations significatives, s'il en existe. Par exemple, sur les centaines de cas où il est signalé que les automobiles cessent de fonctionner en présence d'un O.V.N.I., quels sont les traits communs à tous ces cas? Par quels aspects diffèrent-ils ? Qu'est-ce qui s'est éteint en premier — la radio, les phares, le moteur? Et lorsque les couleurs d'un O.V.N.I. changent, quelle est la couleur le plus fréquemment observée, la série de couleurs la plus courante?

De telles analyses, couplées avec le programme *actif* d'investigations réellement scientifiques sur le terrain, atteindraient le premier objectif d'une étude positive sur les O.V.N.I. : montrer qu'ils se prêtent valablement à la recherche scientifique. Si des schémas définis et diverses corrélations peuvent être dégagés à partir d'observations d'O.V.N.I. faites dans différents pays par des témoins ayant des niveaux de culture variés, la probabilité que ces corrélations aient pu naître fortuitement d'hallucinations, de méprises ou d'illusions s'amenuiserait presque jusqu'à disparaître. Dès lors, la probabilité que les O.V.N.I. représentent quelque chose de véritablement nouveau pour la science — de nouvelles observations empiriques — équivaudrait virtuellement à une certitude.

ÉPILOGUE :

POURQUOI IL FAUT TENTER L'AVENTURE

> C'est une erreur capitale que de bâtir une théorie avant d'avoir réuni toutes les preuves. Cela fausse le jugement.
>
> Sherlock Holmes dans ETUDE EN ROUGE.

Sans doute Holmes forçait-il la note, car nul ne réunit jamais « toutes » les preuves. Par contre, il arrive généralement dans une enquête un moment où les enquêteurs pensent avoir réuni suffisamment de preuves pour émettre une théorie valable, particulièrement à propos des futurs développements de la recherche. Les résultats de cette dernière étaieront, à leur tour, de nouvelles théories.

Pourtant, en ce qui concerne le problème des O.V.N.I., il faudra attendre d'avoir réuni infiniment plus de preuves quantitatives avant de se livrer à une théorisation valable. Il y a vingt ans que je suis associé à cette question, et pourtant je ne possède encore que de rares réponses et pas d'hypothèse viable. Et je n'ai aucun désir de jouer les prophètes.

Je dis que j'ai été « associé » à la question, et non pas que je l'ai étudiée pendant vingt ans car, à l'instar de tous mes collègues, ou peu s'en faut, j'ai longtemps tenu ce sujet pour absurde et ne me suis nullement préoccupé de l'étudier sérieusement. Par la suite, il m'apparut de plus en plus clairement qu'il méritait au contraire de susciter un sincère intérêt, mais je n'avais ni les moyens, ni le matériel, ni même assez de temps, étant donné mes occupations professionnelles, pour entreprendre la recherche globale qui, seule, aurait pu être significative.

Mes fonctions de conseiller auprès de l'Air Force étaient bien éloignées de m'offrir les possibilités nécessaires, mais me donnaient par contre accès aux données sur lesquelles pourrait se fonder une étude future. C'est pourquoi, tout en sachant que je n'y siégerais pas, j'applaudis naïvement, avec espoir et confiance, à la formation de la Commission Condon. Sans doute son budget ne permettait-il pas d'envisager une attaque de grande envergure, mais il me semblait que s'il était administré judicieusement et si l'enquête était menée dans un véritable esprit scientifique, dénué de tous préjugés, elle démontrerait la nécessité d'une enquête générale beaucoup plus approfondie. En fait, la lecture attentive du Rapport, et les analyses de cas déconcertants qu'il comporte, fournissent la démonstration que j'attendais. Plusieurs scientifiques m'ont dit que ce fut le Rapport Condon qui les conduisit finalement à réaliser que le problème des O.V.N.I. présentait pour eux un intérêt certain. Mais ne revenons pas sur l'historique de la Commission Condon. Pour moi, ses conclusions sommaires s'effondreront d'elles-mêmes devant une étude sereine et impartiale du problème, qui saura organiser, passer au crible et classer les preuves; alors seulement pourra-t-on en arriver au stade des hypothèses et de leur vérification.

Il serait cependant mal venu de prétendre que des explications du phénomène O.V.N.I. n'ont pas été avancées — vraisemblables ou hautement fantaisistes. Les publications des « enthousiastes », dans leur grande majorité, s'y emploient allègrement, avec une préférence marquée pour l'hypothèse extraterrestre — présentée sans nuances et, apparemment, soutenue sans réserves.

Le chercheur sérieux doit résister à la tentation des théories prématurées, et particulièrement ici, car le sujet fourmille de difficultés inhabituelles. C'est ainsi que, dans la recherche de pointe que constitue la physique des particules élémentaires, toute nouvelle donnée expérimentale est immédiatement confrontée par les théoriciens à une multitude d'hypothèses. Ils « ont raison » d'avancer des théories à partir de très minces preuves (longtemps avant que « toutes les preuves » soient rassemblées), parce qu'ils opèrent dans les limites sûres et garanties du cadre conceptuel de la physique. En fait, beaucoup de théoriciens se hâtent de développer des modèles théoriques du système qui les intéresse, en ne se préoccupant que très lointainement de leur vérification empirique. Pour eux, bâtir une théorie est un jeu professionnel, dont le but est d'inciter l'expérimentateur à inventer de nouvelles expérimentations qui prouvent ou infirment la théorie. Dans les deux cas, le théoricien est satisfait. Quel théoricien de l'astrophysique, par exemple, accepterait d'attendre que *tous* les pulsars aient été catalogués et étudiés avant de s'embarquer dans des spéculations sur les étoiles à neutrons?

Il arrive parfois que la théorie précède de loin toute observation empirique. Ainsi un astronome émit-il un jour la théorie que la surface de la lune était couverte d'une couche de poussière si épaisse que les vaisseaux venus de la terre pourraient s'y enfoncer et disparaître. Lorsque Apollo vint démentir la théorie en question, son inventeur s'est-il voilé la face de honte? Loin de là! Il a continué à en proposer de nouvelles dont certaines se sont vérifiées. Ce grand astrophysicien de notre temps sait très bien que, outre le plaisir de jongler avec les théories, ce maniement — surtout quand il est source de controverses — peut aiguillonner très efficacement les travaux.

En ce qui concerne les O.V.N.I., il existe malheureusement plusieurs problèmes qui s'opposent à une démarche aussi débridée. Le premier est d'ordre philosophique. Depuis Galilée, la tradition scientifique a développé une structure logique et méthodologique qui a fait amplement ses preuves en nous permettant de comprendre une vaste classe de phénomènes. Cette tradition est devenue sacro-sainte parmi la communauté scientifique en raison des succès retentissants qu'elle a enregistrés. Conformément donc à cette règle, il est courant pour l'expérimentateur d'essayer de manipuler l'environnement de telle façon que les aspects significatifs du phénomène soient isolés des aspects secondaires ou annexes. En d'autres termes, il invente des procédés pour « séparer le signal du bruit ». De la sorte, les relations causales précises entre les quantités et les entités s'imposent d'elles-mêmes; dans le cas des sciences physiques, ces relations sont souvent exprimées sous une forme mathématique.

Et même lorsque, comme en astronomie, l'expérimentation active en laboratoire est hors de question, le chercheur peut encore « séparer le signal du bruit » en recourant à une instrumentation particulière au moment où le phénomène (une éclipse par exemple) en vient à être saisissable. Les rapports entre certains paramètres associés au phénomène deviennent alors apparents, et les expérimentations et les contrôles ultérieurs permettent de les avérer avec une quasi-certitude. Ils deviennent un « fait » scientifique. S'il n'était pas possible d'opérer comme je viens de le décrire, la recherche se heurterait à un mur de difficultés quasi infranchissable. Il deviendrait virtuellement impossible d'extraire et de distinguer les éléments fondamentaux inhérents au phénomène de la masse des éléments annexes ou coïncidents toujours présents dans une situation observée.

Or, c'est justement la situation qui préside à la question des O.V.N.I., lesquels se trouvent absolument hors de tout contrôle expérimental. De plus, ils sont passagers, non prévisibles, et se manifestent à des observateurs qui possèdent rarement les compétences nécessaires pour analyser froidement et lucidement une situation tout à fait inattendue et surprenante. Il s'ensuit que les aspects significatifs du phénomène peuvent être enfouis parmi les aspects incidents — mais beaucoup plus « évidents » — qui sont mis en vedette dans leurs notifications.

A cet égard d'ailleurs, la situation des O.V.N.I. est loin d'être unique; ils partagent ces difficultés particulières avec beaucoup d'autres phénomènes, tels que les éclairs en boule et les météorites, pour lesquels les seules données que l'on possède résultent d'observations fortuites faites par des particuliers. C'est la raison pour laquelle ces sujets n'ont atteint que très lentement la dignité scientifique, puisque l'explication butait sur un phénomène qui refusait de s'intégrer au cadre scientifique du moment.

Nous devons même être prêts à admettre que le cadre scientifique, en raison de sa logique infernale, exclut certaines classes de phénomènes, parmi lesquelles pourraient se trouver les O.V.N.I. Un des traits les plus exaspérants, et même repoussants, du sujet est son irrationalité apparente. Pourtant, quoi d'étonnant à ce qu'un phénomène inaccessible à la démarche scientifique apparaisse irrationnel, puisque notre idée de la rationalité est un sous-produit de la société à vocation scientifique dans laquelle nous vivons?

Mais il se trouve que, dans le problème des O.V.N.I., nous butons sur une seconde difficulté. En effet, celui-ci ne peut être disjoint du contexte social dans lequel il s'enchâsse, du moins pour le présent. Nous sommes accoutumés à une totale dichotomie entre les sciences du comportement et les sciences physiques; or, il se trouve ici que les unes et les autres sont inextricablement mêlées. Il demeure à voir si les phénomènes physiques non contingents et ceux ressortant au comportement imposeront à ces deux domaines scientifiques une étude globale ou distincte, mais il serait prématuré de privilégier l'une aux dépens de l'autre.

Cette discussion serait évidemment sans objet s'il se présentait une explication évidente des O.V.N.I., mais il n'est que trop facile, devant ce mur d'ignorance, de retenir une explication du type « Martiens », et de méconnaître tous les autres aspects des O.V.N.I. dont elle ne peut rendre compte. Et c'est justement là l'écueil. Il se peut que, sans y prendre garde et artificiellement, nous grossissions la signification des traits les plus voyants, alors que ce dont nous ne nous préoccupons pas — ou ce qu'omettent de signaler les témoins sans formation scientifique — pourrait contenir la clé de toute la question.

Ce qui doit nécessairement faire l'objet d'une explication a été amplement défini dans les descriptions des six prototypes d'observations d'O.V.N.I. (chapitres 5 à 10). Les traits les plus persistants et les plus déconcertants semblent être la localisation du phénomène dans l'espace et dans le temps, ses caractéristiques apparemment concertées (et d'ailleurs plutôt puériles), le fait que les O.V.N.I. semblent évoluer sans égard aux lois de la physique, et leur préférence marquée pour certaines situations. La présence fréquemment rapportée d' « humanoïdes » capables de se mouvoir sans inconfort dans notre environnement terrestre hautement restrictif, et leur association à un « engin » semblant parfois avoir une masse proche de l'inertie zéro et pourtant capable de laisser des traces physiques de sa présence, évoquent certainement l'idée d'un phénomène échappant à notre physique actuelle. Mais il y aura sûrement, je l'espère, une science du XXIe siècle et une science du XXXe siècle et peut-être sauront-elles rendre compte du phénomène O.V.N.I. tout comme la science du XXe siècle a rendu compte des aurores boréales, entreprise inimaginable au siècle précédent, qui était pareillement incapable d'expliquer pourquoi brillent le soleil et les étoiles.

Nous travaillons sous les projecteurs du présent, à peine conscients de la pénombre du passé et tout à fait incapables d'illuminer celle du futur. Imaginons un instant, il y a à peine un siècle, une longue file de chariots bâchés se dirigeant à petites étapes vers l'Ouest. Le camp s'installe pour la nuit, les chariots sont rangés en cercle, les sentinelles postées; les voyageurs se retrouvent autour d'un feu de camp qui les réchauffe et les réconforte. Un des pionniers commence à parler de ce qui viendra après eux, en employant, bien entendu, les mots et les idées de son temps. Que la muse du futur lui permette d'imaginer un voyage semblable au leur effectué en quelques heures, en volant dans les airs, des paroles, des images, transmises d'un Océan à l'autre, d'un continent à l'autre, cet inspiré n'aurait pu traduire dans son langage même le simple reflet de l'accomplissement de ces merveilles. Le vocabulaire nécessaire — électrons, transistors, circuits intégrés, avions à réaction —, le jargon des télécommunications n'existeront pas avant un siècle. Il ne parviendrait même pas à traduire sa pensée, puisqu'il ne posséderait pas les mots capables de la véhiculer.

Qui donc oserait s'aventurer à deviner le vocabulaire technique qui aura cours en l'année 373475 (en présumant qu'à cette date demeure encore sur notre terre une vie intelligente), et à prédire les idées et les connaissances qu'il véhiculera?

Existe-t-il dans l'espace un savoir et une technologie déjà aussi avancés? Le soleil, étoile toute-puissante dans notre famille stellaire, n'est qu'une unité parmi les milliards d'étoiles qui composent notre seule galaxie, et celle-ci n'est qu'une unité parmi plusieurs millions de galaxies, chacune renfermant des milliards d'étoiles. Il est statistiquement improbable que notre soleil soit la seule étoile parmi les quatrillions d'étoiles à avoir des planètes. Cette éventualité serait comparable à celle de ne trouver de glands qu'au pied d'un seul chêne sur toute la surface de notre globe.

Et, même si nous nous limitions aux milliards d'étoiles de notre galaxie, nous savons que celle-ci existait depuis des milliards d'années avant qu'apparaisse notre soleil. Ainsi la scène était-elle dressée, depuis bien longtemps déjà, pour cette possibilité, la possibilité de civilisations aussi avancées par rapport à nous que nous le sommes par rapport aux souris. C'est ainsi que Fred Hoyle ([1]) a conjecturé l'existence possible d'un grand réseau de communications inter-galactiques, tandis que nous serions comme le colon installé dans une région sauvage, non pourvue encore du téléphone.

De telles idées, qui ne laissèrent pas de sembler, en un temps, menaçantes et même révoltantes à notre esprit géocentrique, ne nous choquent plus, à présent que nous sortons de notre provincialisme cosmique. Elles ont cependant, pour l'instant, peu à voir *directement* avec notre problème, si ce n'est qu'elles offrent à l'étude une hypothèse possible. Mais parler à ce stade de visiteurs extraterrestres ou des notions plus ésotériques de voyage dans le temps ou d'univers parallèles est aussi peu approprié que d'avancer pour les O.V.N.I. l'hypothèse d'hallucinations collectives. Selon Kuhn, le progrès scientifique tend à être révolutionnaire plutôt qu'évolutionniste, et les idées énoncées ci-avant, en dépit de leur bizarrerie, ne sont que des prolongements imaginatifs de nos idées actuelles. Lorsque viendra la solution longtemps attendue au problème des O.V.N.I., je crois qu'elle se révélera être, non point un petit pas dans la marche de la science, mais un saut quantique puissant et totalement inattendu.

APPENDICE 1 : NOMENCLATURE DES OBSERVATIONS ÉTUDIÉES

LUMIÈRES NOCTURNES

CAS	DATE	HEURE	LIEU	NOMBRE D'OBSERVATEURS	DURÉE	E	P
LN-1	14 janv. 1966	17 h 55	Weston, Massachusetts	4	20 mn	2	9
LN-2	26 nov. 1968	17 h 40	Bismarck, Dakota du Nord	4 + 1 + 1	5-7 mn	2	9
LN-3	17 sept. 1968	1 h	Base Air Force de Nellis, Nevada	2	40 mn	1	6
LN-4	17 déc. 1966	fin de soirée	Whittier, Californie	2	5 mn	2	6
LN-5	printemps 1961	fin de soirée	Millville, New Jersey	2	7 mn	2	4
LN-6	20 oct. 1966	23 h 50	Moose Jaw, Province de Saskatchewan, (Canada)	2	4 mn	2	6
LN-7	24 déc. 1967	20 h 30	Belmont, Massachusetts	8	15-20 mn	2	9
LN-8	14 mai 1970	21 h 45	Bangor, Maine	2	2-3 mn	2	9
LN-9	22 sept. 1966	3 h	Deadwood, Dakota du Sud	2 + 2	1 h	2	7
LN-10	18 août 1964	12 h 35	Au-dessus de l'océan Atlantique, à 200 milles marins à l'est de Dover, Delaware	4	2 mn	1	8
LN-11	été 1960	2 h	Walkerton, Province d'Ontario (Canada)	3 + 2	1 h	3	8
LN-12	25 fév. 1967	19 h 50	Fargo, Dakota du Nord	2	4 mn	2	8
LN-13	9 mars 1967	21 h 10	Onawa, Iowa	3	1 mn	1	5

DISQUES DIURNES

CAS	DATE	HEURE	LIEU	NOMBRE D'OBSERVATEURS	DURÉE	E	P
DD-1	15 janv. 1968	7 h 25	Three Hills, Province d'Alberta (Canada)	2 + 2	10 mn	2	4
DD-2	11 avril 1964	18 h 30	Homer, Etat de New York	3	45 mn	3	8
DD-3	21 oct. 1967	6 h 16	Base Air Force de Blytheville, Arkansas	3	30 s	2	8
DD-4	24 mars 1967	8 h 45	Los Alamos, Nouveau-Mexique	1 + 1	30 s	1	8
DD-5	15 août 1950	11 h 30	Great Falls, Montana	2	1 mn	2	9
DD-6	3 juillet 1967	17 h 30	Au sud-ouest de Calgary, Province d'Alberta (Canada)	3	25 s	3	7
DD-7	28 juin 1952	13 h 20	Base Air Force de Kirtland, Albuquerque (Nouveau-Mexique)	2	30 s	2	4
DD-8	16 janv. 1952	l'après-midi	Artesia, Nouveau-Mexique	2 + 4	40 s	2	6
DD-9	15 oct. 1953	10 h 10	Minneapolis, Minnesota	3	40 s	2	9
DD-10	24 avril 1949	10 h 30	White Sands, Nouveau-Mexique	5	1 mn	2	9
DD-11	30 janv. 1967	8 h 04	Crosby, Dakota du Nord	5 + 2	40 s	2	5
DD-12	26 mars 1967	16 h	New Winchester, Ohio	2 + 3	5 mn	1	5
DD-13	1er avril 1967	11 h 30	Kenosha Pass, Colorado	2	2 mn	1	5
DD-14	9 août 1965	18 h	Long Island, Etat de New York	5	5 mn	1	8
DD-15	sept. 1965	16 h	Fort Sill, Oklahoma	15	10 mn	1	7

RADAR-OPTIQUES

CAS	DATE	HEURE	LIEU	NOMBRE D'OBSERVATEURS + Radar	DURÉE	E	P
RO-1	13 janv. 1967	22 h	Près de Winslow, Arizona	3	25 mn	2	8
RO-2	4 mai 1966	4 h 30	Charleston, Virginie de l'Ouest	3	5 mn	2	8
RO-3	4 nov. 1957	22 h 45	Base Air Force de Kirtland, Albuquerque, Nouveau-Mexique	vision : radar :	5 mn 20 mn	3	8
RO-4	13-14 août 1956	22 h 30 à 3 h 30 le lendemain	Lakenheath, Angleterre	1+1+1+1	5 h	3	8
RO-5	5 mai 1965	9 h 10	Au-dessus de la mer des Philippines	12	8 mn	2	8
RO-6	3 juin 1957	21 h 35	Près de Shreveport, Louisiane	3 + 1	1 h	1	5
RO-7	13 fév. 1957	2 h 30	Base Air Force de Lincoln, Nebraska	5	5 mn	2	7
RO-8	17 juillet 1957	16 h 10	Sud-Ouest des Etats-Unis	6	1 1/2 h	4	9
RO-9	16 mai 1967	22 h 10	A bord du « Point Sur », dans le golfe du Mexique	4	50 mn	3	8
RO-10	16 déc. 1952	5 h 25	Golfe du Mexique	6	10 mn	2	8
RO-11	18 sept. 1951	0 h 20	Goose Bay, Labrador	équipage d'un B-36	20 mn	3	7
RO-12	mai 1964	21 h 30	Regina, Province de Saskatchewan (Canada)	3	10 mn	6	8

RENCONTRES RAPPROCHÉES DU PREMIER TYPE

CAS	DATE	HEURE	LIEU	NOMBRE D'OBSERVATEURS	DURÉE	E	P
RR1-1	27 oct. 1967	3 h 05	Parshall, Dakota du Nord	1 + 1	5 mn	2	6
RR1-2	11 janv. 1966	19 h 40	Meyerstown, Pennsylvania	4	10 mn	4	6
RR1-3	6 fév. 1966	6 h 05	Nederland, Texas	3	5 mn	4	4
RR1-4	19 juin 1965	4 h	Rocky, Oklahoma	2	2-3 mn	4	7
RR1-5	22 avril 1966	21 h	Beverly, Massachusetts	10	45 mn	4	8
RR1-6	22 juil. 1966	23 h 30	Freemont, Indiana	2	5-8 mn	5	5
RR1-7	17 avril 1967	21 h	Jefferson City, Missouri	1 + 1 + 2	10-15 mn	3	8
RR1-8	20 août 1955	22 h 45	Kenora, Province d'Ontario (Canada)	2	4 mn	2	8
RR1-9	17 avril 1966	5 h 05	Portage County, Ohio	2 + 1 + 1	1 h 35	4	8
RR1-10	3 avril 1964	21 h	Monticello, Wisconsin	3	5-10 mn	3	9
RR1-11	8 mars 1965	19 h 40	Mount Airy, Maryland	3	3 mn	3	8
RR1-12	10 oct. 1966	17 h 20	Newton, Illinois	6	3-4 mn	4	9
RR1-13	26 juin 1963	1 h	Weymouth, Massachusetts	2	1 mn	2	5
RR1-14	14 oct. 1967	2 h 30	Mendota, Californie	3	3 mn	2	8

RENCONTRES RAPPROCHÉES DU SECOND TYPE

CAS	DATE	HEURE	LIEU	NOMBRE D'OBSERVATEURS	DURÉE	E	P
RR2-1	2 nov. 1957	23 h	Alentours de Levelland, Texas	2 + 1 + 1 + 1 + 1 + 1 + 1 + 1 + 2 + 1	2 h 1/2	5	8
RR2-2	3 avril 1968	20 h 10	Cochrane, Wisconsin	2	5-10 mn	4	8
RR2-3	août 1954	18 h	Tananarive, Madagascar	2 000	2 mn	4	7
RR2-4	26 oct. 1958	22 h 30	Digue du Loch Raven, Delaware	2	1-2 mn	3	8
RR2-5	8 mars 1967	1 h 05	Leominster, Massachusetts	2	4 mn	3	7
RR2-6	23 janv. 1965	8 h 40	Williamsburg, Virginie	1 + 1	2 mn	3	5
RR2-7	4 août 1968	4 h 15	Regina, Province de Saskatchewan (Canada)	3	10 mn	4	4
RR2-8	20 janv. 1967	18 h 50	Methuen, Massachusetts	3	15 mn	3	8
RR2-9	20 août 1965	19 h	Cherry Creek, Etat de New York	4	2-3 mn	3	7
RR2-10	8 déc. 1957	17 h 30	Nord-Ouest de l'Oklahoma	3	3 mn	5	6
RR2-11	3 sept. 1965	23 h	Damon, Texas	2	5-20 mn	3	8
RR2-12	12 juil. 1969	23 h	Van Horne, Iowa	2 + 1	2 mn	4	9
RR2-13	21 avril 1967	1 h	Ephrata, Etat de Washington	4	5 mn	2	5
RR2-14	1er avril 1968	22 h 45	Frankfort, Kentucky	2	5 mn	2	4
RR2-15	22 août 1957	15 h 40	Cecil Naval Air Station, Floride	2	40 mn	3	4
RR2-16	14 avril 1957	15 h	Vins-sur-Caramy, Var (France)	2 + 1	1-2 mn	3	5
RR2-17	29 mai 1968	22 h	Mosinee, Wisconsin	5	2-3 mn	2	4

RENCONTRES RAPPROCHÉES DU SECOND TYPE

CAS	DATE	HEURE	LIEU	NOMBRE D'OBSERVATEURS	DURÉE	E	P
RR2-18	18 juin 1967	23 h	Falcon Lake, Province d'Ontario (Canada)	6	30 mn	3	5
RR2-19	7 oct. 1966	20 h 30	Indian Lake, Michigan	14	1 h	4	7
RR2-20	juin 1957	22 h 30	Warrensburg, Missouri	3	45 mn	4	7
RR2-21	12 janv. 1965	20 h 20	Custer, Etat de Washington	4 + 1	5 mn	4	6
RR2-22	11 mai 1969	2 h	Chapeau, Province du Québec (Canada)	1 + 3	5 mn	4	5
RR2-23	11 oct. 1967	fin de soirée	Aldersyde, Province d'Alberta (Canada)	2	2-4 mn	3	5

RECONTRES RAPPROCHÉES DU TROISIÈME TYPE

CAS	DATE	HEURE	LIEU	NOMBRE D'OBSERVATEURS	DURÉE	E	P
RR3-1	24 avril 1964	17 h 45	Socorro, Nouveau-Mexique	1 + 1	5-10 mn	5	6
RR3-2	nov. 1961	après minuit	Minot, Dakota du Nord	4	1 h	5	5
RR3-3	26 juin 1959	au crépuscule	Boianai, Papouasie (Nouvelle-Guinée)	environ 25	3 h	5	8
RR3-4	21 août 1955	le soir	Kelly-Hopkinsville, Kentucky	7	4 h	5	5
RR3-5	19 sept. 1961	vers minuit	Whitfield, New Hampshire	2	1 h	5	4

APPENDICE 2 :

ANALYSE DU CAS DU PÈRE GILL EN PAPOUASIE, PAR DONALD H. MENZEL

Dans cette affaire spectaculaire le père Gill et un grand nombre de Papous frustes ont signalé avoir vu plusieurs objets insolites dans le ciel. La plupart des observations ont pris place au début de la soirée, peu après le coucher du soleil. Il est pour moi significatif que Vénus ait été bien visible, se couchant environ trois heures après le soleil. Elle avait atteint sa plus grande élongation le 23 juin, tandis que son éclat maximum devait se situer le 26 juillet.

Je pense qu'il est significatif que, en dépit de l'éclat de Vénus, aucune des observations faites par le père Gill et par le groupe de la mission ne mentionne cette planète. Deux officiers ont reconnu que « Vénus devait être vue depuis cette station à peu près dans la même direction que celle où fut repérée la première lumière ». Il déclare avoir vu Vénus mais, selon lui, l'objet observé par le groupe de la mission était plus bas que Vénus et plus au nord. Ceci est, au demeurant, plus une opinion qu'une observation précise. Robert L. Smith, aspirant patrouilleur, a vu Vénus au début de la soirée du 6 juillet mais il n'a apparemment repéré aucun O.V.N.I. Il mentionne avoir beaucoup regardé après minuit et avoir vu un objet lumineux qui était presque certainement Jupiter. Il a vu également quelques « étoiles filantes ».

Beaucoup d'experts disent que l'O.V.N.I. « ressemblait à une étoile ». Il reste cependant à expliquer les remarquables girations signalées principalement par le père Gill.

Je ne trouve pas convaincant le fait qu'un certain nombre de garçons (et de filles) semblaient corroborer l'observation.

Ce qui suit peut en avoir été l'explication, et, en fait, j'ai effectué quelques expériences qui indiquent que c'est probablement l'explication correcte. Certaines peuvent toujours être contrôlées. Il nous faut d'abord supposer que le père Gill et Stephen Gill Moi (l'instituteur) sont tous les deux atteints d'une forte myopie et qu'ils ne portaient pas de lunettes au cours de l'observation. Comme ils devaient également avoir un stigmatisme notable, l'image de Vénus a dû leur paraître grande et très étirée. Seule une explication de ce genre peut rendre compte des différences d'aspect de l'O.V.N.I. tel qu'ils l'ont respectivement décrit. Selon le père Gill la grande dimension du véhicule était la largeur; selon Stephen, c'était plutôt la hauteur. L'œil humain exécute des mouvements erratiques, qui font apparaître en vibration un objet tel qu'une étoile ou une planète alors qu'en fait l'objet est immobile. Les effets atmosphériques expliquent les rapides modifications des couleurs.

Mais qu'en est-il des hommes qui, paraît-il, faisaient des signaux? Peut-il s'agir d'une illusion? Dans les cas de myopie, le frottement de la paupière sur le globe oculaire occasionne une sorte de césure optique. Et quand un myope essaie de voir mieux en plissant les yeux, il en résulte une diffraction de l'image que viennent au surplus brouiller ses cils et l'image de ses cils. Les signaux faits aux occupants et leurs signaux en retour peuvent n'avoir pas été observés aussi universellement que le pensait le père Gill. Il a indiqué que l'on suffoquait de joie ou de surprise, peut-être des deux. Ceci ne pouvait-il au contraire traduire l'incrédulité de ceux qui ne voyaient pas ce que le père Gill disait voir? Après tout, dans ce genre de missions, les indigènes ont été conditionnés pour croire aux miracles et aux histoires de la même eau.

J'ai pu reproduire ce phénomène en employant des verres de lunettes d'une puissance d'environ quatre dioptries. Je me propose de recommencer l'expérience avec des verres ayant un stigmatisme notable, pour simuler la myopie supposée du père Gill. Puis, en clignant des yeux, j'ai pu aisément imaginer certains des phénomènes qu'il a signalés.

Une partie de ces effets peut avoir été causée par la diffraction occasionnée par la paupière, outre les irrégularités telles que des cellules sanguines sur la rétine. Celles-ci étaient certainement présentes en la circonstance. Le père Gill a simplement supposé que les autres gens voyaient ce que lui-même voyait. Bien qu'un grand nombre de « témoins » aient signé le rapport, je doute beaucoup qu'ils aient su ce qu'ils signaient, et pourquoi. Sans doute étaient-ils intrigués que leur grand chef voie quelque chose qui leur demeurait invisible. D'un autre côté ils ne devaient cependant pas être surpris outre mesure puisque, après tout, ils le considèrent comme un saint homme. Dans ce monde, les gens qui ont besoin de lunettes et n'en portent pas sont légion. Il m'intéresserait de savoir si le père Gill porte ou non des lunettes, le type de ses verres correctifs, et, finalement, s'il les portait ce soir-là. Etant donné qu'une hypothèse très simple rend compte, sans être gauchie, des observations signalées, je considère dès lors le cas du père Gill comme résolu. De plus, je pense que les mêmes phénomènes sont responsables de certains des cas les plus spectaculaires qui demeurent non résolus dans les dossiers de l'Air Force.

20 décembre 1967

APPENDICE 3 :

LETTRE DE DÉMISSION DE MARY LOUISE ARMSTRONG AU Dr EDWARD CONDON

Le 24 février 1968.

Dr Edward U. Condon, Directeur
Programme O.V.N.I.
Université du Colorado
Boulder, Colorado 80302

Cher docteur Condon,

Cette lettre présente par écrit les points dont nous avons débattu mardi matin, le 22 février 1968.

Etant donné qu'il n'échappe pas à l'équipe du programme sur les O.V.N.I. ni à vous-même que nous sommes plongés dans un dilemme en raison des dissensions et du découragement qui règnent parmi nous depuis ces deux dernières semaines, il me semble nécessaire d'examiner ce qui, à mon avis, a été la cause première des problèmes qui existent. J'espère sincèrement que le programme se poursuivra désormais sur des bases différentes, que la communication entre vous-même et votre équipe s'améliorera notablement, et que cette étude aboutira comme nous le voulons tous; c'est-à-dire à un rapport final dont chacun sera satisfait.

Il me semble que tous les membres du programme doivent, dans une certaine mesure, partager la responsabilité de la situation actuelle, même si c'est simplement pour ne pas vous avoir informé plus tôt de nos appréhensions. Je pense cependant fermement que si la personne administrant *directement*, et quotidiennement, ce programme, n'avait pas été Bob, nous n'en serions pas là. Il m'apparaît qu'il y a un « manque de confiance » presque unanime en lui en tant que coordinateur du programme et dans l'exercice de ses prérogatives à ce poste. (Je tiens à souligner tout de suite que je réalise que chacun — ou chacune — ne peut parler qu'en son nom propre; aussi, lorsque je parle du mécontentement des autres membres de l'équipe, je rapporte simplement ce que j'en ai observé.)

J'énumère et je discute ci-après les raisons qui font que je juge Bob responsable du conflit, et j'expose pourquoi, selon moi, si vous aviez assumé *vous-même* la direction de nos activités, jamais un conflit aussi sérieux n'aurait pris naissance.

Dès le début l'attitude de Bob a été négative. Je ne pense pas que lui-même en conviendrait mais je pense que toute l'équipe serait d'accord sur ce point. Bob s'intéressait aussi peu que possible aux observations sur lesquelles nous travaillions, ne lisait pratiquement pas nos travaux, n'en discutait pas avec nous. A un certain stade d'avancement, nous avions convenu que plusieurs d'entre nous liraient systématiquement un groupe donné d'observations puis se réuniraient pour faire le point. On espérait ainsi faire naître une discussion significative sur le contenu des notifications — si contenu il y avait. Saunders ne classait jamais les rapports à éliminer avant que chaque membre de la Commission ait eu l'occasion d'en prendre connaissance. Bob en élimina quelques-uns mais, à ma connaissance, il ne les lut pas vraiment, et il ne nous encouragea jamais à tenir les discussions qui étaient envisagées. C'était pourtant à lui, le coordinateur du programme, qu'il revenait de prendre les initiatives propres à le mener à bien. De plus, une grande partie de ce dont je parlerai plus loin, à propos de sa rédaction prématurée du rapport final, concerne directement ce qui *peut* ou *ne peut pas* être dit au sujet des notifications. *Pour moi, Bob a passé beaucoup trop de temps à se préoccuper du « langage » à employer pour la rédaction du rapport final, évitant ainsi très adroitement de se prononcer nettement sur le problème des O.V.N.I.* D'un autre côté, il n'a passé que très peu de temps à étudier les données sur lesquelles il allait baser ses conclusions.

Il n'y a pas longtemps, Bob s'est plaint à moi que, bien qu'étant supposé faire partie de la commission qui devait choisir les observations sur lesquelles nos équipes d'investigation sur le terrain iraient enquêter, il n'avait *pas* été contacté au moment de prendre les décisions. J'ai demandé à Norman si cela était vrai, et il l'a nié catégoriquement. Il a déclaré que Bob avait toujours été sollicité, et que la plupart du temps il avait refusé de participer. Au demeurant, Bob pouvait moins que tout autre se plaindre de ne pas être inclus dans les prises de décisions, car même si Norman ne l'en avait pas informé, il se trouvait toujours à proximité (ce qui n'était pas votre cas), et, était donc à même, s'il le désirait vraiment, d'entrer dans tous les débats. C'était à lui, et à lui seul, qu'il revenait d'en prendre l'initiative. Après tout, en tant que coordinateur du programme, il avait autorité pour modifier à son gré les procédures en cours.

Ceci soulève la question de savoir comment, en réalité, il employait son temps. Je pense qu'une grande partie de ses occupations n'avaient pas de sens et s'écartaient de ce qui concernait nos recherches, étant donné notre budget et notre temps limités.

Bob a beaucoup voyagé. Je reconnais que beaucoup de ces déplacements étaient relatifs au problème des O.V.N.I. — « relatifs » au sens où l'équipe considère la « relation » — c'est-à-dire pour recueillir des informations sur l'affaire Heflin, pour procéder à deux enquêtes sur des observations (tout au début du programme) et pour aller voir S.R.I., Rand, Hippler et Ratchford. Bob a fait bon nombre de conférences (ce qui n'entrait évidemment pas dans les attributions de notre programme), notamment à la Boeing Corporation à Seattle, à la Rand Corporation à Santa Monica, à l'American Meteorological Society à Colorado Springs, et à l'I.E.E.E. à Los Angeles. Il a justifié cette « tournée de conférences » par leur caractère éducatif, ou par leur destination : universités ou institutions scientifiques. Mais sous ce rapport, c'est surtout le voyage en Europe qui me semble avoir été le plus gratuit. Admettons que celui-ci (ou tout autre, en Amérique du Sud, en Afrique, etc.) ait été justifié par la nécessité de savoir où en était internationalement le problème des O.V.N.I. Je pense qu'au cours d'un voyage en Europe une visite à Michel et à Bowen était souhaitable sinon obligatoire. Par contre, des visites au ministère de la Défense de Grande-Bretagne, au Groupe de Défense suédois, au Loch Ness et à un nommé Erich Halik, à Vienne (qui, pour autant que je le sache, n'est qu'un de ces très nombreux personnages qui nous écrivent journellement pour nous expliquer comment construire des « soucoupes volantes », comment résoudre le problème des systèmes de propulsion, etc.), semblent être bien éloignées du problème des O.V.N.I. sinon même hors de propos, et hors de la portée de ce que notre programme pouvait accomplir dans son délai limité. De plus, bien que Bob ait discuté avec l'équipe du projet de son voyage en Europe, je n'ai jamais vu son rapport écrit sur la question. Or, dans le passé, c'était lui qui insistait pour que nous produisions une justification documentée au retour de tous nos déplacements.

On pourra objecter, non sans raison, que Bob devait faire face à une infinité de problèmes purement administratifs (par exemple le budget, les sous-traitances, l'organisation du bureau et la distribution des tâches) et que son apport a justement consisté à veiller à ce qu'ils soient résolus. De plus, il est vrai que l'équipe était libre d'agir comme elle l'entendait. Cependant, en même temps, Bob mettait personnellement en train un grand nombre de projets mais sans jamais les mener très loin, ni non plus travailler de front avec les autres. Sans cela, je ne vois pas comment il aurait pu vouloir présenter comme conclusion d'un rapport de synthèse ce qui n'était que l'expression de son opinion; il ne s'agissait pas, au demeurant, de *son* rapport, puisqu'il n'était pas le directeur du programme, mais surtout il n'a pas consulté ceux qui, contrairement à lui, avaient travaillé essentiellement sur les données. Comment se fait-il que Craig, Saunders, Levine, Wadsworth, Ahrens et d'autres soient tous arrivés à des conclusions radicalement différentes de celles de Bob? Je n'ai pas l'impression qu'ils se soient attaqués au problème des O.V.N.I. avec des idées préconçues. Je crois que les membres de l'équipe s'accordent assez généralement à considérer qu'il existe suffisamment de données sur les O.V.N.I. pour justifier d'en continuer l'étude. Ce qui ne revient pas à dire, et aucun de nous ne le ferait, que nous sommes assurément visités par des véhicules d'outre-espace. Mais il serait faux d'énoncer, comme, me semble-t-il, Bob voudrait le faire, que si l'on ne peut prouver que les « intelligences extra-terrestres » n'existent pas, on peut dire qu'il n'y a guère d'indications qu'elles existent. Je ne comprends pas comment il peut déclarer pareille chose alors que ceux qui ont fait le travail de recherche sur les observations sont d'un avis contraire. Il faudra bien que s'ouvre finalement un dialogue au cours duquel le groupe débattra des deux aspects de la question, mais il est présomptueux et déplacé de coucher ces idées sur le papier sous forme de conclusions et d'en discuter avec des personnes étrangères au programme.

Dans le memorandum que Bob a adressé à David Williamson, de la N.A.S.A., le 12 décembre 1967, il écrit :

1. « En l'absence de données scientifiques, notre réponse sera probablement que cela (des phénomènes aériens d'origine inconnue — O.V.N.I. — constituant des phénomènes ou des stimuli hors de portée de la connaissance scientifique actuelle) est possible mais que rien ne soutient l'assertion que c'est vrai...
2. « La seconde partie de la lettre (la lettre de Dolittle à J.T. Ratchford du 2 août 1967) prescrit l'étude technique du sujet. Elle envisage que soient mises à contribution les connaissances actuelles dans le domaine des sciences physiques, sociales, et du comportement pour l'orientation publique du projet. Mais il se trouve que si c'est notre fonction de faire de la science (bien que nous sachions qu'il ne peut être question de faire appel aux sciences physiques en l'absence de données convenables), il revient à l'Air Force d'appliquer les découvertes scientifiques aux décisions touchant l'orientation publique...
3. « Nous permettons ainsi à l'Air Force de décrocher, ce qu'elle ne pourrait faire si nous n'affirmions tout net que, ayant recouru à tous les instruments de la science, nous n'avons pas été capables d'atteindre une solution du problème des O.V.N.I. »

Le premier point soulève la question de l'impossibilité de recourir à la science pour l'étude des O.V.N.I. Je pense que plus de la moitié de l'équipe contesterait vigoureusement cette affirmation. Le second point semble dire qu'il n'entre pas dans nos fonctions de préconiser une orientation quelconque à propos des O.V.N.I., mais uniquement de faire un rapport scientifique sur le problème et de le soumettre à l'Académie des Sciences. Je reconnais que dans une stricte interprétation du contrat et de la lettre de Dolittle cela pourrait être exact. Mais qui de nous ne pense qu'au tout premier chef se pose la question de notre responsabilité envers le public, et qu'il nous revient très précisément de préconiser une orientation, au moins dans le sens où nous préconisons qu'il convient ou non de poursuivre l'étude du phénomène O.V.N.I. Le troisième point donne l'impression que nous devons atteindre une « solution », et que si nous ne répondons pas de façon positive ou négative à la question des intelligences extra-terrestres, nous n'avons pas trouvé de solution. Je pense que le mot « solution » a une signification tout à fait différente pour Bob et pour notre équipe et, sans doute, également pour vous.

Bob a discuté très librement de l'étude sur les O.V.N.I. avec des gens tels quc Williamson, Asimov, Branscomb, Higman (et d'autres) et, bien que je ne pense pas que la chose soit condamnable en tant que telle, cela me conduit à me demander pourquoi, et surtout récemment, certains d'entre nous ont été censurés sous prétexte que nous n'aurions pas eu le droit de parler de la même façon à McDonald, Hynek, Hall, les Lorenzens, etc. Il ne discute d'ailleurs pas avec ces personnes du déroulement du programme ou de la « méthodologie », mais il leur demande *comment* « nous » pourrions rédiger au mieux les conclusions auxquelles « il » est arrivé. Je suis frappée par le fait qu'il déploie les plus grands efforts pour en dire le moins possible dans le rapport final, mais également pour le dire de la façon la plus négative possible. Je pense que nous n'avons pas tort d'en conclure que Bob dénature notre pensée, et nous avons d'ailleurs de solides raisons de croire qu'il fait apparaître notre travail comme mineur et inefficace. (C'est pourquoi Dave Saunders devait un jour rétorquer à Bob, qui suggérait de recourir à des notes pour signaler toutes les divergences d'opinion minoritaires : « Alors qu'est-ce que l'on fait — on met une note au titre? »)

Puisque Bob s'est adressé à des « étrangers » pour savoir ce qu'il allait mettre dans le rapport final, n'était-il pas raisonnable de notre part, sentant que nous n'entamions pratiquement pas son opinion préconçue, de nous tourner nous aussi vers des « étrangers »? En vérité, ce qui est important ici, c'est qu'il ait pu avoir sur le problème une opinion préconçue. Et même s'il n'en avait pas eu, bien que je demeure persuadée du contraire, il a recouru, pour parvenir à ses conclusions, à des méthodes extrêmement critiquables.

Je reconnais avoir été fréquemment en rapport avec des personnes extérieures au programme. Je ne pense pas qu'il était déplacé de converser avec ceux que j'ai mentionnés précédemment (McDonald, Hynek, etc.) sauf dans la mesure où c'était une façon commode d'exhaler ses doléances, et si l'on s'en tient exactement à la lettre de l'éthique administrative, il se peut qu'en l'occurrence j'aie parfois manqué de tact. J'ai assisté à Denver, au début de décembre, à la rencontre entre Saunders, Levine, McDonald et Hynek qui ont examiné l'éventualité d'une action qui contribue à faire se poursuivre l'étude des O.V.N.I. Tout ce qui y fut discuté n'avait absolument rien à voir avec le programme de l'université du Colorado et ne pouvait en aucune façon constituer pour celui-ci une menace. Je n'ignore pas, au demeurant, que McDonald reçut alors une copie du memorandum que Bob avait adressé à Deans Manning et à Archer, mais il en connaissait depuis longtemps le contenu. Peu importent les circonstances de sa rédaction, ou le fait qu'il s'agissait d'une note purement intérieure écrite avant le démarrage du programme, il sert surtout, selon moi, à confirmer que Bob n'a pas collaboré franchement au programme sur les O.V.N.I.

En ce qui concerne la lettre de McDonald à Bob, dans laquelle il fait allusion à plusieurs reprises à des informations que les « membres du programme » lui ont fournies, j'ai assisté à une conversation à Tucson, en mars 1967, au cours de laquelle Bob, devant Jim Wadsworth et moi-même, a littéralement fourni à McDonald la plupart des informations que ce dernier aurait cherché à obtenir s'il avait voulu démolir le projet. Bob lui a notamment dit : Condon n'a pas à examiner les cas, c'est *nous* (lui inclus) qui le faisons. McDonald l'interrogeant sur le nombre des scientifiques employés par le programme (au point de vue de la spécialisation, et du temps consacré par chacun), Bob répondit que nous en avions autant qu'il nous en fallait, et que McDonald n'avait pas à nous dire comment diriger le programme. En outre, Bob indiqua que vous ne consacriez pas beaucoup de temps au projet, mais qu'il n'y avait pas lieu que vous en consacriez plus. (Je crois qu'il pensait pouvoir diriger toute l'affaire. Cependant, toute l'équipe serait sûrement d'accord pour dire que nous avions besoin de vous.) C'est pourquoi j'admets difficilement, lorsque McDonald accuse notre projet de n'avoir pas été mené scientifiquement, que nous puissions être plus coupables que Bob, qui a lui-même transmis cette information à McDonald. Dave et Norm se sont entendu dire qu'ils avaient agi de façon inexcusable, qu'ils n'auraient pas dû communiquer de renseignements écrits à une personne extérieure au programme. Et c'est pour cela qu'on les a renvoyés. Mais si ce fut une violation de notre éthique administrative que de remettre le memorandum à McDonald, alors Bob et toute l'équipe se sont rendus, eux aussi, coupables d'une semblable violation. Bob m'a demandé récemment de veiller à ce que certains des rapports déjà étudiés par le programme soient envoyés au Dr Menzel. Ces cas contiennent certainement des informations confidentielles et je ne vois pas où est la différence entre transmettre ces informations et transmettre des memoranda intérieurs — en tout cas dans le principe. Quoi qu'il en soit, il résulte de tous ces événements que l'équipe ne comporte plus maintenant que deux ou trois piliers.

Vous avez dit que les actions de Dave et de Norm étaient honteuses car leurs retombées terniraient l'image de marque de l'Université. Je pense qu'en l'occurrence ce qu'ils ont fait soutient la comparaison avec la commercialisation, au bénéfice de l'Université, de notre Rapport final sous forme de livre. Il me semble que vouloir ainsi tirer de l'argent du programme risque de faire apparaître l'Université sous un jour peu favorable. C'est pourtant à cela que s'est employé Bob la semaine dernière — à contacter des éditeurs qui pourraient publier notre rapport.

On peut comprendre que Dave et Norm aient estimé qu'ils devaient fidélité à quelque chose qui dépassait le programme O.V.N.I. tel qu'il se présentait. Jusqu'à leur renvoi, c'était également ce que je pensais, et la plupart d'entre nous étaient dans le même cas. Je reconnais que pour moi-même, et pour quelques autres, ce fut une tragique erreur que de ne pas être venus vous trouver longtemps avant ce qui se passe maintenant. Mais, à l'époque dont je parle, je n'avais pas le sentiment que vous vous montreriez aussi ouvert que vous l'avez été. A tort ou à raison, nous pensions que Bob vous représentait, qu'il discutait souvent avec vous du cours des choses, et que vous n'ignoriez donc rien de ce qui se passait et de nos attitudes respectives. Au cours de la réunion que nous avons eue en septembre, à la suite des déclarations que vous aviez faites (et qui furent incorrectement citées) dans *The Rocky Mountains News*, nous pensions nous être « déchargé le cœur », et avoir fait apparaître nos dissensions. Nous espérions, me semble-t-il, que vous prendriez le temps d'essayer de rectifier l'impression fausse que vous aviez de nous. De plus, au début de la journée dont je parle, alors que nous avions ouvert une discussion à propos des problèmes que vos déclarations risquaient de soulever dans notre équipe, Bob s'est récusé en arguant que s'il participait à ce débat sur le mécontentement qu'avaient engendré vos propos, il ne pourrait plus ensuite « se retourner vers » l'administration. Je ne vois pas très bien quel rapport il y a entre assister à notre réunion et reprendre ses fonctions au Regent Hall, mais il y avait là assurément un manque de tact de sa part, entraînant une interprétation peu favorable de sa position.

Docteur Condon, je crois avoir suffisamment abusé de votre temps, et je terminerai maintenant en vous présentant ma démission du poste d'adjointe administrative du programme O.V.N.I. Je vous suis très reconnaissante de m'avoir écouté mardi avec tant de compréhension. Il reste encore à dire que rédiger cette lettre m'a été on ne peut plus pénible, et que je ne m'y serais jamais livrée si ce n'était que je pense très profondément tout ce que j'ai dit.

Bien sincèrement.
Mary Louise Armstrong.

APPENDICE 4 :

EXTRAIT DE LA LETTRE DE J. ALLEN HYNEK AU COLONEL RAYMOND S. SLEEPER

7 octobre 1968.

Section A

Le Livre Bleu a été chargé, conformément aux directives AFR 80-17, de deux missions d'intérêt apparemment égal en l'absence de stipulations contraires. Celles-ci consistent : 1) à déterminer si les O.V.N.I. représentent une menace possible pour les Etats-Unis, et, 2) à travailler sur les données scientifiques ou techniques fournies par l'étude des notifications d'O.V.N.I. Aucune de ces missions n'est convenablement remplie.

Premièrement, la seule base logique permettant de déclarer que les O.V.N.I. ne constituent pas une menace possible pour les Etats-Unis est que, jusqu'à présent, il n'en est rien résulté de fâcheux aux Etats-Unis. Au demeurant, beaucoup de rapports ne sont étudiés que des semaines ou même des mois après leur arrivée; de toute évidence, si des intentions hostiles existaient, elles auraient plus que largement le temps de se matérialiser avant que le rapport qui les concerne soit étudié. (Ceci est comparable aux investigations sur le radar de Pearl Harbor [auquel on n'avait pas ajouté foi] trois semaines après l'attaque surprise.) Puisqu'il ne s'est rien passé, on peut en inférer que les O.V.N.I., quelle que soit leur nature, n'ont pas, pour l'instant, d'intentions hostiles.

Deuxièmement, un grand nombre de notifications intéressant potentiellement le renseignement sont négligées par le Livre Bleu.

Exemples :

a) [Extrait d'un document couvert par le secret de la Défense, concernant une observation du 5 mai 1965 — le secret ne couvre pas le contenu de la notification mais seulement les noms, les lieux et la mission du vaisseau.] « ... le timonier d'avant a signalé ce qu'il croyait être un avion... L'observation à la jumelle montra trois objets en formation serrée; l'un était de première grandeur, les deux autres de seconde grandeur. Les objets se déplaçaient à une vitesse extrêmement élevée, venant vers le bateau à une altitude indéterminée. A... quatre cibles mobiles furent vues sur l'écran du radar de détection aérienne jusqu'à des distances de 35 kilomètres et suivies pendant 6 minutes. Arrivés à la verticale du bateau, les objets se sont déployés en formation circulaire au-dessus de lui et y sont demeurés pendant environ 3 minutes. Cette manœuvre fut observée à la fois directement et sur l'écran radar. L'objet brillant qui restait suspendu au-dessus du poste de tribord déterminait un plus grand écho dans le champ de l'écran radar. Les objets ont modifié plusieurs fois leur cap durant le temps de l'observation, ce que confirment pareillement les témoins oculaires et la détection radar, et ont pu être suivis jusqu'à des vitesses dépassant 3 000 nœuds. L'I.F.F. les interrogea plusieurs fois mais sans obtenir de réponse. Après s'être immobilisés pendant 3 minutes, les objets partirent en direction sud-est à une vitesse extrêmement élevée. Les évolutions décrites ci-avant ont été observées par l'officier commandant de bord, par tout l'équipage de la passerelle et par une grande partie du personnel du pont supérieur. »

Le Livre Bleu évalua sommairement cette notification en tant qu' « avion », et à ma connaissance n'enquêta pas plus avant. Qu'est-ce qui peut justifier de dire que cette observation ne représentait pas une « menace possible » envers les Etats-Unis? Simplement qu'il ne s'est rien produit. Devons-nous juger les officiers et le commandant de bord incompétents au point de soumettre un rapport sur une affaire qui n'aurait pas déconcerté unanimement les témoins? Peut-on concevoir que ces officiers n'auraient pas reconnu un avion s'ils avaient observé un engin ayant une trajectoire, une vitesse apparente et des manœuvres correspondantes? Leur rapport n'évoque même pas la possibilité qu'il ait pu s'agir d'un avion. Le fait même que l'interrogation I.F.F. répétée soit restée sans réponse aurait dû militer en faveur d'une poursuite de l'enquête, puisque cela suggère un engin ennemi. Or, leur rapport ne parle aucunement d'un avion ennemi ordinaire. Le dossier ne contient pas d'autres notations techniques sur l'observation elle-même. Le directeur du Livre Bleu n'aurait-il pas dû témoigner d'un *minimum* de curiosité à propos de cette observation? J'ai pourtant soulevé cette éventualité à plusieurs reprises, mais elle a chaque fois été repoussée d'un air las. Ce sont des cas comme celui-ci (lequel n'est pas en question, puisqu'il ne fut jamais rendu public) qui, outre qu'ils font évoquer une menace possible, accréditent l'hypothèse de la « couverture », périodiquement ramenée en surface par le public. Celui-ci peut en effet difficilement comprendre qu'un pays dont la machine militaire est surtout orientée vers la défense puisse se désintéresser si promptement d'une affaire, sauf si les militaires en savent plus long qu'ils ne veulent bien en convenir.

b) Extrait d'un rapport non couvert par le secret de la défense, adressé par le Bureau de l'U.S. Air Force pour la région de Saïgon au Quartier Général de l'U.S. Air Force, et transmis le 26 mai 1967 au Livre Bleu. L'observation date du 17 avril 1967 — *elle n'est donc parvenue à la Foreign Technology Division que plus d'un mois après.* S'il y avait là une menace possible, le Livre Bleu n'en aurait certainement rien su! Pourquoi la transmission à la Foreign Technology Division a-t-elle demandé un si long délai? Mais, passons au rapport :

Déclaration d'un membre du 524e Détachement du renseignement militaire, Bureau opérationnel de Saïgon, 205/8 Vo Tanh, Saïgon, Vietnam : « Le 17 avril 1967, vers 22 h, j'ai observé cinq (5) objets ovoïdes lumineux, de grande taille, se déplaçant dans le ciel en formation serrée et à vitesse très élevée. Je me trouvais à ce moment sur le toit du Bureau opérationnel de Saïgon du 524e Détachement du renseignement militaire... J'ai d'abord repéré ces objets près de l'horizon sur ma gauche et les ai vus couvrir tout le champ de ma vision en ce qui me parut moins de cinq (5) secondes. Durant ce laps de temps les objets, partant du lieu où je les avais repérés pour la première fois, près de l'horizon à ma gauche, sont passés presque directement au-dessus de moi à une altitude qui m'a semblé très élevée, puis ont disparu derrière une formation de nuages à l'horizon sur la droite. Le ciel était partiellement nuageux mais au moment de l'observation la zone du ciel dans laquelle ils se déplaçaient était dégagée, à l'exception de quelques petites nappes de nuages éparses, qu'ils paraissaient survoler. Lorsque les objets passaient au-dessus de ces nuages, ils disparaissaient à ma vue jusqu'à ce qu'ils émergent de l'autre côté. J'ai également remarqué que, lorsqu'ils passaient devant une étoile, ils en masquaient la lumière jusqu'à ce qu'ils l'aient dépassée. Ceci m'a indiqué que les objets n'étaient pas translucides. Il était évident qu'il ne s'agissait d'aucun type conventionnel d'aéronefs en raison de leurs dimensions, leur forme, leur vitesse, et du fait qu'ils ne faisaient aucun bruit qui m'ait été audible. Avant l'observation de ces objets, j'avais vu passer divers types conventionnels d'avions à hélice et à réacteurs, et il ne fait aucun doute pour moi que les objets étaient de beaucoup plus grande taille que tout ce que j'ai jamais pu voir dans le ciel. Ils se déplaçaient également à une vitesse que j'estimerai cinq fois supérieure à celle de n'importe quel avion à réaction que je connaisse. Ils étaient trop éloignés et allaient trop vite pour permettre une description détaillée. J'ai seulement pu remarquer qu'ils étaient de forme ovale et d'une luminosité blanche constante. Ils semblaient être en position verticale, plutôt qu'horizontale, par rapport à la terre, et leur formation oscillait lentement lorsqu'ils sont passés. Environ cinq (5) minutes après qu'ils ont disparu, plusieurs avions à réaction, qui semblaient être à une altitude élevée et circuler à une très grande vitesse, sont venus sur mon extrême droite et derrière moi alors que je conservais toujours la même position. Ils sont allés jusqu'à la zone où j'avais perdu les objets de vue et, l'ayant atteinte, ils ont viré à droite et ont pris la même route que les objets que j'avais précédemment observés. Ces avions n'étaient pas en formation mais dispersés. Je n'ai jamais eu d'opinion à propos des objets volants non identifiés. Et je n'en avais jamais vu non plus. Je crois cependant que ces objets étaient des engins spatiaux d'un type quelconque. Je suis convaincu qu'il ne s'agissait pas de réfractions, d'aéronefs conventionnels, de météorites ou de planètes. »

Bien qu'il se soit agi là d'une notification officielle au Livre Bleu par le Quartier Général de l'U.S. Air Force, celle-ci n'est pas répertoriée comme un cas mais simplement « Pour Information ». Il n'y eut pas d'enquête *ni de tentative d'évaluation,* sans doute sous prétexte que l'événement s'était produit hors des limites continentales des Etats-Unis. Qu'il se soit agi d'un « point chaud » sur l'échiquier international ne semble pas avoir préoccupé le directeur du Livre Bleu! Et pourtant, le Livre Bleu soutient que les O.V.N.I. ne représentent pas une menace pour la sécurité des Etats-Unis. Pour quelle raison? Simplement parce qu'il n'est rien arrivé jusqu'à maintenant.

Est-il concevable que nul, parmi les militaires, n'ait accordé la moindre attention à cette observation ou ne l'ait rapprochée d'autres observations du même genre? La recherche des schémas n'intéresse donc personne, le Livre Bleu est-il à ce point dénué de curiosité scientifique? Il semble bien que oui.

Je précise d'ailleurs que ce ne fut pas le Livre Bleu qui me mit au courant de ces deux affaires. J'en eus fortuitement connaissance, en examinant, lors d'une de mes visites, des papiers qui se trouvaient sur un bureau. Je ne risquais pas de les découvrir dans les fichiers puisque je ne suis pas autorisé à les consulter personnellement. Je ne puis avoir communication des dossiers que si je spécifie ce qui m'intéresse. Mais comment puis-je demander spécifiquement d'examiner un dossier pour en juger la teneur si j'ignore qu'il existe? Je suis persuadé, étant donné la ligne générale du Livre Bleu, que l'on ne m'aurait jamais montré ces rapports; je n'en ai eu connaissance (comme de beaucoup d'autres d'ailleurs), que par le plus heureux hasard. J'ajouterai encore à ce propos que lorsque je demande communication d'un dossier, et que je désire avoir copie de certains extraits (s'agissant de cas non couverts par le secret de la Défense), je ne suis pas autorisé à tirer ces copies sur la photocopieuse qui est à portée de main — même si je fournis moi-même le papier nécessaire! Je dois passer par le service « Reproduction » et subir de la sorte une attente qui se monte parfois à des semaines avant d'obtenir quelques feuillets qui ne m'auraient demandé que quelques minutes à reproduire. Mon efficacité de conseiller en est considérablement entravée.

c) Pour le dernier exemple, veuillez vous reporter à la Section G qui traite de l'attitude anti-scientifique et inconséquente au sein du Livre Bleu. Les deux cas précédemment exposés s'inséreraient tout aussi bien dans la Section H, étant donné qu'ils n'ont éveillé aucune curiosité scientifique parmi le personnel du Livre Bleu, et que le conseiller scientifique ne fut même pas informé de leur existence.

Section B

L'équipe du Livre Bleu ne possède ni les effectifs ni les compétences scientifiques nécessaires pour assurer les tâches que lui assignent les directives AFR 80-17, à supposer même qu'elle en ait l'intention.

Cette conclusion sera amplement démontrée par le contenu des sections suivantes, mais il est évident que, s'agissant d'un phénomène qui a déconcerté des quantités de personnes, et qui requiert véritablement une approche pluri-disciplinaire, deux officiers munis seulement d'une licence de physique obtenue dans des institutions de second rang ne constituent pas un effectif adéquat pour s'attaquer à la question. Et même, au demeurant, si ces officiers étaient des prix Nobel, la multiplicité des rapports qui arrivent au Livre Bleu dépasserait encore leurs possibilités d'action. Un seul cas particulièrement déroutant pourrait suffire à occuper pendant des jours et même pendant des semaines une équipe d'enquêteurs; essayer de procéder journellement à l'examen minutieux de deux ou trois cas tout en s'acquittant des fonctions annexes propres à l'administration d'un bureau (voir Section E) est de toute évidence impossible.

Section C

Le Livre Bleu souffre intrinsèquement de ce que A parle à B, B parle à C et C parle à A. Plus récemment, il ne s'est plus guère agi que de A et de B, et même parfois de B tout seul; c'est-à-dire que l'évaluation d'un rapport ne dépendait plus que d'une seule personne, sans aucun recours ultérieur. Le Livre Bleu est un système fermé. Il est, pour ainsi dire, victime de son propre repliement, de sa propre propagande. Il n'y a pratiquement pas eu de dialogue entre le Livre Bleu et la corporation scientifique ou entre le Livre Bleu et les divers services scientifiques dont dispose l'Air Force elle-même. Il n'y a pratiquement pas eu d'échanges d'idées et peu ou pas de contacts avec d'autres groupes, particulièrement avec certains groupes techniques civils qui s'intéressaient à la question. Alors que je suis simplement conseiller du Livre Bleu, j'ai probablement reçu beaucoup plus de correspondance que lui, au sujet des O.V.N.I., émanant de scientifiques et de techniciens; ceux-ci, en effet, n'ignorent pas que le Livre Bleu vit en vase clos, et ne tiennent guère à essuyer de celui-ci une de ces évaluations de pure routine, dont il est coutumier. Je ne cache pas que les dossiers du Livre Bleu contiennent beaucoup de lettres de correspondants scientifiques; sans doute cela vient-il de ce que ceux-ci préfèrent échanger des idées avec leurs homologues. Il serait par exemple sans objet d'interroger le Livre Bleu quant aux raisons scientifiques ayant motivé l'évaluation d'un cas donné comme résultant, par exemple, d'une inversion thermique : le Livre Bleu n'a jamais eu recours aux compétences météorologiques de l'Air Force pour déterminer, s'il y a lieu, le degré d'inversion susceptible de produire les effets signalés par le témoin. L'approche a été plus qualitative que quantitative; ainsi une inversion de 2° est considérée à l'égal d'une inversion de 10°, tandis que je n'ai jamais vu appliquer les principes de l'optique géométrique au calcul de la réfraction dans un cas évalué comme résultant d'une inversion. L'équipe n'est pas apte à assumer ce genre d'étude. J'ai récemment demandé au directeur scientifique de solliciter des Air Force Cambridge Research Laboratories qu'ils calculent les effets optiques correspondant aux degrés d'intensité des inversions thermiques et qu'ils fournissent au Livre Bleu les tables correspondantes.

Dans ce même ordre d'idée, le Livre Bleu n'a que trop souvent négligé de consulter le conseiller scientifique (qui, après tout, est astronome) à propos de ses évaluations astronomiques, qui faisaient ensuite la joie de la presse. Celles qu'il a faites à propos des multiples notifications du « branle-bas du Midwest », les 31 juillet et 1er août 1965, en sont un exemple achevé.

Section D

Les méthodes statistiques mises en œuvre par le Livre Bleu sont une parodie de la branche des mathématiques qui s'appelle la Statistique. Un chapitre d'une thèse de doctorat devant la Northwestern University, à paraître prochainement, traite spécifiquement de cet aspect, et je le citerai plus loin (Herbert Strentz, « A Study of Some Air Force Statistical Procedures in Recording and Reporting Data on U.F.O. Investigations », chapitre de *A Survey of Press Coverage of O.V.N.I., 1947-1967*, thèse de doctorat devant la Medill School of Journalism, Northwestern University) * en le faisant précéder de mes observations personnelles. Qu'il me soit permis de dire à ce propos que j'ai maintes fois fait part de ces observations à l'équipe du Livre Bleu, mais sans rencontrer le moindre écho; j'ai finalement réalisé l'inanité de tout effort visant à éduquer l'équipe sur ces questions.

Dans l'évaluation des cas, l'usage a prévalu d'employer les termes « possible » ou « probable » comme modificateurs d'une évaluation donnée; ainsi utilise-t-on souvent « avion possible » ou « météore probable » par exemple. Cependant, au cours des compilations de fin d'année, ces termes sont discrètement et opportunément abandonnés. Un « avion possible » devient alors tout simplement un

* « Etude de quelques procédés statistiques de l'Air Force dans le classement et la synthétisation des données fournies par les investigations sur les O.V.N.I. », dans *Enquête sur les publications de presse consacrées aux O.V.N.I., 1947-1967*. (N.d.T.)

« avion » (l'affaire de Redlands [voir Section I] apparaîtra dans la classification finale de 1968 comme un « avion ») et le public est ainsi amené à croire qu'il n'y avait pas là de question possible, mais simplement qu'un brave citoyen ou plusieurs ont « un peu forcé sur les liqueurs fortes », ou même que leurs nerfs ou leur imagination leur ont joué un mauvais tour.

Un statisticien nous dirait que les mots « possible » et « probable » supposent un pourcentage de probabilité. Mais quel pourcentage? Probabilité à 50 %? Seule la probabilité à 100 % est la certitude. Je pense que les statisticiens s'accorderaient de façon générale pour assigner une probabilité de 50 % au cas d' « avion probable » et peut-être de 20 % à celui d' « avion possible ». C'est pourquoi lorsqu'en fin d'année 200 cas sont définitivement classés parmi les « avions », alors que 100 d'entre eux étaient « probables » et 100 « possibles », la probabilité réelle est que sur 200 cas, 50 + 20 = 70 étaient vraiment des avions, tandis que 130 n'en étaient absolument pas! Car que signifient d'autre les termes « possible » et « probable » si ce n'est que l'on n'est *pas sûr*? Mais l'hypothèse de l' « observateur abusé » est à tel point enracinée dans la pensée du Livre Bleu que l'*on se garde bien d'examiner* toute autre possibilité. Mais alors, où est la méthode scientifique?

Voici maintenant un autre procédé illogique et non scientifique : de 1947 à 1966 inclus, le Livre Bleu a répertorié 1 822 cas, sur un total de 10 137, dans la catégorie « Renseignements insuffisants ». J'indique au passage que la détermination du classement dans cette catégorie est purement subjective, mais qu'il répond parfois à une réglementation en cours. C'est ainsi que j'ai trouvé, à propos d'une affaire récente, la notation suivante : « *Conformément à la politique actuelle, cette observation est classée parmi les « renseignements insuffisants » étant donné qu'elle n'a pas été signalée à l'Air Force dans les 30 jours* » (!) Par quel tour de passe-passe, par quel raisonnement tortueux une observation signalée quarante jours après avoir été effectuée et contenant d'amples renseignements peut-elle en venir à être classée comme insuffisante? Vraiment, ne parlons pas de science. Si l'un de mes étudiants osait se livrer à une telle parodie de la méthode scientifique, je le recalerais sans appel. « Conformément à la politique actuelle... » Quelle politique? Le conseiller scientifique n'a sûrement jamais été consulté à ce propos, et d'ailleurs, sur quelle politique a-t-il jamais été consulté?

Pour revenir à la catégorie des « Renseignements insuffisants », il est extrêmement intéressant de noter que ceux-ci entrent dans les statistiques finales au titre des cas résolus comme si l'étiquette « Renseignements insuffisants » suffisait à éclaircir une question! Ici encore, on trompe le public. Pendant ces vingt années, mes statistiques personnelles montrent que sur les 10 137 rapports d'observations, 557 sont répertoriés comme Non-Identifiés et 1 822 comme Renseignements insuffisants. La brochure du Livre Bleu rapporte que seuls 5,4 % des cas demeurent Non-Identifiés, oubliant fort à propos les 1 822 autres rapports, soit 17,6 % pour lesquels on n'a toujours pas fourni d'explication. Le pourcentage correct des Non-Identifiés atteint donc 23 %! Chaque fois que j'ai protesté à ce sujet auprès des officiers du Livre Bleu, j'ai senti qu'ils pensaient : « Nous sommes l'Air Force, nous possédons toutes les réponses. Mais vous-même, qui êtes-vous pour suggérer une modification de nos procédures établies? » Devant une telle attitude, j'étais comme la Tchécoslovaquie devant la Russie; la résistance risquait de faire couler le sang, et je trouvais indigne de moi de débattre de ces questions avec le personnel de si faible niveau scientifique traditionnellement mis en poste au Livre Bleu. Durant une longue période, un sergent n'ayant de compétence scientifique qu'en psychologie procédait à presque toutes les évaluations des cas (le sergent Moddy). Si je n'ai pas renoncé à mes fonctions de conseiller, ce fut en grande partie parce que je voulais être à même de consulter un matériel sur lequel je pourrais peut-être un jour travailler de façon autrement productive, mais aussi parce que je ne voulais pas perdre de vue le phénomène O.V.N.I. et parce que je me reconnaissais, envers le programme, certaines obligations que les années n'avaient cessé de renforcer.

Je cite maintenant directement à partir de la thèse dont j'ai parlé plus haut : « Le problème fut souligné dans un communiqué de presse du Département de la Défense daté du 6 octobre 1958, portant sur l'activité du Livre Bleu du 1er juillet 1957 au 31 juillet 1958. Le communiqué indiquait : « Plus de 84 % des observations d'O.V.N.I. ont été *définitivement établies* (c'est l'auteur qui souligne) comme des phénomènes naturels... ou des objets fabriqués par l'homme. Ainsi non seulement les désignations *probable* et *possible* avaient disparu des statistiques, mais les observations considérées précédemment comme ayant une « explication possible » étaient maintenant « définitivement établies » — non en raison des suppléments d'enquêtes mais pour la commodité de la tenue des registres.

« Le lieutenant-colonel Hector Quintanilla... reconnut que la phrase « définitivement établies » était « trompeuse ». Défendant cependant la procédure générale, il demanda : « Où pourrait-on la (l'explication possible-probable) mettre sans cela? » La multiplication des catégories ne ferait qu'encombrer le rapport! Il ajouta que reporter la classification possible-probable d'année en année ne pourrait qu'accroître les tâches du Livre Bleu et engendrer de nouvelles questions. »

Et maintenant je vous le demande, mon Commandant, est-ce que la Science c'est cela? Mme Curie se préoccupait-elle de ce que son travail était trop « encombrant »? Ou de ce que sa démarche scientifique ne pouvait « qu'accroître ses tâches »? Je pourrais m'en tenir là dans ma démonstration du fonctionnement non-scientifique de l'équipe du Livre Bleu.

Je vais citer à nouveau la thèse de doctorat. « L'échantillon mensuel stratifié (M. Strentz parle maintenant de la façon dont il a procédé statistiquement) a été extrait d'une année sur deux à partir de 1948, la première année complète de l'enquête sur les O.V.N.I. menée par l'Air Force. Pour chaque année paire, de 1948 à 1966 inclus, trois mois ont été choisis — un mois dans le premier trimestre, un mois dans le groupe mai, juin et juillet, un mois dans le dernier trimestre. Ceci fournit un échantillonnage des O.V.N.I. et des activités du Livre Bleu... 1 034 fiches (Fiches récapitulatives du Programme 10073, type 329) ont été examinées. Le nombre des observations enregistrées par le Livre Bleu pour ces mêmes mois était de 1 117. Ainsi des fiches existaient-elles pour plus de 90 % des rapports enregistrés durant les mois de l'échantillonnage (il n'était pas indiqué pourquoi il n'y en avait pas 100 %). Les 1 034 fiches représentaient également 10,3 % de la totalité des notifications d'O.V.N.I. enregistrées par le Livre Bleu de 1948 à 1966 inclus — 10 137. »

Un peu plus loin, M. Strentz indique : « Le Livre Bleu considérait d'office les cas affectés de l'indication « *renseignements insuffisants* », ou « *possible* » ou « *probable* » comme « *résolus* » dans la mesure où l'enquête s'était arrêtée là et où les rapports avaient été classés. » (Il n'est pas un scientifique qui considérerait un cas ayant des « preuves insuffisantes » comme « résolu ». Simplement, il ne doit pas figurer parmi les données.) Sans doute haussait-on ainsi le score du Livre Bleu — le procédé était incorrect, non-scientifique, mais quel trophée flatteur à balancer devant les maîtres de la « Super-Routine ».

M. Strentz poursuit : « Comme on le verra dans la Table 1 [non reproduite ici], une analyse des résumés a montré que 270, soit 24 % des 1 117 notifications d'O.V.N.I. étaient « non-résolues » ou « douteuses ». Il s'agissait des 270 rapports classés comme *renseignements insuffisants* ou *inconnu* — les premiers étant la majorité. A partir des fiches individuelles, l'analyse a montré que 538, soit 51 % des 1 034 cas, étaient « non-résolus ». Ces 538 cas étaient répertoriés comme *probable, possible, renseignements insuffisants* ou *inconnu.* »

Ainsi, en faisant simplement accéder les cas *possibles* ou *probables* au statut des *établis,* la tenue des livres améliorait les capacités d'investigation du Livre Bleu et ramenait le nombre des « non-résolus » de 51 % à 24 %. De plus, en mettant l'accent sur les « inconnus », le communiqué de presse du Département de la Défense n'avait plus à parler de 51 % ou de 24 % de « non-résolus », mais de « moins de 2 % », « moins de 1 % », et « 2,09 % ». Ainsi le Livre Bleu parvint-il à se faire passer pour scientifique et à complaire éminemment aux tenants de la « Super-Routine ». Lorsque cette thèse de doctorat sera publiée par la Medill School of Journalism de la Northwestern University, pourront enfin être admirées les prouesses hautement scientifiques du Livre Bleu pour parvenir à ne laisser inexpliqués que 2 % des cas — alors qu'il n'a même pas pu en résoudre la moitié!

Le chapitre de la thèse de M. Strentz qui traite des statistiques du Livre Bleu se termine par ces mots : « La plupart des rapports d'O.V.N.I. semblent en fait « non-résolus ». Aussi pourquoi ne pas reconnaître qu'il en est ainsi, qu'il est souvent impossible de déterminer ce qu'un individu dit avoir vu dans le ciel? La méthode statistique employée par le Livre Bleu semble avoir résulté : 1) des efforts de l'Air Force pour expliquer toutes et chacune des notifications d'O.V.N.I. parce que : 2) l'Air Force a été accablée du fardeau peu enviable de prouver que les O.V.N.I. n'existent pas. Peut-être la mission de l'Air Force pourrait-elle être redéfinie comme portant uniquement sur les observations prometteuses pour la science, et non plus sur n'importe quelle notification d'une lumière évoluant ou planant dans le ciel. Ainsi l'Air Force et la presse pourraient travailler sur un autre matériel que des statistiques truquées. »

Que pourrais-je ajouter d'autre qu'un amen sincère? Et ceci nous conduit logiquement à la section suivante.

Section E

L'attention souhaitable n'a pas été accordée aux cas que le conseiller scientifique et d'autres considéraient comme significatifs, tandis que l'on perdait beaucoup trop de temps sur des affaires banales et peu susceptibles de fournir des informations utiles; par ailleurs, l'équipe du Livre Bleu gaspille son temps et ses efforts à des tâches annexes (relations publiques, réponse aux lettres concernant l'évaluation de cas anciens, aux demandes de renseignements émanant des sources les plus variées). Si ses effectifs demeurent inchangés et si elle doit exécuter une mission scientifique, il lui faut se concentrer sur deux ou trois cas significatifs par mois (le choix de ces cas étant déterminé avec l'aide d'une commission scientifique) et clôturer ses travaux par un rapport détaillé sur chacun d'eux, qui serait publié comme une communication scientifique et serait donc accessible au public. Les cas choisis *ne devraient pas* être ceux qui n'ont eu qu'un témoin unique (sauf dans des circonstances tout à fait particulières), ou portant sur des lumières nocturnes très lointainement observées, ou ceux dont les témoins ne sont pas sûrs, ou n'ont pu répondre aux questions de façon cohérente. En tant que conseiller scientifique du Livre Bleu, j'ai depuis longtemps proposé une méthode pour estimer l'intérêt des cas : il s'agit d'une classification à deux dimensions où une observation est jugée en fonction de son *Etrangeté* et de la *Crédibilité* composite des témoins. Cette *Etrangeté* est la mesure de la difficulté que l'on rencontre à expliquer honnêtement l'observation en fonction de phénomènes et de principes physiques bien connus; la *Crédibilité* composite finale des témoins ne peut, bien entendu, être déterminée qu'en fonction de leur histoire personnelle, médicale et sociale, et au moyen de tous les tests psychologiques connus — et applicables. L'estimation de la crédibilité peut cependant se faire rapidement en notant simplement le nombre de témoins et les responsabilités dont chacun est investi dans sa vie quotidienne. Il est évident que seuls les cas ayant un Indice élevé d'Etrangeté et de Crédibilité peuvent être pris en considération. Le Livre Bleu a perdu beaucoup trop de temps sur des cas ayant une signification mineure, décelables au premier abord.

Au surplus, une fois qu'un cas a été classé comme *non-identifié* ou *inconnu,* la question est close en ce qui concerne le Livre Bleu. Mais, dans le domaine scientifique, c'est l'inconnu, l'inexpliqué, qui constitue le *point de départ* et non l'aboutissement de l'enquête. Un chercheur qui bute en laboratoire sur quelque chose qu'il ne peut expliquer n'est pas digne de ce nom s'il l'étiquette « inconnu » et le classe définitivement pour consacrer son temps à des questions de routine. Ce sont précisément les *inconnus* dont devrait se préoccuper le Livre Bleu, au lieu de procéder à des dénombrements impressionnants (?) de tous les citoyens qui ne savent pas identifier correctement un satellite ou un météore. La chose pourrait intéresser un sociologue, mais un physicien n'en a que faire.

Section F

La réception des informations par le Livre Bleu est tout à fait inappropriée, et sans doute est-elle en partie responsable de l'inefficacité au niveau du bureau lui-même. Le fardeau qui échoit au Livre Bleu, en raison de l'incapacité quasi constante des officiers chargés des O.V.N.I., au niveau des bases locales, à transmettre des informations correctes, n'est absolument pas tolérable. La situation, au demeurant, était encore pire, avant que l'on désigne des officiers à ces fonctions.

Beaucoup de « bribes d'information » qui pourraient se révéler cruciales dans le cheminement d'un événement sont tout simplement absentes du rapport initial. Ce n'est pas sans malaise que j'ai pu vérifier la chose à maintes reprises. Au mieux, le rapport initial sur un O.V.N.I. arrive à Dayton sous la forme d'un rapport du renseignement et non sous la forme d'un rapport scientifique; son contenu et sa valeur pourraient cependant être grandement améliorés si les officiers chargés des O.V.N.I. au niveau des bases locales prenaient réellement leur tâche au sérieux. Beaucoup d'informations qui auraient pu être recueillies grâce à un interrogatoire consciencieux font défaut, ce qui rejette sur l'équipe déjà réduite du Livre Bleu le fardeau de rouvrir l'enquête pour réunir les renseignements nécessaires — quelquefois absolument élémentaires et évidents, par exemple quelles étaient : la direction du vent, les dimensions et les vitesses angulaires, la trajectoire précise, le contraste de l'objet se découpant sur le ciel, les autres témoins éventuels, etc. L'exemple type est celui de l'affaire de Redlands, Californie, cité ci-dessous, dans la Section G, où seul est à blâmer l'officier local, qui envoya de si squelettiques informations au Livre Bleu que celui-ci ne put vraiment en conjecturer l'intérêt.

Il apparaîtrait que le Livre Bleu n'a jamais été investi d'une autorité suffisante pour « renvoyer un cas à la figure » de l'enquêteur local et pour exiger qu'il procède immédiatement à un complément d'information. S'il est quelque chose que possèdent les militaires c'est bien, en raison de leur structure hiérarchique, les moyens d'exiger — et non de demander courtoisement et de tolérer que la requête demeure lettre morte. L'une des toutes premières urgences pour le Livre Bleu, c'est la réévaluation des données initiales. Pour l'instant, « nous raffinons un minerai à très faible teneur. »

Section G

L'attitude fondamentale au sein du Livre Bleu est non scientifique en ce qu'une hypothèse de travail a été adoptée, qui colore et détermine l'approche du problème. En voici le Théorème :

> Pour tout rapport donné sur un O.V.N.I. pris en soi et sans considération des corrélations existantes avec d'autres événements survenus dans ce pays ou à l'étranger, il est toujours possible de produire une explication naturelle, aussi improbable soit-elle, si l'on se fonde uniquement sur l'hypothèse que toute notification d'O.V.N.I., par la nature même des choses, ne peut que résulter purement et simplement de causes bien connues et admises.

Vient ensuite le Corollaire :

> Il est impossible pour le Livre Bleu d'estimer qu'une notification d'O.V.N.I. peut résulter d'autre chose que d'une méprise à propos d'un objet ou d'un phénomène naturel, d'une supercherie ou d'une hallucination. (La classification « non-identifié » ne constitue pas une évaluation.)

L'essence de la méthode scientifique réside en ce qu'un enquêteur ne doit pas adopter une idée ou une conclusion préconçue, qu'il ne doit pas sélectionner les seules informations qui concourent à prouver son hypothèse et négliger celles qui l'infirment. L'erreur scientifique majeure du Livre Bleu est décrite dans le théorème énoncé ci-avant. Le Livre Bleu est à tel point assuré de son hypothèse de travail qu'il nous fait penser au docteur qui ne s'aperçut pas que sa patiente était enceinte parce que, pour lui, tous les gonflements abdominaux résultaient de tumeurs.

Je vais présenter un seul exemple, parmi des quantités d'autres, à l'appui de ce que je viens d'énoncer; mais il illustre bien le manque de rigueur que dénote la méthode « scientifique » du Livre Bleu.

J'ai choisi l'incident du 4 février 1968 à Redlands, Californie, affaire récente que personne, au sein du Livre Bleu, n'étudia, qu'un officier de la base aérienne Norton examina superficiellement, et sur lequel se pencha pendant trois mois le Dr Philip Seff, professeur de géologie, le Dr Reinhold Krantz, professeur de chimie, le Dr Judson Sanderson, professeur de mathématiques, et l'artiste John Brownfield, professeur de dessin et de peinture (qui élabora une reconstitution à partir des descriptions séparées fournies par les témoins, lesquels avalisèrent ensuite son tableau composite), tous attachés à l'université de Redlands. Il convient de signaler que personne, au Livre Bleu, ne jugea utile de contacter quiconque d'entre eux ou au moins de discuter téléphoniquement de leurs investigations.

Il s'agit d'une observation signalée par quelque vingt observateurs, ayant vu un objet dont la face inférieure portait sept lumières, ressemblant à des turbo-réacteurs, et, au sommet, une rampe de dix lumières aux couleurs changeantes. Selon les témoins, l'objet se serait déplacé à basse altitude (estimée à environ 100 m) dans une direction nord-est pendant un kilomètre et demi, se serait immobilisé, aurait plané brièvement, aurait fait un bond en avant, plané de nouveau, puis aurait grimpé brutalement à la verticale, se serait immobilisé une nouvelle fois, aurait plané de nouveau, puis serait parti avec un mouvement oscillatoire vers le nord-ouest; là, il aurait pris de l'altitude, puis serait parti en flèche avec une puissante accélération. Il fut observé pendant 5 minutes environ, et son diamètre fut estimé à une quinzaine de mètres. Cette dimension et l'altitude estimée à une centaine de mètres ne peuvent être dissociées; on ne peut juger, bien entendu, que du diamètre apparent, mais on est parvenu à une estimation de 15 m en tablant sur une distance donnée. Il est évident que si l'objet avait été distant de plusieurs kilomètres, le même diamètre apparent aurait correspondu à des dimensions incroyablement plus grandes. C'est une des raisons qui nous empêchent de rejeter sommairement ces estimations.

Sans doute vous intéressera-t-il de savoir que le Livre Bleu répertoria cet objet comme « Avion probable ». Comment, sans même avoir enquêté, parvint-on à cette conclusion, illustre de façon frappante la méthodologie du Livre Bleu. La base aérienne Norton indiqua que le radar March n'avait peint aucune cible inhabituelle (ignorant allégrement le fait qu'à une altitude de 100 m l'objet n'aurait pas été capté par le radar en question), et qu'un avion léger avait atterri à l'aérodrome de Tri-City à 19 h 15, alors que les minutes de la police et le témoignage unanime des observateurs s'accordent sur le fait que l'observation n'a *pas* pu avoir lieu avant 19 h 20. Au surplus, les autorités de l'aérodrome, à la demande des trois universitaires (effectuant une démarche qui, apparemment, n'était pas venue à l'idée du Livre Bleu), ont précisé que l'avion venait de Los Angeles et *ne s'est jamais rapproché à moins de 10 km de Redlands*, alors que tous les témoins reconnaissent avoir vu l'objet à la proximité immédiate de la ville. L'avion qui a atterri (et au sujet duquel le Livre Bleu n'a pas jugé utile de recueillir des précisions) était un Bonanza à hélice que les professeurs ont pris la peine d'aller examiner dans son hangar sur l'aérodrome. [L'affaire de Redlands fait à elle seule l'objet d'un livre actuellement en cours de production par David Branch et Robert Klinn, intitulé : *Enquête à Redlands*.]

L'écart entre ce qui a été signalé et l'évaluation du Livre Bleu est si énorme qu'il en est risible. Au surplus, la loi interdit le survol aérien de Redlands à moins de 300 m d'altitude. Il semble inconcevable qu'une vingtaine de témoins puissent confondre un appareil léger à hélice, et volant à plusieurs kilomètres de distance, avec un engin aérien brillamment éclairé, volant à 100 m d'altitude, faisant des bonds en avant, planant, accélérant brutalement et disparaissant verticalement dans un ciel chargé.

Mais ici, comme dans tant d'autres occasions dont je puis témoigner, le Livre Bleu n'accorda pas le moindre poids à la *possibilité* d'un événement étrange. De façon absolument anti-scientifique, chaque détail fut gauchi et présenté de façon à s'insérer dans l'hypothèse de travail du Livre Bleu. On supposa donc, contre toutes les preuves : 1) que le moment de l'observation avait été faussement noté; 2) qu'un objet volant insolite se déplaçant à basse altitude avait été capté par le radar (bien que, au cours des manœuvres, des avions volant à très basse altitude aient pu échapper à notre couverture radar); 3) qu'aucun des témoins ne pouvait faire la différence entre 10 km et 100 m; 4) qu'aucun des témoins ne pouvait reconnaître un petit avion à hélice — dont on voit mal comment il aurait pu être muni sur ses faces supérieure et inférieure de brillantes rampes lumineuses et, 5) que les témoins ne pouvaient faire la distinction entre les manœuvres régulières d'un avion se préparant à atterrir à des kilomètres de là et les évolutions tantôt rapides tantôt stationnaires ou les soubresauts qui caractérisaient l'objet observé. 6) On tint donc finalement pour assuré que les professeurs n'avaient pas eu l'intelligence de se rendre compte (bien qu'ayant procédé, si l'on peut dire, à une « reconstitution du crime » sur les lieux mêmes) que les témoins pouvaient s'être mépris à propos d'un avion se préparant à atterrir, et que chacun d'eux était personnellement dans l'erreur quant à l'heure, le lieu, les évolutions, l'éclat et le nombre des lumières. Et tout ceci se colore de la présomption courtoisement dissimulée que non seulement les témoins mais aussi les professeurs d'université étaient soit des fous soit des incapables, puisqu'elle seule peut justifier une évaluation d' « avion probable ».

Il ne faut pas oublier que le Livre Bleu ne fit aucune enquête, ni sur place, ni même par téléphone, et que le responsable sur la base aérienne Norton n'y consacra qu'une dizaine d'heures, puisque tous les témoins, à l'exception d'un seul, indiquèrent qu'ils n'avaient pas été interrogés par l'Air Force.

Au demeurant, s'il se révélait que tous les témoins et tous les enquêteurs privés étaient incapables, abusés et psychotiques, et que l'observation a bien eu pour origine un avion, ce serait là une conclusion purement intuitive et non le résultat de l'investigation « scientifique » entreprise par le Livre Bleu. Il n'est pas un tribunal qui laisserait l'avocat général déformer, nier ou ignorer la déposition de plusieurs témoins d'un crime dans le but de démontrer la culpabilité d'un accusé. Et nous nous plaisons à croire que les sciences s'appuient sur des méthodes infiniment plus rigoureuses, objectives et impartiales que les tribunaux, où le sentiment peut et doit avoir sa place.

Section H

On a très mal employé les capacités du conseiller scientifique. Il n'a pas eu librement accès aux dossiers puisqu'il lui fallait en demander spécifiquement communication sans avoir les moyens d'en connaître l'existence. Il s'est fréquemment trouvé qu'il serait demeuré dans l'ignorance d'un cas s'il n'avait été servi par le hasard ou informé par des organisations extérieures.

Il a été associé pendant vingt ans au Livre Bleu, or c'est la première fois que l'on lui demande son opinion sur la méthodologie et sur les moyens qui permettraient d' « améliorer le produit ». Pour l'instant le produit a peu de valeur, son image est médiocre, il n'inspire pas confiance au public; quant aux procédés appliqués au traitement du matériau brut, au conditionnement et à la distribution, ils violent la plupart des principes d'une gestion industrielle saine. Le produit d'ailleurs se vend très mal.

Considérant la minceur des effectifs du Livre Bleu et la faiblesse de leurs compétences scientifiques, on peut penser qu'il est vain d'espérer accomplir quelque chose de valable; aussi serais-je tenté de conseiller la clôture d'une opération vide de sens tandis que le problème serait confié à un personnel scientifique capable. Car, en toute probabilité, le problème des O.V.N.I. ne disparaîtra pas, ici ou dans d'autres pays, quel que soit le sort du Livre Bleu. Les directives AFR 80-17 prescrivaient clairement à ce dernier un double objectif : « Déterminer si les O.V.N.I. constituent une menace possible pour les Etats-Unis et travailler sur les données scientifiques ou techniques fournies par l'étude des notifications d'O.V.N.I. » La phrase clé est « par l'étude des notifications d'O.V.N.I. » Mais ici je pose la question : « Où est donc cette étude? » Et si vous me répondez que c'est justement à moi de le savoir, je devrai vous faire remarquer que je ne puis me dédoubler et que mon temps est déjà presque totalement absorbé par mes fonctions universitaires. Je peux, en tant que *conseiller*, m'appliquer à guider et à recommander, mais sauf dans des circonstances tout à fait particulières, je ne puis en faire plus. Je ne me suis cependant pas fait faute dans le passé d'indiquer comment il conviendrait de traiter les notifications d'O.V.N.I. pour en extraire tout ce qu'elles pouvaient contenir de scientifiquement valable. Or ce n'est *pas* cette méthode qui a été employée pour l'affaire de Redlands et pour beaucoup d'autres encore. Comme je le dis souvent aux étudiants : « Si vous connaissez d'avance la réponse, ce n'est pas de la recherche. » Etudier les notifications d'O.V.N.I. signifie les considérer comme un matériel de recherche et les traiter de la même façon qu'un scientifique averti traite les données qu'il recueille par l'observation de la nature ou par l'expérimentation. Certes les rapports d'O.V.N.I. sont fragmentaires et souvent subjectifs; mais c'est également le cas du matériel sur lequel travaillent les services du renseignement, les sociologues et les organismes de sondages. Et pourtant, ils obtiennent des résultats. Mais lorsque le Livre Bleu a reçu le rapport dont j'ai parlé plus haut (Section A), émanant d'un membre du 524e Détachement du renseignement militaire à Saïgon, observateur entraîné, signalant des objets tout à fait insolites qui, bien qu'en survolant les nuages, ont franchi le ciel d'un horizon à l'autre en cinq secondes, et qui masquaient les étoiles en passant devant elles, le Livre Bleu n'a pas satisfait à ma demande pressante d'une investigation sur place sous le prétexte que : 1) le théâtre de l'observation se trouvait hors des Etats-Unis et n'était donc pas de son ressort, et 2) que de toute façon le rapport ne reposait sûrement sur rien de réel!

Le Livre Bleu refusa également, comme je le recommandais à propos d'un rapport dû au Dr Roger Woodbury, directeur associé du Laboratoire d'instrumentation du M.I.T. (observation du 14 janvier 1966), d'envoyer sur les lieux des officiers locaux du renseignement, lesquels auraient certainement pu établir si une des bases locales effectuait, au moment de l'observation, des exercices techniques spéciaux. Je n'en suis plus à m'étonner de l'apathie des officiers du Livre Bleu, en cette occurrence comme dans bien d'autres. Lorsque parvient un rapport dû à un scientifique éminent travaillant dans un des plus grands laboratoires scientifiques du pays, il mérite que l'on s'y intéresse. Les chercheurs qui ont produit la fusée Polaris devraient être écoutés lorsqu'ils rapportent un événement insolite.

En résumé : la méthodologie du Livre Bleu n'est pas scientifique, en ce qu'aucun chercheur ne se bornerait à vérifier une hypothèse préconçue, sans égard même à la simple possibilité d'une autre hypothèse; il essaierait de trouver des schémas dans les données plutôt que de considérer chacune d'elles en soi. Par exemple, dans une multitude de cas j'ai vu le Livre Bleu éliminer l'une après l'autre des notifications parce que la base aérienne locale avait signalé qu'il ne se trouvait pas au même moment d'avion à proximité. Pour le Livre Bleu cela prouvait que l'observateur s'était abusé. Il est évident que la démarche scientifique correcte serait de rechercher une solution qui cadre avec les données de base du rapport et non avec l'hypothèse de travail.

Section I

Je dois faire ressortir que, dans le passé, toutes mes recommandations en vue d' « améliorer le produit » sont demeurées lettre morte. Je fais allusion ici au document (AFCIN-4E2x) intitulé « Capacité de l'A.T.I.C. pour l'investigation des O.V.N.I. » et paraphé par le colonel Evans. Ce texte résultait des auditions tenues à Washington du 13 au 15 juillet 1960.

Etaient présents le 15 juillet : M. Robert Smart, de la Commission sur les Services armés, M. Spencer Beresford, MM. Richard Hines et Frank Hammil, Commission de la Chambre sur la Science et l'Astronautique, M. John Warner, de la C.I.A. (adjoint de M. Dulles pour la Liaison législative), M. Richard Payne, de la C.I.A. (Conseiller technique), M. John McLaughlin, adjoint administratif au Secrétaire d'Etat à l'Air Force, le major général A.H. Leuhman et le brigadier général E. B. LeBailly, Bureau d'Information de l'Air Force, le brigadier général Kingsley et le colonel James McKee, Liaison Législative de l'Air Force, le lieutenant-colonel Sullivan, Bureau d'enquêtes de l'Air Force, le lieutenant-colonel Tacker, Bureau d'Information de l'Air Force, le major J. Boland, Liaison législative de l'Air Force, le major Robert Friend et moi-même.

Si les recommandations qu'avaient émises ces réunions (et que je soutenais vigoureusement) avaient été appliquées, le Programme Livre Bleu jouirait aujourd'hui d'une réputation scientifique, au lieu d'être tenu pour ce qu'il est : une administration gestionnaire qui passe le plus clair de son temps à écrire des lettres et à tenir des fichiers.

Ces recommandations étaient les suivantes :

1. Le Livre Bleu devrait avoir la capacité d'enquêter sur les affaires susceptibles d'intéresser au plus haut chef le renseignement militaire ou la recherche scientifique, et également sur celles qui suscitent un intérêt particulier dans le public. M. Smart a précisé à ce propos que les capacités d'enquête des bases de l'Air Force se limitent aux investigations de routine, alors que l'Air Force devrait avoir à la fois les effectifs et les moyens de poursuivre l'opération O.V.N.I. Ceci indiquait donc que le Livre Bleu devait enquêter sur les cas les plus notables, tandis qu'une priorité majeure était assignée à la question puisque, pendant une période intermédiaire, le financement de ce programme fut autorisé à procéder directement du Bureau du Secrétaire d'Etat aux Forces aériennes. (Cette décision ne prit jamais effet — une lettre du 21 septembre 1960 notifia au Livre Bleu que l'on ne pouvait autoriser ni financement additionnel ni accroissement des effectifs, et que les enquêtes devraient être poursuivies avec le personnel et le budget existants.) Or, les tâches de pure routine ne cessèrent d'accaparer une équipe déjà réduite et, de plus, incompétente, car ses membres n'avaient pas été choisis en raison de leurs compétences scientifiques (estimées en fonction de leur formation de base, de leurs publications scientifiques personnelles, ou selon toute méthode couramment appliquée dans les Universités pour choisir les chargés de cours scientifiques) mais plutôt, semble-t-il, pour caser un officier se trouvant alors libre et susceptible de garantir qu' « il ne secouerait pas le bateau » par des initiatives scientifiques véritables. (Je fais notamment allusion aux tout premiers officiers du Livre Bleu, dont la plupart semblaient attendre confortablement la retraite, l'un des plus notoires passant la plus claire partie de son temps à tracer le plan de sa future activité d'agent de change, lorsqu'il aurait pris sa retraite.) Il ne fallait surtout pas qu'il lui vienne à l'esprit d'employer efficacement le remarquable équipement scientifique dont dispose l'Air Force, tels les Laboratoires de Cambridge où opèrent des spécialistes du radar et de la météorologie. C'est ainsi qu'il ne fut jamais demandé, par exemple, à Cambridge de calculer si les inversions de température auxquelles on attribuait un phénomène

étaient en réalité assez élevées pour expliquer une observation d'O.V.N.I. (Le mot « inversion » est devenu un mot fourre-tout pour le Livre Bleu — par exemple une inversion de 3° qui s'était produite à une altitude de 1 800 m a été donnée comme explication à une observation faite depuis un avion volant à une altitude de 4 500 m!)

2. M. Smart a demandé que des résumés sur tous les cas significatifs soient transmis à son bureau. (Je n'ai pas connaissance que cela ait jamais été fait.)

3. Le Programme Livre Bleu devrait pouvoir envoyer immédiatement sur les lieux d'une observation des enquêteurs compétents, lorsque l'affaire paraît importante. (Cette recommandation résultait en grande partie de ce que j'avais vigoureusement fait valoir, devant la commission, que le Livre Bleu était invariablement pris de vitesse, dans les enquêtes sur le terrain, par des organismes civils. Maintes et maintes fois le N.I.C.A.P. ou l'A.P.R.O. avaient interrogé les témoins avant les responsables locaux de l'Air Force, et selon beaucoup de témoins, les interrogatoires civils étaient souvent plus approfondis que ceux de l'Air Force. J'avais également fait ressortir la nécessité d'une réévaluation des données. Trop souvent les rapports transmis par les bases locales de l'Air Force gaspillaient l'emploi du télétype, comme l'illustre bien cet exemple fameux qui consistait en deux pages d'adresses suivies du plus laconique des messages : « Encore un O.V.N.I. » Voilà toute la teneur du rapport!)

Pour pouvoir fonctionner correctement, il faudrait que le Livre Bleu soit dirigé par un officier de grade supérieur qui aurait donc autorité pour exiger que les bases locales de l'Air Force appliquent le règlement spécifique, mais aussi en respectent l'esprit. J'ai personnellement entendu relater à maintes reprises comment, au niveau local, on ironisait sans retenue sur les observations, et à quel point les enquêtes étaient superficielles pour ne pas dire bâclées. Je sais de façon précise que des informations directement relatives à des cas ont été négligées simplement parce que les officiers qui conduisaient l'enquête n'avaient pas pris la peine de poser les questions appropriées, qui auraient permis une certaine estimation quantitative des vitesses angulaires, de la luminosité, des évolutions de l'objet signalé, et ne s'étaient certainement jamais préoccupés de retrouver d'autres témoins. (Le colonel Quintanilla m'a informé à ce propos que « le Livre Bleu n'est pas un bureau d'investigations » — est-ce que le minimum de sens commun n'indique pas que l'on ne peut poursuivre une recherche scientifique sans investigations? Les investigations sont le fluide vital de la science.)

Nous voyons ainsi que, bien avant de pouvoir parler d' « amélioration du produit », nous devons rechercher des moyens pour améliorer le matériau brut dont éventuellement sortira notre produit.

J'ai fait également ressortir devant la commission Smart que lorsque certaines données primordiales manquaient, ce qui était souvent le cas, il était essentiel d'entrer immédiatement en contact téléphonique avec les témoins — non pas deux ou trois mois après, mais dans les heures qui suivaient la réception du rapport télétypé. La priorité devrait être donnée à l'étude des rapports dès qu'ils arrivent, pour décider s'ils sont « significatifs » conformément aux spécifications déjà établies et, dans l'affirmative, pour décider sur-le-champ si un complément d'information est nécessaire et prendre les mesures adéquates pour l'obtenir — notamment en consultant le conseiller scientifique immédiatement, et non pas plusieurs semaines après, et en lui demandant d'aider à recueillir les informations. Mon temps est limité, mais j'ai une excellente équipe scientifique à laquelle on pourrait, de temps à autre, demander de recueillir ce genre d'informations. Je pense particulièrement à M. William Powers, ingénieur systémicien, qui, à maintes reprises, s'est montré capable d'interroger les témoins de façon significative parce qu'il sait les mettre à l'aise. M. Fred Beckman, de l'université de Chicago, m'a également apporté une assistance précieuse, et de façon purement désintéressée.

Malheureusement, les recommandations faites et approuvées à Washington ne prirent jamais effet. La petitesse et l'incompétence de l'équipe, ses nombreuses tâches annexes, le sentiment bien ancré que toute l'affaire n'avait pas le moindre intérêt, l'attitude de son directeur pour qui nous n'étions pas « un bureau d'investigations » ont contribué à faire du Livre Bleu une opération routinière, falote, dénuée d'âme — à tel point que je ne pourrais y être associé matériellement de façon quotidienne. (Le lieutenant Marano m'a d'ailleurs indiqué que s'il tient tant à être muté, c'est parce qu'il n'a pu utiliser, dans son travail, les compétences scientifiques qu'il possédait.)

En dernière analyse, il conviendrait que l'Air Force admette que le phénomène O.V.N.I. est un problème scientifique de dimension mondiale qui peut avoir une grande portée, et qu'elle tente de remplir la seconde partie de sa mission en obtenant que le Livre Bleu soit assisté par une commission scientifique compétente dont les membres pourraient provenir en partie des missions de recherche fonctionnant actuellement au sein de l'Air Force elle-même, et en partie de sociétés savantes extérieures; et il faudrait que cette commission démarre là où s'est arrêtée la Commission Condon.

Mais il se pourrait aussi, au bout du compte, qu'il vaille mieux demander à l'Air Force de dégager le Livre Bleu de cette mission et en confier la responsabilité à un groupe de chercheurs compétents dans diverses disciplines, puisque le problème paraît nettement devoir être examiné d'un point de vue pluri-disciplinaire.

La voie choisie dépendra largement de votre décision et des exigences de la situation. Je demeure prêt à vous aider à parvenir à une décision et à la mettre en œuvre.

J. Allen Hynek, Directeur
Centre de recherche astronomique Lindheimer
Northwestern University
Evanston, Illinois

NOTES

CHAPITRE 1

1. Stephen Barlay, *The Search for Air Safety*, William Morrow & Co. Inc., New York, 1970, p. 145.
2. *Journal of the Medical Society of New Jersey*, vol. 66, août 1969, pp. 460-464.

CHAPITRE 2

1. Voir Appendice 1, LN-13.
2. Voir Appendice 1, RRI-2.
3. Extrait d'une enquête faite auprès d'une habitante de Kenora (Canada), à propos de son observation du 30 mai 1969. Ce cas ne figure pas dans l'Appendice 1 car il n'a eu qu'un témoin unique.
4. Observation du 24 mai 1965. Cette notification ne figure pas dans l'Appendice 1 car l'auteur n'a pas eu de contact personnel avec le témoin ni avec l'enquêteur.
5. Observation du 8 mai 1966 à Kansas (Ohio).

CHAPITRE 3

1. Extrait d'une lettre adressée au général commandant la base aérienne Wright-Patterson.
2. Extrait d'une lettre adressée personnellement à l'auteur pour relater une observation d'O.V.N.I.

3. Voir Appendice 1, RRI-3.

4. Extrait d'une lettre à l'auteur relatant une observation d'O.V.N.I.

5. Voir Appendice 1, DD-13.

CHAPITRE 5

1. Occupations des 41 observateurs de Lumières Nocturnes sélectionnées dans ce chapitre : 8 contrôleurs du trafic aérien, 4 adolescents, 4 enfants, 3 ménagères, 2 officiers de police, 2 antiquaires, 2 membres d'équipage de l'Air Force, 2 pompistes de station-service, 1 boucher, 1 manœuvre, 1 élève-ingénieur du M.I.T., 1 opérateur des télécommunications de la Royal Air Force canadienne, 1 directeur-adjoint du laboratoire de physique du M.I.T., 1 major de l'Air Force, 1 premier lieutenant de l'Air Force, 1 docteur en médecine, 1 membre des services de sécurité de l'U.S. Navy, 1 pilote de l'aviation civile, 1 commerçant, 3 inconnus.

2. Cette déclaration fut faite par un officier du renseignement de l'Air Force qui avait enquêté sur le cas.

3. Ces instructions sont détaillées dans les directives communes Army-Navy-Air Force (JANAP-146E).

4. Voici le texte de la lettre que j'avais adressée à *Physics Today*, pour être publiée dans le « courrier des lecteurs » :

« Plus d'un an s'est écoulé depuis que l'Air Force a officiellement clôturé le Programme Livre Bleu, qui agissait comme un centre national de collecte des notifications portant sur certains types de phénomènes étranges communément connus sous le nom d'O.V.N.I.

« En tant que conseiller du programme pendant de nombreuses années, j'ai conscience que ni la clôture du Programme Livre Bleu ni le Rapport Condon n'ont mis le point final au problème des O.V.N.I.; beaucoup de mes collègues et moi-même sommes préoccupés par le fait qu'en l'absence d'un centre de collecte, les renseignements présentant un intérêt scientifique potentiel vont être perdus. Je peux citer, pour montrer que la question est loin d'être enterrée, non seulement le volume du courrier que je reçois personnellement, et qui contient toujours des notifications d'O.V.N.I. valables, mais aussi la masse des coupures de presse. Celles-ci permettent en effet de se rendre compte que, si les grands quotidiens des villes parlent peu de la question, en revanche les notifications d'O.V.N.I. abondent dans les journaux locaux, dont les rédacteurs en chef sont soit moins sophistiqués soit moins sensibles que leurs homologues des grandes villes à la doctrine officielle, et peuvent avoir une connaissance directe de la source dont émanent les rapports qui leur parviennent.

« Selon moi, au cours des vingt dernières années, pour chaque O.V.N.I. signalé dix autres au moins demeurent inconnus. La preuve en est fournie à la fois par un sondage Gallup, par le grand nombre de rapports dont j'ai eu à connaître et qui n'avaient jamais été adressés à l'Air Force, et par mes recherches personnelles. Beaucoup se montrent réticents à signaler leur observation, par crainte des railleries. Il apparaît que plus l'observateur est instruit et sophistiqué, moins il incline à faire connaître son observation, sauf s'il est assuré que son anonymat sera préservé et que le contenu de son rapport recevra toute l'attention nécessaire.

« En conséquence, afin que soit sauvegardé un matériel revêtu d'un intérêt scientifique potentiel, et que ceux qui le désirent — particulièrement les personnes possédant une formation et une expérience scientifiques — puissent soumettre des rapports d'O.V.N.I. sans craindre le ridicule ou la publicité, mes collègues et moi-même, tous attachés à des Universités, offrons ici d'agir comme un centre de collecte de notifications d'O.V.N.I. qui, autrement, seraient certainement perdues pour la science. Je veillerai personnellement à ce que les renseignements ainsi recueillis soient traités avec sérieux et qu'il n'en résulte aucune gêne pour l'expéditeur. C'est ainsi que les noms seront immédiatement dissociés et ne seront employés que sur permission écrite de l'auteur du rapport.

« Il est intéressant d'indiquer, au passage, que, pendant des années, j'ai reçu des notifications d'O.V.N.I. émanant de nombreux scientifiques ou de techniciens supérieurs. C'est une erreur trop répandue que de croire que tous les rapports d'O.V.N.I. émanent de « farfelus ». Une étude des dossiers montre au contraire que ceux-ci sont l'infime minorité. Voici l'adresse à laquelle peuvent être adressées les notifications d'O.V.N.I. : J. Allen Hynek, Président, Département d'Astronomie, Northwestern Univertisy, Evanston, Illinois 60201. »

Chapitre 6

1. Occupations des 60 observateurs de Disques Diurnes sélectionnés dans ce chapitre : 12 artilleurs stagiaires, 6 adolescents, 4 pilotes de l'aviation civile, 4 fermiers, 5 enfants, 3 techniciens, 2 ingénieurs de la recherche, 2 prospecteurs, 2 aérologistes, 4 ménagères, 2 membres du personnel d'une base Air Force, 1 pilote de B-17, 1 astronome, 1 ingénieur météorologiste, 1 pilote de l'aviation commerciale, 1 physiothérapiste (ancien pilote de l'U.S. Air Force), 1 étudiant à l'université (« vétéran » de l'armée), 1 secrétaire, 1 patron d'une équipe de baseball, 1 officier de police, 3 inconnus.

2. Baker, « Observational Evidence of Anomalistic Phenomena », *Journal of the Astronautical Sciences*, vol. XV, n° 1, 1968.

3. Les négatifs originaux furent rendus à leur propriétaire qui les soumit alors à la Commission Condon. Dans le rapport de la Commission, il était déclaré que ces photographies n'avaient « aucune valeur probante ».

4. Mon collègue Fred Beckman, qui m'a souvent apporté son aide en matière de photographies d'O.V.N.I., a procédé lui-même aux tests sur les négatifs.

5. Je mentionne cette circonstance pour montrer qu'en l'absence d'une telle condition, cette notification n'aurait jamais vu le jour et serait demeurée, je le soupçonne, dans le vaste réservoir des rapports latents. Les observateurs de l'événement n'avaient aucune intention de le signaler officiellement. Tout au long des années où j'enquêtai sur les O.V.N.I., j'ai rencontré à maintes reprises une réticence insurmontable à passer par les canaux officiels, particulièrement ceux de la police et de l'Air Force. Parmi les lettres que je recevais, beaucoup me demandaient spécifiquement de ne pas transmettre les informations qu'elles contenaient à l'Air Force. Dans ce cas particulier cependant, la notification avait été transmise directement à Dayton, et j'en ai eu connaissance à l'occasion de ma revue régulière des notifications.

CHAPITRE 7

1. « Unidentified Flying Objects », Audition par la Commission des Services armés de la Chambre des Représentants, 89e Congrès, 2e session (5 avril 1966), sous la présidence de L. Mendel Rivers (président de la Commission), p. 6073.

M. SCHWEIKER : ... est-ce que l'un de ces objets inexpliqués a été vu au radar? Il me semble qu'il y a à peine deux minutes vous avez dit non.

MAJOR QUINTANILLA : C'est exact. Nous n'avons aucun cas d'observation radar qui demeure inexpliqué.

2. Occupations des 61 observateurs de cas Radar-Optiques sélectionnés dans ce chapitre : 15 opérateurs radar, 7 opérateurs de tour de contrôle aérien, 6 membres de l'équipage d'un bateau, 6 pilotes militaires, 5 pilotes de l'aviation civile, 3 membres de l'armée de l'air, 3 membres du personnel de pont d'un navire, 3 pilotes d'avion privé, 2 passagers d'un avion privé, 2 aviateurs (de seconde classe), 2 aviateurs (de troisième classe), 1 aviateur (de première classe), 1 capitaine de vaisseau, 1 matelot de deuxième classe, 1 matelot de pont, 1 troisième lieutenant, 1 officier commandant (de vaisseau), 1 directeur des opérations (section des bombardiers).

3. *Flying Saucer Review*, vol. 16, n° 2, mars-avril 1970, pp. 9-17.
4. *Astronautics and Aeronautics*, juillet et septembre 1971.

CHAPITRE 8

1. Occupations des 41 témoins des Rencontres Rapprochées du Premier Type sélectionnées dans ce chapitre : 8 ménagères, 8 adolescents, 7 membres des forces de police, 2 hommes (occupations inconnues), 1 ébéniste, 1 étudiant à l'université, 1 serveuse, 1 ancienne infirmière, 1 stagiaire de la marine, 1 instituteur, 1 professeur de chimie, 1 directeur d'école, 1 agent immobilier (ancien officier de marine), 1 étudiant licencié d'anthropologie, 1 président d'une petite compagnie aérienne, 1 homme d'affaires, 1 veilleur de nuit, 1 fabricant d'outils, 1 commis de ferme, 1 employé.

2. Rapport d'O.V.N.I., n° 66-26 A/B, N.I.C.A.P., Commission d'enquête du Massachusetts.

3. Il est prouvé que des stations de repérage, tant visuel que radar, et des groupes d'observateurs amateurs, tels que les stations Moonwatch, ont vu des O.V.N.I. mais ne les ont pas signalés parce que la conjoncture politique ne s'y prêtait pas.

4. Les minutes de l'Observatoire d'astrophysique de la Smithsonian Institution, Washington, montrent qu'aucun des satellites lumineux, Echo I et Echo II, n'était à ce moment-là dans le ciel au-dessus du Portage County. Les trois satellites Pégase n'étaient également pas visibles à l'époque. L'auraient-ils même été que leur brillance est 5 à 10 fois inférieure à celle des satellites Echo, tandis que leur inclinaison orbitale était si basse qu'ils n'auraient pu être vus qu'au sud.

5. Les entretiens enregistrés avec plus de 10 personnes impliquées dans l'épisode représentent quelque 60 heures d'écoute; c'est l'exemple d'une enquête sur un O.V.N.I. qui devrait être rendue publique.

CHAPITRE 9

1. Occupations des 92 témoins des Rencontres Rapprochées du Second Type sélectionnées dans ce chapitre : 18 ménagères, 17 adolescentes, 10 adolescents, 8 hommes (occupations inconnues), 2 employés d'une station de pêche canadienne et 4 membres de leurs familles, 5 hommes d'affaires, 4 ingénieurs, 3 pilotes d'avion, 4 fermiers, 2 policiers, 3 garçonnets (entre 6 et 10 ans), 2 camionneurs, 1 ingénieur en chef des ponts et chaussées, 1 cou-

vreur, 1 institutrice (ancienne hôtesse de l'air), 1 directeur d'une maison de vente par correspondance, 1 directeur des recouvrements dans une compagnie financière, 1 directeur des services techniques d'Air France, 1 apiculteur, 1 artiste, 1 peintre, 1 coiffeuse.

2. J'espère que les lecteurs, pilotes ou non, qui se sont montrés jusqu'ici réticents à relater leur expérience, seront encouragés à en informer l'auteur, étant entendu que l'anonymat le plus total leur est garanti.

3. Je dois ce rapport à Raymond Fowler, dont les enquêtes méticuleuses et détaillées sur de nombreux cas survenus en Nouvelle-Angleterre dépassent de loin en qualité et en quantité les investigations du Livre Bleu. Il m'envoie régulièrement des copies de ses rapports et m'a autorisé à les citer.

4. Un échange de lettres avec des services officiels de la région de Levelland a montré que ce n'était pas le cas.

5. Le *Sun News* de Levelland, 6 et 7 novembre 1957.

6. Outre les informations recueillies par le Livre Bleu, je dois un certain nombre de renseignements à James Lee d'Abilene, Texas, qui a enquêté personnellement sur les apparitions de Levelland pour le N.I.C.A.P. Il fut signalé à James Lee que le fonctionnement de deux moisonneuses-batteuses, chacune munie de deux moteurs, qui opéraient à Petit, Texas (à environ 25 km au nord-ouest de Levelland) avait été momentanément interrompu par le passage d'un O.V.N.I. lumineux.

7. Je dois beaucoup à Ted Phillips Jr, enquêteur indépendant qui ne ménage pas sa peine et avec qui j'ai collaboré étroitement. Il s'est spécialisé dans la réunion, la classification et l'étude des cas entrant dans ce domaine relativement limité, mais extrêmement important, et beaucoup des cas cités dans ce chapitre lui sont empruntés.

8. Bernier, rédacteur en chef d'*UFO-Info, Seattle*, Etat de Washington, 12 février 1966.

CHAPITRE 10

1. Charles Bowen (sous la direction de), *The Humanoids (les Humanoïdes)*, Henry Regnery, Chicago; Jacques Vallée, *Passport to Magonia*, Henry Regnery, Chicago, traduit en français par Dominique Pascali, sous le titre : *Chroniques des apparitions extra-terrestres, du folklore aux soucoupes volantes* (Denoël, Paris); Charles Bowen, *Flying Saucer Review*, Londres (elle paraît depuis près de vingt ans); et les revues françaises, *Phénomènes spatiaux*, Paris, et *Lumières dans la nuit*, Le Chambon-sur-Lignon.

2. Atterrissages d'O.V.N.I. avec et sans occupants (à l'exception des années 1952, 1967, 1968, et 1969 pour lesquelles les archives du Livre Bleu ne sont accessibles que partiellement) :

	Catalogue Vallée	Notifiés au Livre Bleu
Atterrissages aux Etats-Unis	190	48
Atterrissages aux Etats-Unis avec occupants	65	12
Chiffre mondial des atterrissages	546	—
Chiffre mondial des atterrissages avec occupants	223	—

3. Evaluation par le Livre Bleu des notifications d'atterrissages :

	Atterrissages de toutes sortes	Atterrissages avec occupants
Renseignements insuffisants	8	1
Mystification	4	2
Psychologique	4	2
Notifications nons dignes de foi	1	1
Ballons-sondes	1	0
Incendie	1	0
Aéronef	2	0
Phare de balisage	2	2
Hallucination	1	1
La lune et Vénus	1	0
Météore	1	0
Oiseaux	1	0
Satellite	1	0
Renseignements incohérents	1	0
Inversion radar	0	1
Non-Identifiés	7	2
Total	36	12

4. Norman E. Cruttwell, *A Report on Papuan Unidentified Flying Objects*, Mission Anglicane, Papouasie, Nouvelle-Guinée.
5. *Ibid*.
6. Le compte rendu de Ledwith est reproduit avec sa permission.

7. Ceci se rapporte à une hypothèse avancée par D.I. Warren dans *Science* du 6 novembre 1970, pp. 599-603, sous le titre « Théorie du porte-à-faux social et des observations de soucoupes volantes ».

CHAPITRE 11

1. J'étais membre associé de la commission, mais il ne me fut pas demandé de participer à toutes les séances. Durant l'une de celles auxquelles j'assistai, les fameux films de Tremontian, Utah, et de Great Falls, Montana (bien connus de tous ceux qui ont suivi la saga des O.V.N.I.) furent projetés, et identifiés respectivement comme des mouettes et un aéronef. La commission, bien entendu, n'avait pas l'avantage de connaître l'analyse détaillée du cas de Great Falls (« Observational Evidence of Anomalistic Phenomena », *Journal of Astronautical Sciences*, vol. XV, n° 1, 1968, pp. 31-36) entreprise par le Dr M. L. Baker sous les auspices de la Douglas Aircraft Company qui l'employait alors. Le Dr Baker conclut ainsi son analyse : « ... les images ne peuvent être expliquées sur la base d'aucun phénomène naturel actuellement connu ».

Même à l'époque, l'examen des données me parut extrêmement superficiel, tandis que le manque d'intérêt de la commission, qui ne se préoccupa aucunement de creuser le sujet, me sembla traduire des idées préconçues. En effet, il existait déjà en 1953 des centaines de cas ayant un Indice d'Etrangeté et de Probabilité élevé (nous étions déjà loin des cas examinés par le Programme Signe); la commission se pencha sur une douzaine d'événements. Il ne me fut pas demandé de signer le rapport de la commission, et me l'eût-on demandé que je m'y serais refusé.

2. F.G. Menkello, « Quantitative Aspects of Mirages », Rapport n° 6112. Menkello est un premier lieutenant de l'U.S. Air Force, attaché à l'Environmental Technical Applications Center. « Il est facile de montrer que les réflexions lenticulaires et les mirages attribués notamment aux inversions thermiques ne pourraient naître qu'en présence de températures atteignant plusieurs milliers de degrés. »

3. Edward Ruppelt, *Report on Unidentified Flying Objects*, p. 80.

4. *Ibid.*, p. 81.

5. *Ibid.*, p. 81.

6. *Ibid.*, p. 82.

7. *Ibid.*, p. 83.

8. *Ibid.*, p. 88.

9. L'astronome allemand Kepler, ne pouvant réunir lui-même les données, travailla sur celles qu'avait recueillies au long des

années l'astronome danois Tycho Brahé qui, quant à lui, ne savait que faire de ce matériel de choix. Kepler et Brahé se heurtèrent souvent, mais Kepler savait qu'il avait besoin de ces données pour construire sa théorie du mouvement des planètes. Aussi laissa-t-il faire le temps.

10. *Application du traitement informatique des données aux phénomènes aériens insolites : Organisation et développement d'un système d'enquête.* Soumis par J. Allen Hynek, juillet 1966.

11. Dans ce but, un certain nombre de mes collègues scientifiques de la Northwestern University et moi-même avons convenu d'agir comme un centre de réception des notifications d'O.V.N.I., particulièrement celles qui émanent de personnes ayant une formation technique ou scientifique. Il est important de ne pas laisser se perdre des informations qui peuvent avoir une valeur scientifique.

CHAPITRE 12

1. La composition de la Commission et le récit édifiant de ses deux années d'exercice sont relatés dans l'ouvrage de David Saunders et Roger Harkins (Signet Book n° 3754) : *UFOs? Yes!* La composition de la Commission, mais non assortie, cette fois, d'un édifiant historique, se trouve également dans le Rapport Condon : « Scientific Study of Unidentified Flying Objects ». Les deux ouvrages *doivent* absolument être lus par quiconque s'intéresse à cette affaire.

2. Afin de voir quelle serait la réaction à la recommandation de Condon, j'ai soumis deux propositions sérieuses de recherches, l'une à la National Aeronautics and Space Administration (N.A.S.A.) et l'autre à la National Science Foundation (N.S.F.). Toutes deux furent rejetées sommairement, non parce qu'elles étaient dénuées d'intérêt scientifique (c'est en tout cas ce que dirent les lettres de refus) mais pour des raisons de pénurie budgétaire.

3. Audition par la Commission des Services armés de la Chambre des Représentants, 89e Congrès, 5 avril 1966, n° 55.

4. Saunders, *op. cit.*, p. 141.

5. Saunders, *op. cit.*, chapitre 15, « Condon's Favorite Cases ».

6. « Unusual Aerial Phenomena », Journal of the Optical Society of America, avril 1953.

7. W.T. Powers, « A Critique of the Condon Report ». Texte refusé par la revue *Science* en 1969.

8. Saunders, *op. cit.*, chapitres 19 et 20.

9. John G. Fuller, « Flying Saucer Fiasco », *Look*, 14 mai 1968.

10. Mrs Armstrong m'a aimablement autorisé à citer sa lettre en tant que document « historique ».

CHAPITRE 13

1. *Flying Saucer Review*, n° 4 (numéro spécial), août 1971, pp. 57-64.

2. *Journal of Astronautics and Aeronautics*, vol. 9, n° 7, juillet 1971, p. 66.

3. Novembre 1970.

4. Information officieuse due à Julian Hennessey, dans une lettre personnelle à Sir Langford-Holt, Premier ministre : « Selon le cours normal des choses, les archives concernant les O.V.N.I. ne doivent pas faire l'objet d'une communication publique pendant une période de 30 ans. Toutefois, si un organisme scientifique notoire avait de solides raisons pour en demander l'accès, cette demande serait alors prise en considération en fonction de son intérêt intrinsèque.

EPILOGUE

1. Fred Hoyle, *Of Men and Galaxies (Des hommes et des galaxies)*, University of Washington Press, Seattle, 1964, p. 47.

ÉDITIONS J'AI LU
31, rue de Tournon, 75006-Paris

diffusion
France et étranger : Flammarion - Paris
Suisse : Office du Livre - Fribourg
Canada : Flammarion Ltée - Montréal

« Composition réalisée en ordinateur par IOTA »

IMPRIMÉ EN FRANCE PAR BRODARD ET TAUPIN
7, bd Romain-Rolland - Montrouge.
Usine de La Flèche, le 20-04-1979.
1856-5 - Dépôt légal 2e trimestre 1979.
ISBN : 2 - 277 - 51327 - X